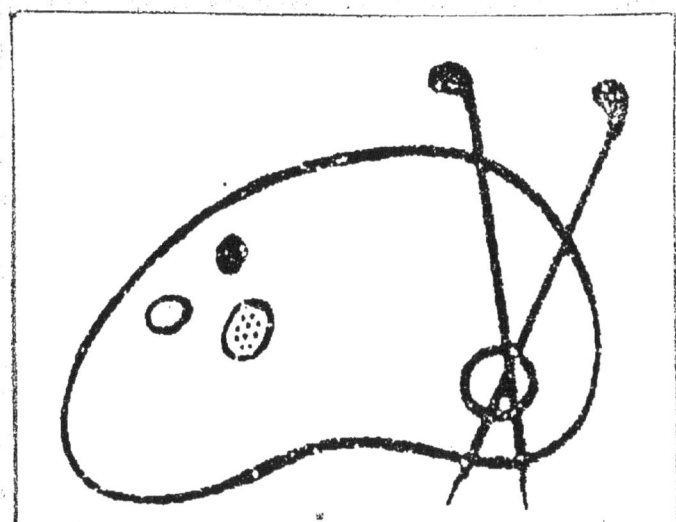

Couvertures supérieure et inférieure
en couleur

PAR MER
ET
PAR TERRE

—

LE BATARD

PAR

GUSTAVE AIMARD

PARIS
PAUL OLLENDORFF, ÉDITEUR
28 bis, RUE DE RICHELIEU
1879

—

TOUS DROITS RÉSERVÉS.

LIBRAIRIE PAUL OLLENDORFF
28 bis, rue de Richelieu, Paris.

Nouvelle collection de Romans :
LE FILS DE CORALIE
Par Albert Delpit

Huitième édition

1 volume in-18 jésus. Prix : 3 fr. 50

LA MAISON DES DEUX BARBEAUX
LE SANG DES FINOËL
Par André Theuriet

Troisième édition

1 volume in-18 jésus. Prix : 3 fr. 50

LE BEL ARMAND
Par Henri Bocage

1 volume in-18 jésus. Prix : 3 fr. 50

RÉNÉE
AVEC UNE PRÉFACE A GEORGE SAND
Par Henri Amic

Deuxième édition

1 volume in-18 jésus. Prix : 3 fr. 50

A LA RECHERCHE DU BONHEUR
Par Charles Epheyre

1 volume in-18 jésus. Prix : 3 fr. 50

PHILIPPE FAUCART
Par Georges Glatron

1 volume in-18 jésus. Prix : 3 fr. 50

CLAIRE AUBERTIN
VICES PARISIENS
Par Vast-Ricouard

Cinquième édition

1 volume in-18 jésus. Prix : 3 fr. 50

Poitiers. — Typ. A. Dupré.

PAR MER ET PAR TERRE

LE BATARD

POITIERS — TYP. DE A. DUPRÉ.

PAR MER

ET

PAR TERRE

—

LE BATARD

PAR

GUSTAVE AIMARD

**

PARIS
PAUL OLLENDORFF, ÉDITEUR
28 bis, RUE DE RICHELIEU
1879
—
TOUS DROITS RÉSERVÉS.

PAR MER ET PAR TERRE

LE BATARD

CHAPITRE I.

COMMENT ON PEUT FAIRE SON NID SUR L'OCÉAN ET SAVOURER SON BONHEUR.

Quatre années s'étaient écoulées ;

Quatre années pendant lesquelles Olivier fut heureux, comme nul homme ne l'a été et ne le sera jamais sur cette terre.

Lui, toujours si malheureux jusqu'alors, il en vint à s'effrayer de cette félicité constante ; il lui arrivait parfois de se demander avec une secrète appréhension :

« Que me réserve donc Dieu dans l'avenir, qu'il me fait jouir dans le présent d'un aussi complet bonheur ? »

L'homme est ainsi fait. Il se sait si fatalement voué au malheur dès sa naissance, que tout ce qui lui arrive d'heureux l'épouvante, parce que, n'y étant pas accoutumé, il n'ose y croire.

L'anecdote de Polycrate, tyran de Samos, jetant son anneau à la mer pour payer la rançon de son bonheur à l'adversité, est plus vraie qu'on ne le suppose. Les anciens sont nos maîtres; rien ne leur a échappé, ils ont tout deviné et tout compris; voilà pourquoi leurs deux plus puissants dieux étaient le Destin et la Fatalité.

Ces dieux, que l'on croit oubliés, existent encore, surtout pour la grande famille des parias de notre société, dédaigneusement rejetés par elle et placés, par l'irrégularité de leur naissance, hors de la loi commune et dans une situation identique à celle de notre héros.

Nous ajouterons, entre parenthèse, que si, au lieu d'être une histoire vraie, ce récit était un roman, il nous aurait été facile de faire d'Olivier Madray un homme hors ligne, un génie incompris; d'entasser autour de lui des aventures plus extraordinaires les unes sur les autres, et de précipiter les péripéties : nous ne l'avons pas voulu; nous nous bornerons, jusqu'à la dernière page, à ne dire que la vérité, tout en ne disant pas toute cette vérité, non pas que nous ayons quoi que ce soit à redouter, mais seulement par des motifs de haute convenance, dont les intéressés surtout nous sauront gré, *nous l'espérons*.

Cela dit une fois pour toutes, nous reprenons notre récit.

Pendant ces quatre années, bien des événements s'accomplirent, bien des faits se passèrent auxquels nos personnages se trouvèrent mêlés, plus ou moins directement.

La révolution Péruvienne, si longtemps attendue, éclata enfin. La lutte s'engagea entre les créoles et leurs oppresseurs ; elle fut sanglante, acharnée, sans merci ; les Espagnols furent définitivement chassés du Pérou, de même qu'ils l'avaient été de toutes leurs autres colonies américaines.

Seul le Callao leur resta provisoirement.

Don Diego Quiros de Ayala, fortement appuyé par ses amis et ceux de son gendre, dont les services pendant la guerre avaient été hautement appréciés, fit valoir ses droits sur ses biens placés sous séquestre par l'autorité espagnole, et sur les mines dont son ex-associé, don Estremo Montès, avait si malencontreusement pour lui essayé de s'emparer.

Ces droits furent reconnus sans difficultés ; don Diego Quiros rentra facilement dans la totalité de son immense fortune ; il devint, pour ainsi dire, du jour au lendemain, un des plus opulents propriétaires du Pérou.

Après avoir réglé ses affaires, ce qui exigea un temps assez long, don Diego Quiros fixa définitivement sa résidence à Lima, où il s'installa calle de Bodegones, dans un magnifique hôtel, bâti par un grand seigneur espagnol, et qu'il acheta presque pour rien. Il avait en même temps acheté une délicieuse maison de campagne ou *quinta*, ainsi que disent les Péruviens, au charmant village du *Chorrillo*, situé sur le bord de la mer.

C'est au Chorrillo que toute la haute société liménienne se donne rendez-vous pendant la saison la plus chaude de l'année, pour jouir de la brise rafraîchissante du large, prendre des bains de mer et jouer au *monte*, jouer au monte surtout.

Le jeu fait fureur au Pérou, comme dans toutes les autres colonies espagnoles, devenues aujourd'hui des républiques plus ou moins florissantes.

Après chaque croisière, Olivier et sa charmante compagne venaient secrètement au Chorrillo, espèce de terrain neutre, où Péruviens et Espagnols se faisaient à peu près bon visage, aux reflets chatoyants des onces d'or amoncelées sur les tables de jeu. Les jeunes mariés passaient au Chorrillo un mois, parfois davantage, auprès de don Diego Quiros et de doña Maria, puis ils s'envolaient comme des oiseaux de passage, emportant avec eux du bonheur pour toute leur croisière.

Olivier avait un fils; ce fils, que père, mère, grand-père et grand'mère adoraient à qui mieux mieux, allait avoir trois ans; il se nommait Napoléon !

Pourquoi Napoléon ?

C'est ce que nous allons expliquer, le plus clairement qu'il nous sera possible.

A cette époque, le grand nom de l'heureux conquérant de l'Europe remplissait le monde ; le martyr de Saint-Hélène, ainsi qu'on l'appelait, mort à peine depuis quelques années, était quelque chose de plus qu'un dieu; la légende impériale se faisait de toutes les rancunes amassées contre l'ancien régime; on avait, de parti pris, oublié la véritable histoire du héros posthume, pour ne se souvenir que de sa gloire et l'entourer d'une auréole ; l'heure où chaque chose devait être remise à sa place, et le conquérant glorifié ou honni, selon ses mérites ou ses erreurs, n'était pas encore sonnée. Le nom de Napoléon représentait, aux regards éblouis, fascinés, et par conséquent prévenus et trompés, l'ère nouvelle, avec ses splendeurs et toutes ses libertés octroyées aux peuples. Voilà pourquoi le fils d'Olivier et de Dolorès, et d'une foule d'autres niais dans les cinq parties du monde, avait reçu au baptême ce nom prédestiné, mais fort peu chrétien, puisque saint Napoléon n'existait pas ; la curie romaine a été forcée de l'inventer pour les besoins de la cause.

Bref, l'enfant allait sur trois ans ; il n'avait plus autant besoin des soins maternels ; Dolorès et son mari cédèrent aux instances de doña Maria et de don Diego : ils consentirent à leur confier leur enfant ; ils savaient qu'il serait en bonnes mains.

Ce fut une grande joie pour les grands parents que cette tutelle qui leur était confiée, et à laquelle ils attachaient un si grand prix.

Olivier mûrissait un projet ; il préparait une surprise à sa femme, plus que jamais sa maîtresse chèrement adorée.

Doña Dolorès lui avait, à plusieurs reprises, témoigné le désir de visiter la Suisse et l'Italie. Jusque-là Olivier avait toujours réussi, plus ou moins adroitement, à faire remettre l'exécution de ce projet à une époque éloignée.

Depuis son départ de Cadix, Olivier, enrichi par ses prises, n'avait usé d'aucune des lettres de recommandation qui lui avaient été remises ; il n'avait, dans aucun pays, présenté de lettres de crédit, ne s'étant jamais trouvé pressé d'argent ; il n'avait entretenu de relations suivies qu'avec une seule personne, M. Maraval, dont il était sûr. Six années s'étaient écoulées ; Olivier avait toute espèce de raisons pour supposer ou que sa trace était perdue, ou que ses ennemis avaient renoncé à s'occuper de lui. Il écrivit une longue lettre à M. Maraval pour lui faire connaître ses intentions et lui assigner un rendez-vous.

Grâce à ce hasard singulier qui semblait s'obstiner à favoriser, en toutes circonstances, le jeune capitaine, la lettre partit pour l'Espagne le jour même qu'elle avait été écrite, sur un aviso espagnol expédié en toute hâte à Cadix par l'amiral espagnol commandant le blocus du Callao.

Quinze jours plus tard, les deux époux prirent congé de leurs grands parents, embrassèrent le jeune Napoléon, dont le visage était, jusqu'aux yeux, barbouillé de confitures, et, montés sur des mules conduites par un arriero, ils se rendirent à Huacho, où se trouvait leur navire

Le surlendemain, le *Hasard* déploya ses ailes d'épervier et s'envola en haute mer.

Le capitaine, depuis son mariage, avait fait construire une dunette sur son navire ; cette dunette, très-confortablement installée et divisée en plusieurs pièces, communiquait par un escalier intérieur avec l'ancien appartement d'Olivier ; les choses avaient été établies de façon que les deux époux avaient chacun leur appartement ; Olivier avait cédé la cabine à Dolorès, et s'était réservé la dunette ; il est vrai que lorsque cela leur convenait, au moyen de l'escalier intérieur, ils étaient en un instant l'un chez l'autre : nous devons avouer que cela leur convenait très-souvent.

Doña Dolorès était maîtresse absolue dans la cabine, où deux chambres avaient été construites pour ses femmes; elle faisait dans son appartement ce que bon lui semblait; Furet avait été, sur l'ordre d'Olivier, spécialement attaché à son service.

La dunette était un peu plus petite; on avait abaissé le sol du pont, afin de ne pas la surélever trop au-dessus des lisses; mais, telle qu'elle était, Olivier y trouvait toutes ses aises.

Doña Dolorès ne connaissait pas la direction du navire, elle ne s'en préoccupait nullement; elle était près de son mari, le reste lui était indifférent.

On doubla le cap Horn au mois de janvier, c'est-à-dire en plein été austral, par un temps chaud et clair, en vue de la Terre-de-Feu, couverte de pingouins, dont les allures étranges et tant soit peu fantasques réjouirent beaucoup la jeune femme et tout l'équipage.

Quelques jours plus tard, on entra dans la Plata; le navire passa devant Montevideo et vint fièrement mouiller devant Buenos-Ayres, qu'il salua de vingt et un coups de canon, salut qui fut rendu coup pour coup par la ville.

— Où sommes-nous donc, mon ami? demanda curieusement Dolorès, qui, depuis le matin, se tenait sur le pont et admirait le magnifique panorama qui tour à tour se déroulait sous ses yeux.

— Nous sommes à Buenos-Ayres, ma chérie, répondit gaiement Olivier; viens, notre baleinière nous attend; nous allons nous installer à terre.

— Quel bonheur! dit-elle en embrassant son mari, moi qui avais un si vif désir de voir Buenos-Ayres, dont on fait tant de charmants récits !

— Tu pourras l'admirer tout à ton aise, ma mignonne, viens.

Une demi-heure plus tard, les deux époux étaient à terre, logés dans le premier et le plus élégant hôtel de la ville.

Buenos-Ayres était déjà, à cette époque, le rendez-vous des étrangers, qui y affluaient de toutes parts.

C'était la perle des Amériques ; elle n'allait pas tarder à en devenir l'Athènes.

Quelques jours s'écoulèrent en visites aux autorités buenos-ayriennes et en courses à travers la ville.

Olivier s'était établi à l'Hôtel de France ; ainsi se nommait l'hôtel où il était descendu avec tous ses domestiques, c'est-à-dire les deux servantes chiliennes de doña Dolorès, Antoine Lefort, son valet de chambre, et Furet, le mousse, attaché au service de la jeune femme.

Le capitaine occupait un vaste appartement au premier étage de l'hôtel ; les fenêtres donnaient sur la rade, dont on avait tout le panorama sous les yeux.

Un matin, les deux époux déjeunaient tête à tête, lorsque tout à coup Dolorès, dont le regard s'était machinalement porté sur la mer, poussa un cri.

— Qu'est-ce que tu as, mignonne? lui demanda son mari avec un sourire narquois.

— Je ne sais ! Je me suis trompée, peut-être, dit-elle tout interdite.

— Explique-toi, ma chérie ; je ne te comprends pas du tout...

— C'est à peine si je me comprends moi-même, mon ami.

— Alors, c'est grave ! dit-il avec un sang-froid imperturbable.

— Juges-en toi-même, mon ami : je ne vois pas le brick-goëlette ?

— Oublieux que je suis ! s'écria-t-il en se frappant le front. Je ne sais pas comment cela se fait !...

— Quoi donc, mon ami ?

— Je n'y ai plus songé, sur ma foi ! Le brick-goëlette est parti ce matin en croisière, sous les ordres d'Ivon Lebris, mon brave matelot.

— Comment, parti ? fit-elle avec surprise.

— Oh ! rassure-toi, chérie ; tous tes bagages et les miens ont été soigneusement débarqués, avant le départ, dit-il en feignant de se méprendre sur le sens de l'exclamation de sa femme.

— Mais alors, nous restons donc ici ?

— Pas positivement, ma chérie, nous voyagerons de notre côté, tandis que Lebris croisera du sien.

— Je n'y suis plus du tout, moi ! Tout cela me semble un rêve. Où irons-nous donc ?

— Tu m'as souvent témoigné le désir de visiter l'Italie et la Suisse, ma chérie ?

— C'est vrai, mon ami ; mais comme tu as semblé ne pas vouloir satisfaire ce caprice, je n'ai pas insisté.

— Je le reconnais. Je ne refusais pas, j'ajournais simplement, ma mignonne. Le moment est aujourd'hui venu de te satisfaire, si toutefois tu n'as pas changé d'avis.

— Il serait possible ! Bien vrai, nous ferions ce voyage ?

— Sans doute; je te ménageais cette surprise.

— Oh! que tu es bon et que je t'aime, Carlos !

— Ainsi, nous irons en Italie ?

— Je le crois bien ! Quand partons-nous ?

— Quand tu voudras.

— Si tôt que cela ? fit-elle en riant.

— Plus tôt même, si cela te fait plaisir, mignonne.

— Tu serais bien attrapé si je te prenais au mot !

— Essaie, chérie.

— Eh bien ! señor caballero, je veux partir tout de suite.

— Soit, mignonne, dit le capitaine en jetant sa serviette et se levant. Vous avez entendu, Antoine ?

— Oui, capitaine.

— Eh bien ?

— Tout est paré ; Furet attend avec la voiture, capitaine.

— Comment cela? tout de suite ! dit la jeune femme au comble de l'étonnement.

— Ma foi ! oui, tu vois, chérie.

— Mais nos bagages, mes femmes ?

— Femmes et bagages sont à bord depuis plus d'une heure.

— Comment, à bord ?

— C'est vrai, viens à la fenêtre ; très-bien ; maintenant, regarde là, dans la direction de mon doigt, que vois-tu ?

— Un brick, les voiles carguées.

— C'est cela même; tu es un excellent marin. Comment le trouves-tu, ce brick ?

— Très-coquet, mais pas aussi beau que le *Hasard*.

— C'est vrai ; mais tel qu'il est, te plaît-il?

— Infiniment.

— C'est le *Zéphyr*.

— Ah ! c'est le *Zéphyr?*

— Oui ! je l'ai frété pour toute la durée de notre voyage; nous serons chez nous; c'est un bâtiment français, très-fin voilier; il est à pic et n'attend que notre présence à bord pour déraper et partir.

— Ainsi ?

— C'est à toi de commander.

Elle se pencha vers son mari, lui donna un long baiser, et, passant son bras sous le sien :

— Allons ! dit-elle d'une voix câline.

Ils descendirent.

Antoine et Furet avaient déjà pris les devants.

A la porte se tenait le maître de l'hôtel, son bonnet à la main :

— Bon voyage ! monsieur et madame, dit-il en français, avec un gracieux salut.

— Merci, mon hôte. Souvenez-vous de nos conventions, répondit Olivier dans la même langue.

— Dans six mois, jour pour jour, votre appartement sera à votre disposition, monsieur; j'attendrai votre retour, votre absence dût-elle durer six mois de plus encore.

— C'est cela, mon hôte, je retiens votre parole.

— Foi de Bernouillet, monsieur, je la tiendrai.

— Ah çà, vous savez que c'est sur votre recommandation que j'ai frété le *Zéphyr*, ne l'oubliez pas.

— Je réponds corps pour corps du capitaine Legonidec, monsieur, et c'est ce que je ne me risquerais pas de dire de mon propre frère. Je connais le capitaine depuis plus de vingt ans; c'est un gars de Saint-Malo, un ancien de Surcouf, c'est tout dire! Vous n'aurez qu'à vous louer de lui.

— Je l'espère! Il m'a produit une excellente impression.

— Elle ne sera pas menteuse, monsieur, soyez-en certain.

— Allons, au revoir, mon hôte!

— A vous revoir, monsieur et madame!

Maître Bernouillet ouvrit alors galamment la portière; doña Dolorès et son mari montèrent dans la voiture; l'hôtelier salua une dernière fois, referma la portière et fit signe au cocher qu'il pouvait partir.

La voiture s'éloigna au grand trot.

Antoine Lefort s'était installé sur le siége, auprès du cocher; Furet s'était accroché derrière la voiture.

En moins d'un quart d'heure, la voiture arriva sur le port, le cocher s'arrêta près de la jetée.

Une embarcation du brick attendait les voyageurs, ou, pour mieux dire, les passagers.

Ceux-ci s'embarquèrent et le canot mit aussitôt le cap sur le navire.

Le capitaine Legonidec vint lui-même recevoir ses passagers à la coupée, puis, avec force politesses, il les conduisit dans les cabines préparées pour eux.

Le capitaine Legonidec s'était réservé pour lui et ses officiers la dunette, comme étant plus commode pour les exigences du service du bord ; les cabines de l'arrière dans l'entrepont avaient été aménagées de manière à former un appartement assez grand et très-confortable, pour Olivier, sa femme et leurs domestiques, qu'ils avaient ainsi sous la main lorsqu'ils en avaient besoin.

Une demi-heure à peine après l'arrivée à bord des deux passagers, le brick le *Zéphyr* dérapait son ancre, et descendait le rio de la Plata, toutes voiles dehors.

Faisons maintenant connaissance avec l'ami et protégé de maître Bernouillet.

Le capitaine Legonidec était un vieux et excellent marin ; il avait longtemps servi sous les ordres de Surcouf, comme officier ; il avait ensuite fait la course pour son propre compte, et, pendant un certain temps, il s'était rendu redoutable aux Anglais, auxquels il faisait des tours pendables ; mais un jour son bonheur habituel l'abandonna : il fut capturé sur les côtes d'Irlande par une corvette anglaise, et jeté sur les pontons de Portsmouth, où il souffrit d'horribles tortures à cause de plusieurs tentatives d'évasion, qui toutes échouèrent. Il ne recouvra enfin sa liberté qu'après la chute de l'empire et le retour des Bourbons.

Sa haine pour les Anglais, qui l'avaient tant fait souffrir, était implacable, leur nom seul lui faisait horreur ; cette haine était passée chez lui à l'état de monomanie furieuse ; son plus grand bonheur était de chercher querelle à tous les pauvres diables d'Anglais que leur mauvais destin plaçait sur son passage; et, comme il était d'une force et d'une adresse extraordinaires à toutes les armes, il sortait toujours vainqueur de ces duels improvisés; et, ainsi qu'il le disait en riant, car il était très-gai de caractère, il leur rendait ainsi en détail ce qu'ils lui avaient fait souffrir en gros; bien que la paix existât entre la France et la Grande-Bretagne, il continuait la guerre pour son compte particulier.

Le capitaine Legonidec était de taille moyenne, avait les épaules larges, les bras d'une longueur démesurée et la tête énorme; les traits énergiques, la face apoplectique, le front fuyant, les yeux petits, enfoncés dans l'orbite, gris, pétillants de malice et couronnés de sourcils en broussailles; le nez gros, les pommettes saillantes, la bouche grande, les lèvres épaisses, rouges, et des dents excellentes, mais noircies, ou plutôt jaunies par l'abus immodéré de la chique, cette consolation du marin pendant les longs quarts de nuit; un menton carré : ses favoris roux ébouriffés venaient rejoindre les coins de sa bouche; il était légèrement voûté et avait les jambes très-arquées par l'habitude du roulis et du tangage; avec tout cela, constamment l'air renfrogné et de mauvaise humeur, et pourtant la physionomie mobile et excessivement sympathique, à cause de la franchise qui en était le trait particulier; sa voix ressemblait quand il se fâchait, ce qui lui arrivait trop souvent, au grincement du flot courant sur les graviers de la plage.

En un mot, c'était le type, perdu aujourd'hui, du *loup de mer*, tel qu'il existait encore à cette époque, avec toutes ses qualités et ses défauts : c'est dire qu'il était brutal, grossier, sentant plutôt le goudron que les essences ; superstitieux et rempli de préjugés de toutes sortes, parfois ridicules ; peu instruit, mais connaissant son métier sur le bout du doigt ; brave, honnête, dévoué et chérissant la mer par dessus tout.

Aujourd'hui, nos capitaines au long cours sont des messieurs bien élevés ; ils mettent des gants à leurs mains, de la pommade à leurs cheveux, grasseient en parlant, affectent d'être précieux avec leurs passagers et galants auprès de leurs passagères.

En valent-ils mieux pour cela ?

Peut-être oui, peut-être non.

Cependant, nous regrettons les loups de mer : au moins ceux-là étaient véritablement marins ; et s'ils n'étaient pas aussi musqués que le sont leurs successeurs, peut-être étaient-ils plus solidement à cheval sur le code de l'honneur que ne le sont ceux-ci.

Lorsque maître Bernouillet avait parlé d'Olivier au capitaine Legonidec, et lui avait fait la proposition de fréter son navire pour le compte du capitaine corsaire, le premier mouvement du vieux marin avait été de refuser : il redoutait d'avoir affaire à un *terrien*, et Dieu sait si le bonhomme les redoutait ; mais lorsqu'il eut pris des renseignements et eut fait deux ou trois visites à bord du *Hasard*, où, à sa grande joie, il s'était retrouvé en pays de connaissance, la plupart des hommes de l'équipage ayant servi avec lui sous les ordres de Surcouf, son opinion sur Olivier changea du tout au tout ; il finit par s'enthousiasmer si complétement pour le jeune capitaine, que si celui-ci lui avait demandé son brick, il le lui aurait donné, et lui avec.

Le brick le *Zéphyr* n'était pas le premier bâtiment venu ; c'était un très-joli morceau de bois fin, coquet, élancé et marchant comme un marsouin ; il jaugeait deux cent cinquante tonneaux et avait été construit pour la course ; aussi possédait-il toutes les qualités requises pour constituer le bon voilier ; il portait deux petits canons de douze à l'avant, pour se défendre au besoin contre les pirates, et avait, tout compris, vingt-deux hommes d'équipage, tous excellents marins.

Nous terminerons le portrait un peu long de ce digne capitaine en constatant que, s'il sacrait et maugréait sans cesse, en somme c'était un excellent homme, adoré de son équipage.

Au bout de deux heures à peine, Olivier et lui étaient les meilleurs amis du monde ; le capitaine Legonidec se considérait comme le second du capitaine Madray ; heureux et surtout honoré de servir sous les ordres du redoutable corsaire. Il est bien entendu que, de son côté, Olivier affectait de traiter le capitaine avec la plus affectueuse distinction, et, ce qui alla tout droit au cœur du digne Breton, il lui déclara dès le premier jour que, pendant tout le voyage, il entendait qu'il prît ses repas à sa table.

Olivier avait fait embarquer force provisions de toutes sortes, et avait engagé un excellent cuisinier français égaré à Buenos-Ayres, expressément pour son service.

Olivier se rendait d'abord à Gênes, où, sans en rien dire à sa femme, il avait donné rendez-vous à M. et Mme Maraval.

Le temps fut magnifique, le vent constamment favorable ; la traversée, fort courte, se fit presque sans toucher aux *bras* et aux *écoutes*.

Ils passèrent devant Cadix, franchirent le détroit de Gibraltar, et vinrent enfin mouiller devant Gênes, dont l'aspect grandiose ravit doña Dolorès, et lui donna une haute idée des merveilles qu'elle serait bientôt appelée à voir dans cette vieille Europe, dont elle avait si souvent entendu faire dans son enfance des récits exagérés, et dont elle connaissait à peine quelques villes, entrevues en passant et dont elle n'avait conservé qu'un très-incomplet souvenir.

La première personne que les deux époux rencontrèrent en débarquant fut M. Maraval.

Il les attendait sur le quai, le sourire aux lèvres et le cigare à la bouche.

M. Maraval était arrivé depuis deux jours seulement ; doña Carmen, un peu souffrante, n'avait pu, à son grand regret, quitter Cadix ; mais lui se proposait d'accompagner ses amis dans leur voyage à travers l'Italie et la Suisse, ce qui mit le comble à la joie de doña Dolorès, qui, sachant que M. Maraval était le meilleur ami de son mari, éprouvait une profonde affection pour lui, même avant de le connaître intimement.

De son côté, M. Maraval fut charmé de doña Dolorès, chez laquelle il ne tarda pas à reconnaître toutes les précieuses qualités de cœur et d'esprit qui forment la véritable femme ; il félicita chaleureusement son ami sur son bonheur et se mit aussitôt à adorer platoniquement la charmante jeune femme et à la traiter comme une sœur chérie : ne l'avait-il pas connue enfant !

Les voyageurs passèrent quelques jours à Gênes, autant pour se reposer des fatigues de la traversée que pour les préparatifs de leur excursion et surtout visiter la vieille cité républicaine, si riche en monuments admirables et en souvenirs historiques de toutes sortes.

Avant de quitter Gênes, Olivier avait eu avec le capitaine Legonidec une longue conversation.

Le jeune homme, se proposant de voyager à petites journées et de ne rien négliger pour rendre son excursion agréable à sa femme, devait faire un assez long séjour sur le continent; il donna donc liberté entière au capitaine du *Zéphyr* de mettre le temps à profit pour naviguer à sa guise et faire du cabotage, tant dans la Méditerranée que dans l'océan Atlantique, à la seule condition de se trouver à Anvers et de l'y attendre à une époque qu'il lui fixa pour le reconduire à Buenos-Ayres.

Ce point délicat réglé à la satisfaction des deux capitaines, ils se séparèrent en se serrant la main, et, deux jours plus tard, Olivier, sa femme, M. Maraval et leurs domestiques quittèrent Gênes et commencèrent leur pèlerinage à travers l'Italie.

Nous ne nous appesantirons pas sur cette excursion de touristes.

L'Italie et la Suisse sont, grâce à Dieu, trop bien connues, aujourd'hui, pour qu'il reste quelque chose de nouveau à dire sur leur compte.

Nos trois amis voyageaient lentement, en gourmets qui tiennent à savourer toutes les surprises imprévues d'un charmant voyage, que nulle arrière-pensée ne vient assombrir.

Les principales villes d'Italie défilèrent ainsi,

les unes après les autres, avec toutes leurs merveilles, devant leurs yeux éblouis et jamais rassasiés.

Ils faisaient d'assez longues stations dans certaines des villes qu'ils traversaient, telles que Naples, Rome, Mantoue, Florence, Pise, Milan et tant d'autres encore, qu'il serait puéril de nommer.

Partout ils avaient admiré des ruines et vécu dans le passé, car l'Italie n'existe plus qu'à l'état légendaire, et son peuple est bien petit auprès de celui dont il foule si insoucieusement les cendres héroïques. Les touristes reconstituaient le monde antique, évoquaient les héros de la vieille Rome ou bien les chefs demi-bandits des grandes luttes du moyen âge, et, sauf les monuments à demi ruinés, témoins de tant de chocs grandioses, ils trouvaient bien mesquin tout ce qui les entourait (1).

A leur arrivée à Rome, avant de visiter la ville éternelle, les voyageurs, suivant en cela la coutume respectueuse des catholiques de toutes les nations à leur passage dans la capitale du monde chrétien, allèrent saluer le pape Pie VII, dont le pontificat fut traversé par tant de souffrances et de malheurs, et ils lui demandèrent sa bénédiction, que dans son inépuisable bonté le pape daigna leur accorder.

Rien ne pressait nos touristes, leur temps était bien à eux; ils en profitaient pour jouir, admirer et collectionner à grands frais des souvenirs qui,

---

(1) Le lecteur voudra bien se souvenir que cette histoire se passe au commencement du XIX° siècle. Tout ce qui était juste alors ne l'est plus aujourd'hui, grâce à Dieu! L'Italie, réveillée de son lourd sommeil, est libre et puissante enfin.   G. A.

plus tard, revenus en Amérique, leur rappelleraient leur charmante excursion à travers la vieille et poétique Europe.

Ils étaient trois, chiffre cabalistique, indispensable pour chasser l'ennui en voyage. Seul, le voyageur s'ennuie, ne pouvant communiquer ses impressions à personne; à deux la satiété arrive; parfois on se querelle sous des prétextes frivoles, souvent même sans prétextes, afin de changer la conversation et faire preuve d'indépendance; à trois cela est impossible : il y a une majorité, la gaieté persévère quand même.

Déjà, depuis plusieurs mois, ils allaient ainsi insoucieusement, comme des écoliers en vacances, de ville en ville, de bourgade en bourgade.

Ils avaient ainsi traversé l'Italie le nez en l'air, ne laissant pas un monument sans le visiter, une ruine sans lui demander son histoire.

A plusieurs reprises, Olivier avait cru remarquer un homme d'apparence riche, et semblant appartenir à la haute société, qui, par un hasard singulier, s'était rencontré avec lui dans les mêmes villes à visiter les mêmes monuments avec un même enthousiasme; mais, quel que fût ce personnage, jamais il n'avait, ni par ses gestes ni par ses regards, manifesté l'intention d'entrer en relations avec les voyageurs, dont il se tenait toujours assez éloigné.

Olivier crut avoir affaire à quelque Anglais atteint du spleen, et il cessa de s'occuper de lui.

D'ailleurs, ce singulier personnage disparut un jour et on ne le revit plus.

Seulement le capitaine apprit, quelques jours après, que cet inconnu avait secrètement questionné ses domestiques, et même leur avait offert de l'or pour obtenir des renseignements sur lui.

Antoine Lefort et Furet ne savaient rien, donc ils ne purent donner le moindre renseignement.

Du reste, tous deux étaient dévoués à leur maître ; eussent-ils su quelque chose sur lui, qu'ils auraient gardé le silence.

Olivier fut assez inquiet pendant quelques heures ; puis il prit son parti de ce mystère et ne s'en occupa plus ; bientôt même il l'eut oublié.

Quelques jours plus tard, les touristes, ayant épuisé l'Italie, pénétrèrent en Suisse.

Là, les émotions changèrent ; ce n'étaient plus les monuments, les tableaux, les statues, les ruines qu'ils admiraient ; c'était la nature grandiose, abrupte, sauvage, dont les aspects sévères impressionnaient vivement leur cœur et surexcitait leur imagination.

CHAPITRE II

DANS LEQUEL IL EST PROUVÉ QU'EN CE MONDE TOUT N'EST QU'HEUR ET MALHEUR.

Après avoir visité Lausanne, capitale du canton de Vaud, et avoir séjourné une dizaine de jours dans cette ville, nos voyageurs avaient résolu de se rendre à Vevey, que d'abord ils avaient laissée derrière eux sans y entrer, ne la supposant point digne de leur intérêt.

Plusieurs motifs les engageaient à retourner sur leurs pas : d'abord on leur avait fort vanté les sites pittoresques qui entourent cette ville, et la position même de Vevey, située au pied du mont Jorat, à l'embouchure de la Vevayse, mince et très-petite rivière qui se précipite comme un torrent furieux dans le lac Léman, ou lac de Genève, comme on le nomme à tort en France; en effet, Genève n'est pas située sur le lac Léman, mais bien sur le Rhône, après sa sortie du lac, près de son confluent avec l'Arve.

Nous avons dit que nos voyageurs avaient deux motifs principaux pour retourner sur leurs pas; nous avons fait connaître le premier. Le second était bien plus attrayant : il s'agissait d'assister à l'*Abbaye*, ou fête des vignerons, qui devait se célébrer le lendemain à Vevey.

Cette fête, très-ancienne, et qui paraît entée sur

les processions — pantomimes ou théories — des Grecs, rappelle jusqu'à un certain point les Bacchanales ; elle est fort curieuse, et attire un grand concours de monde et surtout de voyageurs, car elle ne se renouvelle pas à époques fixes, mais seulement à de longs intervalles.

Quelques auteurs font remonter l'origine de cette fête à la plus haute antiquité, l'attribuant à une imitation des fêtes que les Athéniens célébraient, chaque année, en l'honneur de Cérès et de Bacchus, sous le nom de *fêtes aloennes*; mais son origine probable est plutôt la suivante :

Au moyen âge, les moines des couvents de Haut-Cret et de Haute-Rive achevèrent, dit-on, de défricher complétement les pentes rocailleuses et chaudes de la Vaux, aujourd'hui couvertes de riches et célèbres vignobles.

Voulant encourager et récompenser leurs vignerons, ils prirent l'habitude de les rassembler chaque année à Vevey, au temps des vendanges.

Une procession avait lieu alors. On y voyait un singulier mélange de christianisme et de paganisme; la croix figurait à côté du thyrse; on chantait des cantiques, des hymnes à Bacchus et des refrains rustiques en patois roman. Les agriculteurs, serfs des deux abbayes, défilaient, portant des instruments aratoires, des emblèmes mythologiques, ou décorés des distinctions dues à leurs travaux et à leurs soins intelligents.

La journée était terminée par un repas frugal, où le vin coulait à flots, et l'on ne manquait pas de servir aux convives l'antique *soupe aux fèves*, laquelle est encore aujourd'hui le premier plat du banquet.

Il y avait urgence, il ne fallait pas manquer une pareille fête. Olivier avait loué, non sans difficulté, une carriole pour aller à Vevey ; les voyageurs enfilèrent au grand trot d'un cheval montagnard la rue de l'Etraz, sortirent de Lausanne et se lancèrent sur la route de Vevey.

Bien que la distance d'une ville à l'autre soit assez courte, cinq ou six lieues à peine, la carriole louée par Olivier mit près de trois heures pour accomplir ce trajet, à cause des haltes répétées des voyageurs, qui, à chaque site nouveau surgissant devant eux, descendaient pour l'admirer plus à leur aise, de sorte qu'il était près de quatre heures du soir lorsque la carriole arriva enfin à Vevey.

Vevey n'a qu'une médiocre étendue ; sa population ne s'élève pas à plus de quatre ou cinq mille âmes ; la ville est admirablement située, et comme l'a si poétiquement dit Victor Hugo : « C'est une
» petite jolie ville blanche et propre, chauffée par
» les pentes méridionales du mont Chardonne
» comme par des poêles, et abritée par les Alpes
» comme par un paravent ; j'ai devant moi un ciel
» d'été, le soleil, des coteaux couverts de vignes
» mûres, et cette magnifique émeraude du Léman,
» enchâssée dans des montagnes de neige comme
» dans une orfévrerie d'argent. »

Le cocher avait conduit tout droit ses voyageurs à l'auberge des Trois-Couronnes ; bien entendu que cette auberge s'intitulait hôtel ; elle l'est devenue plus tard, dit-on.

A ce propos, nous constaterons qu'à l'époque où se passe notre histoire, les touristes étaient rares ; les Anglais atteints du *spleen* n'avaient pas inventé la Suisse, ils n'en connaissaient pas encore le chemin, et par conséquent ils n'avaient point eu l'occasion de corrompre les hôteliers, comme ils ne le firent que trop quelques années plus tard.

Partout, on était certain d'être bien accueilli, bien servi et surtout de ne pas être écorché vif comme on l'est aujourd'hui.

Malgré l'affluence des voyageurs amenés par la fête du lendemain, l'hôtelier donna, à un prix comparativement raisonnable, un appartement assez confortablement meublé à Olivier.

Les bagages transportés dans cet appartement, le cocher payé et renvoyé, nos touristes se firent servir, et, comme leur longue promenade avait excité leur appétit, ils mangèrent fort et ferme, comme des gens affamés : rien de tel que l'air des montagnes pour aiguiser les dents, même à ceux qui, d'ordinaire, ne font qu'effleurer les plats. Le dîner fut très-gai, comme toujours ; il se prolongea même assez tard.

Doña Dolorès se sentait un peu fatiguée ; elle se retira dans sa chambre à coucher.

Olivier et M. Maraval restèrent dans la salle à manger commune, pour mettre en ordre leurs notes de voyage, comme ils le faisaient chaque soir.

Puis, comme le soleil n'était pas couché encore, les deux hommes allumèrent leurs cigares, se prirent par le bras et sortirent pour jeter un coup d'œil sur la ville.

Ils virent en passant les préparatifs faits pour la fête du lendemain et les immenses estrades presque terminées, où, moyennant rétribution, devaient s'asseoir les spectateurs curieux d'assister à leur aise à la cérémonie.

Tout en se promenant un peu au hasard à travers la ville, les deux amis arrivèrent, sans y penser, à l'un de ses plus beaux monuments, l'église Saint-Martin, qui la domine et s'annonce de loin par son clocher élevé.

L'église Saint-Martin est tout simplement une tour carrée, flanquée de quatre délicates tourelles à cul-de-lampe; on la prendrait pour un donjon féodal.

Cette église, fondée en 1498, fut dédiée à saint Martin de Tours; elle porte la croix de Savoie sur sa façade; de la terrasse où s'élève ce temple, on jouit d'une vue très-étendue et surtout admirablement accidentée.

Après avoir pendant assez longtemps contemplé le magique panorama qui se déroulait sous leurs yeux, les deux touristes pénétrèrent dans l'église.

Ils voulaient visiter les sépultures des deux régicides anglais inhumés dans ce temple.

La première est celle du général Edmund Ludlow, qui fut un des juges de Charles Ier, et la seconde celle de l'amiral Andrew Broughton, qui, en sa qualité de lieutenant civil, lut à ce monarque déchu sa sentence de mort.

Les épitaphes de ces deux hommes célèbres sont significatives : « *Sedes œternas lœtus advolavit!* — Il s'est envolé, joyeux, vers les demeures éternelles! — » dit celle de Ludlow, gravée dans la muraille; « *In Domino obdormivit!* — Il s'est endormi dans le Seigneur! — » dit celle de Broughton, gravée sur les dalles du sol.

La ville de Vevey osa seule donner un asile aux proscrits, qu'elle ne cessa de protéger tant qu'ils vécurent.

Olivier et M. Maraval sortirent pensifs de l'église Saint-Martin, et se dirigèrent vers leur hôtel ; le hasard les conduisit devant la maison habitée par Ludlow pendant le temps de son séjour à Vevey, et sur la façade de laquelle on avait placé cette magnifique inscription :

Omne solum forti patria est, quia fortis.

Il paraît que, quelques années plus tard, cette inscription fut achetée et emportée par un Anglais.

Pourquoi ?

Était-ce admiration, remords ou honte ?

Tous les trois à la fois peut-être.

Olivier et son ami s'éloignèrent en hochant tristement la tête.

Le lendemain, à l'aube, nos touristes et la ville tout entière furent éveillés par une salve d'artillerie et par les pas tumultueux de populations nombreuses, semblant surgir du sol et se précipitant en désordre vers l'immense théâtre en plein air, qui avait pour décors principaux de magnifiques montagnes, un lac admirable, et pour éclairage un resplendissant soleil d'été.

Le noble drapeau fédéral, rouge à la croix blanche, pavoisait les tours et les clochers.

On le voyait accolé au drapeau cantonal vaudois, vert et blanc, à toutes les fenêtres des rues principales de la ville.

L'amphithéâtre tournait le dos au lac, teinté de son riche azur moiré, et faisait face aux coteaux élevés de Corsier, ou plutôt au mont Chardonne, diapré de bois, de pâturages et de chalets. Un soleil éblouissant s'élevait sur les pointes rocheuses d'Aï et de Muyen-les-Jumelles, comme pour rappeler aux assistants que tout plaisir, toute joie ici-bas a son alliage nécessaire de souffrances et d'incommodités.

Les fenêtres, les toits, les voitures, les arbres, les échafaudages regorgeaient de spectateurs palpitants d'attente; d'autres se pressaient en grand nombre autour des barrières enguirlandées de verdure et décorées de sapins transplantés.

Olivier et M. Maraval bondirent hors de leurs lits, s'habillèrent en toute hâte; le capitaine se préparait à frapper à la chambre de doña Dolorès, lorsque la porte de cette chambre s'ouvrit, et la jeune femme parut sur le seuil, belle, reposée, souriante et prête à partir.

L'hôtelier des Trois-Couronnes eut l'obligeance de conduire lui-même ses voyageurs aux places que, sur leur ordre, il avait retenues la veille au premier rang de l'estrade, et il les y installa commodément; puis il les salua et se hâta de se retirer, car il remplissait un rôle dans la cérémonie, étant un des plus riches vignerons du canton.

En regardant autour de lui pour se rendre compte de l'affluence énorme de spectateurs qui encombraient les avenues du théâtre de la fête, Olivier tressaillit malgré lui et un sombre pressentiment lui sera subitement le cœur comme dans un étau.

— Seriez-vous indisposé, Carlos ? lui demanda doña Dolorès avec inquiétude : vous êtes bien pâle ?

— En effet, mon cher, ajouta M. Maraval, qu'avez-vous donc ?

— Rien, répondit le jeune homme en essayant de sourire, rien absolument, un pincement au cœur; vous savez que j'y suis sujet, chère Dolorès;

mais maintenant c'est fini, je me sens tout à fait bien.

— Bien vrai, Carlos ?

— Oui, ma chérie, ce n'a été que l'affaire d'un moment.

— Vous auriez dû boire quelque cordial avant de sortir, reprit M. Maraval.

— C'est vrai, ami Jose, mais je n'y ai pas songé, nous étions si pressés de nous rendre ici.

Et l'on parla d'autre chose, de la fête, naturellement.

Ce qui avait causé cette vive émotion au capitaine, c'était qu'en regardant sur les gradins de l'estrade couverts de monde en ce moment, ses yeux étaient tombés et son regard s'était croisé avec le mystérieux inconnu que, plusieurs fois déjà, il avait rencontré pendant son voyage, et qui avait essayé d'obtenir de ses domestiques des renseignements sur lui.

Dès qu'il se sentit remis et complétement maître de lui-même, le jeune homme regarda de nouveau ; mais ce fut en vain qu'il fouilla la foule de son regard : l'inconnu avait disparu, il ne le revit plus ; la place où il l'avait aperçu était occupée par une dame.

Olivier crut avoir été le jouet d'une illusion, et ne s'occupa plus de cet incident, qui bientôt s'effaça de son souvenir.

A sept heures précises, le canon tonna de nouveau.

Un ah ! de satisfaction s'échappa de toutes les poitrines haletantes des spectateurs.

La fête allait commencer.

Nous ne décrirons pas cette fête essentiellement pastorale, et comme la Suisse seule peut en célébrer.

Elle a été décrite par beaucoup d'autres écrivains, après lesquels notre description serait forcément bien pâle; d'ailleurs, elle nous entraînerait beaucoup trop loin, et elle ne se rattache par aucun point à notre récit.

Nous dirons seulement qu'elle était essentiellement païenne et surtout patriotique : les anciens dieux de l'Olympe, mêlés à ceux des Gaulois ou plutôt des Celtes et aux héros des grandes luttes de l'indépendance suisse, en furent les principaux personnages, ainsi que les vignerons, les agriculteurs et tous les corps de métiers se rapportant à ces deux importantes et nobles professions, dont dépendent essentiellement le bien-être et le bonheur des populations laborieuses.

La fête, commencée à sept heures du matin, se prolongea pendant la journée tout entière.

On mangeait et on buvait sur les estrades sans abandonner ses places.

Enfin un dernier coup de canon annonça la clôture de la fête, que chacun fut libre d'aller continuer chez soi.

La foule s'écoula lentement, paisiblement, et, grâce peut-être à l'absence de la police, sans que l'on eût à regretter le plus léger accident.

Nos trois voyageurs avaient amplement satisfait leur curiosité, mais ils mouraient littéralement de faim. La première chose qu'ils firent fut de demander à manger.

L'hôtelier, en homme intelligent, avait prévu le cas, un superbe souper les attendait,

Souper auquel ils firent honneur sans la moindre vergogne.

Le repas terminé, Olivier, laissant M. Maraval s'occuper de son courrier, dit à sa femme de ne pas s'inquiéter de son absence, et sortit dans l'intention de faire une promenade de digestion, tout en fumant un cigare.

La nuit tombait, les rues étaient pleines de bruit et de mouvement.

A peine Olivier eut-il fait quelques pas, qu'il crut s'apercevoir qu'il était suivi à distance par un individu vêtu en paysan, et dont les traits disparaissaient presque entièrement sous l'ombre des larges ailes de son chapeau.

Le capitaine ne s'inquiéta pas, il était bien armé; d'ailleurs, à cette époque, les malfaiteurs étaient presque inconnus en Suisse ; aujourd'hui même ils sont très-rares.

Le jeune marin supposa d'abord que cet homme était un cicerone qui, le reconnaissant pour étranger, désirait lui offrir ses services et hésitait à l'accoster ; il continua donc tranquillement sa promenade.

Puis une autre pensée lui vint : il pensa que cet homme pourrait bien être l'inconnu mystérieux qu'il avait cru entrevoir le matin, qui se décidait enfin à se faire connaître, et attendait une occasion favorable pour lui expliquer les motifs de son espionnage; cette idée éveilla sa curiosité : il résolut, dans son for intérieur, de faire naître au besoin cette occasion.

Olivier déboucha ainsi, toujours flânant, sur la place du marché, et, tout en jetant un regard de côté pour s'assurer que l'inconnu le suivait encore, il s'arrêta devant la halle au blé, admirant ou feignant d'admirer les colonnes de marbre antique qui soutiennent cet édifice. Il était là depuis quelques instants, se demandant à quel temple romain ces colonnes avaient appartenu jadis, sans trouver naturellement une réponse plausible à cette question, lorsque l'homme qui le suivait depuis l'hôtel s'approcha de lui et le salua respectueusement.

— Qui êtes-vous et que me voulez-vous ? lui demanda nettement Olivier.

— Monsieur, répondit l'inconnu en français, peu vous importe qui je suis, je suppose.

— Vous vous trompez, monsieur; maintenant je vous reconnais, vous me suivez depuis mon arrivée en Italie.

— C'est vrai, monsieur, mais sans mauvaises intentions contre vous, croyez-le bien.

— Vos intentions ne m'importent guère : je suis, par état, accoutumé à braver des dangers plus grands que ceux que vous me pourriez faire courir; je tiens seulement à ce que vous sachiez bien que je n'aime pas l'espionnage, et encore moins les espions.

— Le mot est dur, monsieur! fit l'inconnu en se redressant.

— Il est juste; trouvez-en un autre qui s'applique aussi bien au honteux métier que vous faites près de moi depuis plusieurs mois; prouvez-moi que je me trompe en me révélant votre nom et me faisant connaître vos intentions.

— Je ne puis, à mon grand regret, vous satisfaire en ce moment, monsieur : je ne m'appartiens pas; je suis chargé d'une commission importante et surtout pressée pour vous, si vous êtes, comme je le suppose, monsieur, Charles-Olivier Madray.

— Comment savez-vous que je me nomme ainsi ?

— La personne qui m'envoie vers vous m'a dit ces noms. Je suis allé à votre recherche à Lausanne, vous en étiez parti depuis une heure pour Vevey ; je suis revenu, et je suis arrivé une demi-heure après vous. Veuillez me dire si vous êtes bien la personne que je cherche et qui se nomme ainsi ?

— Quand vous me suiviez, ces mois passés, vous ignoriez donc mon nom ?

— Je l'ignorais, monsieur ; on vous avait désigné à moi, sans me rien dire de plus.

— Hum ! tout cela n'est pas clair... Et, au cas où je porterais ces noms ?...

— J'aurais l'honneur de vous remettre une lettre à votre adresse. N'hésitez pas, monsieur, je vous en conjure ; surtout, n'ayez pas défiance de moi. Nul mal ne vous arrivera, je vous en donne ma parole !

— Je suis l'homme que vous cherchez, dit nettement Olivier.

Le capitaine se sentait intéressé, malgré lui, par les manières honnêtes et tristes en même temps de cet inconnu qu'il traitait si rudement. D'ailleurs, il était sur ses gardes.

— Pouvez-vous me prouver que vous êtes bien monsieur Madray ? reprit l'inconnu. Pardonnez, je vous prie, ce que cette demande peut vous sembler avoir d'inconvenant.

— C'est facile, dit Olivier, il fait encore assez clair pour lire : voyez ceci.

Il ouvrit son portefeuille et y prit une lettre dont il montra la suscription à l'inconnu. Celui-ci la lut d'un coup d'œil, et, après s'être respectueusement incliné :

— Voici ce que je suis chargé de vous remettre, dit-il en s'inclinant.

Et à son tour il présenta au capitaine une lettre scellée avec un cachet armorié.

Olivier tressaillit en reconnaissant le cachet ; il ouvrit la lettre d'une main frémissante et la parcourut rapidement des yeux ; puis il pâlit affreusement et laissa tomber sa tête sur sa poitrine.

— J'attends la réponse que vous daignerez me faire, reprit l'inconnu d'une voix pleine de douceur et de tristesse.

Olivier se redressa et passa la main sur son front, moite d'une sueur froide.

— Que faut-il faire? demanda-t-il au mystérieux messager.

— Me suivre.

— Bien loin?

— Au château de Hauteville.

— Soit, reprit-il ; où se trouve ce château?

— A dix minutes de la ville, à peine, en marchant bon pas.

— Je vous avertis, monsieur, que votre déguisement ne me trompe qu'à demi ; je sais reconnaître un Espagnol d'un Français, et un gentilhomme sous une veste de bure.

— Que voulez-vous dire, monsieur?

— Simplement ceci : plusieurs guets-apens m'ont été dressés déjà ; je suis armé et résolu : au premier mouvement suspect, je vous fais sauter la cervelle. Est-ce clair?

— Très-clair, mais vous avez ma parole, monsieur, répondit l'inconnu en se redressant avec dignité.

— C'est bien ; marchez, je vous suis.

— Venez, alors!

Ils se mirent aussitôt en marche l'un derrière l'autre.

L'inconnu allait en avant.

Ils eurent bientôt laissé la ville derrière eux ; leur allure était rapide ; ils n'échangèrent pas un mot.

Après une dizaine de minutes, l'inconnu se tourna à demi vers Olivier, et, lui indiquant du doigt un superbe manoir féodal du XIVe siècle, fièrement campé à mi-côte, à une courte distance :

— Nous allons là, dit-il laconiquement.

Olivier inclina la tête sans répondre ; il marchait étroitement enveloppé dans son manteau, la tête en feu, le cœur tordu par une angoisse terrible.

Cinq minutes plus tard, les deux hommes atteignirent le château.

Les portes étaient ouvertes, des serviteurs attendaient ; ils s'inclinèrent respectueusement et s'écartèrent pour livrer passage, mais sans prononcer une parole.

L'inconnu et Olivier traversèrent une vaste cour, franchirent les degrés d'un double perron de marbre et pénétrèrent dans un large vestibule, éclairé par un fanal tombant du plafond.

Un serviteur vêtu de noir, portant une chaîne d'argent au cou, se tenait dans ce vestibule ; il s'approcha vivement de l'inconnu, et, après l'avoir salué :

— Mme la duchesse vous a demandé plusieurs fois, monsieur le comte, dit-il à voix basse ; elle est très-inquiète.

— Y a-t-il du mieux ? demanda l'inconnu sur le même ton.

— Hélas ! non, monsieur le comte ; le médecin perd tout espoir de la sauver. Avez-vous réussi ?

— Oui, le voici.

— Dieu veuille que cette visite apporte quelque soulagement à ma pauvre maîtresse !

L'inconnu ne répondit pas ; l'huissier ouvrit une porte en acajou à double battant.

— Venez, dit-il.

Et il précéda les deux hommes à travers plusieurs pièces somptueusement meublées ; il s'arrêta devant une porte cachée par une lourde portière de velours, et, après l'avoir soulevée :

— Frappez deux coups légers, monsieur le comte, dit-il.

L'inconnu frappa.

La porte s'entr'ouvrait aussitôt.

— C'est moi, le comte de Villa-Hermosa, dit-il ; la personne me suit.

— Dieu soit loué ! s'écria une voix de femme, il est temps encore !

Le comte fit signe à Olivier de le suivre ; une portière intérieure avait été soulevée, ils entrèrent ; derrière eux, la porte se referma sans bruit.

La pièce dans laquelle Olivier avait pénétré, et qu'il inspecta d'un regard rapide, était une chambre à coucher de femme du plus haut monde ; somptueuse, mais dans un complet désordre ; un grand feu brûlait dans une vaste cheminée; sur les tables, les guéridons, les consoles, des fioles et des flacons de toutes sortes étaient épars ; une lampe, couverte d'un abat-jour, était posée sur une table de nuit, placée au chevet d'un lit, dont les épais rideaux de brocard étaient ouverts.

Sur ce lit gisait, les yeux fermés, une femme pâle comme un suaire, dont la beauté avait dû être remarquable, mais dont la douleur, les ravages des passions et la maladie avaient presque effacé toutes les traces.

En entendant le bruit léger de la porte, elle ouvrit les yeux, et, fixant un regard anxieux sur le comte de Villa-Hermosa :

— L'avez-vous enfin découvert, mon cousin ? demanda-t-elle d'une voix faible comme un souffle.

— Oui, ma cousine, répondit le comte.

— Et il a consenti à vous suivre ? reprit-elle avec un léger tremblement dans la voix.

— Le voici, ma cousine, répondit le comte en étendant le bras vers Olivier, toujours enveloppé dans son manteau, immobile comme une statue au milieu de la chambre.

— Je vous remercie, mon cousin, dit-elle avec un tressaillement nerveux, qui secoua tout son corps sous les couvertures; laissez-moi un instant seule avec lui, je vous prie.

— J'attendrai derrière cette porte, prêt à vous venir en aide au premier appel.

Un sourire mélancolique erra sur les lèvres décolorées de la malade.

— Je n'ai rien à redouter de personne dans l'état où je suis, dit-elle avec une tristesse résignée, et de lui moins que de tout autre.

— Je me suis mal expliqué, pardonnez-moi, ma cousine ; je faisais allusion seulement à votre maladie. Quel autre danger que celui d'une émotion trop forte pourriez-vous avoir à redouter, dans ce château, entourée de vos parents, de vos amis et de vos serviteurs dévoués ?

— Oui, en effet, je n'avais pas saisi le sens de vos paroles ; ma tête est si faible, hélas ! Eh bien ! soit, mon cousin, faites comme il vous plaira, et soyez béni pour tout ce que vous avez fait pour moi. Peut-être vous devrai-je une joie suprême avant de mourir !

Le comte de Villa-Hermosa sembla vouloir répondre, mais, après une hésitation de quelques secondes, il se ravisa, s'inclina silencieusement et quitta la chambre.

La malade le suivait anxieusement du regard.

A peine la portière fut-elle retombée derrière lui, que la malade appela avec une animation fébrile :

— Anita ! Pepita !

Deux caméristes, jusque-là à demi cachées sous les plis des rideaux, accoururent vivement.

— Remontez la mèche de cette lampe, enlevez l'abat-jour, s'écria la malade, d'une voix tremblante d'émotion ; allumez les candélabres de la cheminée, j'ai besoin de lumière, je veux voir ! oh ! je veux voir ! Asseyez-moi sur mon lit. Bien, comme cela.

Ces divers ordres furent exécutés en un clin d'œil.

— A présent, sortez ! Que personne n'entre ici sans mon ordre. Quand je sonnerai, mon confesseur viendra, lui seul. Allez ! allez !

Les caméristes sortirent.

Il y eut un court silence ; la malade examinait Olivier avec une attention singulière.

— Approchez, dit-elle enfin d'une voix rauque et tremblante, sans le quitter du regard.

Le jeune homme se découvrit, laissa tomber les plis de son manteau, et fit quelques pas en avant.

— Plus près ! plus près encore ! reprit-elle.

Olivier obéit ; il s'avança jusqu'à deux pas du lit.

— Comme il lui ressemble ! murmura-t-elle.

Et elle ajouta :

— Me reconnaissez-vous ? Vous êtes venu à mon appel, merci.

Elle sembla attendre une réponse ; Olivier demeura froid et silencieux.

— Vous ne me reconnaissez pas ? murmura-t-elle doucement.

— Non, madame, répondit enfin le jeune homme avec un accent glacé.

— C'est vrai, je suis bien changée, fit-elle avec amertume ; je suis doña Mercedès de Tormenar, duchesse de Rosvego.

— Je n'ai pas l'honneur de connaître madame la duchesse de Rosvego.

— Pauvre enfant ! murmura-t-elle, et elle ajouta d'une voix douce comme une caresse : Carlos, je suis ta mère !

Olivier secoua tristement la tête.

— Hélas ! madame, dit-il, je n'ai jamais eu de mère.

— Olivier ! s'écria-t-elle avec désespoir ; quel blasphème as-tu proféré ? Tu ne m'as pas comprise ! Je suis ta mère, te dis-je ! On ne ment pas à sa dernière heure ! Regarde-moi, je vais mourir... J'ai voulu te voir à mes derniers moments...

— Vous vous trompez, madame ; je n'ai jamais eu de mère ; je ne vous connais pas, répondit-il froidement.

En entendant ces paroles, la malade frissonna, son visage prit une teinte terreuse, son regard devint rouge, ses cheveux se dressèrent sur sa tête et elle serra les mains contre sa poitrine avec une indicible expression de souffrance.

— Ah ! fit-elle avec un ricanement douloureux, tu me renies, toi aussi ? Oh ! tu es bien son fils à lui ! fils implacable et cruel comme il est lui-même ! race fauve au cœur de tigre ! Rien ne pourra-t-il donc te toucher ? resteras-tu sans pitié devant ta mère mourante, qui s'humilie et t'implore ?

— Je n'ai pas de mère, madame.

— Toujours cette parole ironique et cruelle ! s'écria-t-elle en se tordant les bras avec désespoir.

— Toujours, madame, parce que je dis vrai. Pourquoi me contraignez-vous de vous raconter ma lamentable histoire, moi qui ne vous connais pas ? Qui est le plus cruel, de vous ou de moi ? D'ailleurs, qui vous prouve que je suis votre fils ? A peine au monde, j'ai été jeté, enfant maudit, aux Enfants-Trouvés, avec cette honteuse étiquette : « Père et mère inconnus » ; j'ai constamment vécu seul, délaissé, méprisé, rejeté de tous, et, ce qui est horrible, poursuivi dans l'ombre, moi faible et sans défense, par une haine mystérieuse et implacable ! Quatre fois une femme a tenté de me faire assassiner, sans autre raison que celle-ci : Je la gênais... Comprenez-vous cela, madame ? Moi, pauvre vermisseau perdu dans la fange des rues, je gênais une haute et puissante dame ! Ma mort lui était nécessaire, il la lui fallait pour la rassurer...

— Pardon ! oh ! pardon, Olivier ! s'écria-t-elle avec des sanglots déchirants.

— Quelle était cette femme ? continua-t-il froidement, je n'ai pas voulu le savoir : j'ai craint d'être obligé de la maudire, madame, cette mère dénaturée, qui, non contente de m'avoir tout ravi, nom, fortune, patrie, bonheur, paie des assassins pour me tuer ! C'est épouvantable, n'est-ce pas ? Je ne la connais pas, je ne veux pas la connaître. Vous voyez bien que vous vous êtes trompée, madame, et que vous n'êtes pas ma mère !

— Accable-moi, Olivier ! je suis une malheureuse ! s'écria-t-elle presque en délire ; tes reproches retombent sur mon cœur et le brûlent. J'ai été coupable, bien coupable ; mais je me repens, j'ai horreur de ma conduite envers toi ! Ne sois pas implacable ; prends pitié de ma douleur, de mon désespoir ! J'étais folle ! Je ne m'appartenais pas ! Pardon ! oh ! pardon ! je suis ta mère, et je vais mourir !

— Non, madame, cela n'est pas, cela ne saurait être ! Vous n'êtes pas ma mère ; de quel droit revendiquez-vous près de moi ce titre sacré entre tous et qui ne peut vous appartenir ? Sachez-le, madame, on n'est pas mère parce que, dans l'entraînement d'une passion amoureuse, en faisant litière de tous ses devoirs, on a sans y songer, contre sa volonté, mis au monde une malheureuse créature dont on a honte, et qu'on voudrait étouffer en naissant pour cacher sa faute ! Il ne suffit pas, après avoir abandonné cet enfant, sans prendre de lui le moindre souci pendant de longues années, lorsque la passion est éteinte, que la désillusion est venue et que la mort se penche à votre chevet, il ne suffit pas de se dire : J'ai été coupable, j'ai été lâche; pour ne pas gêner mes plaisirs, j'ai fait le malheur de mon enfant. Tout cela est vrai, mais qu'importe ? il n'a pas de comptes à me demander, je n'en ai pas à lui rendre, je me repens aujourd'hui ; pour que Dieu me pardonne, il me faut le pardon de mon fils ; je l'exigerai, ne suis-je pas sa mère ! Eh bien ! non ! madame ; ce n'est pas vrai ! Ce serait un étrange calcul celui qui ordonnerait à la victime de faire grâce à son bourreau ! La maternité, telle que Dieu l'a faite et la comprend, est toute d'amour et de dévouement ; une mère se doit à son enfant sans réserve ; elle ne peut le priver ni de ses caresses, ni de ses joies ; il lui est donné pour qu'elle le protége, le défende, et lui donne sa vie au besoin ! Cette loi est générale et obéie par toutes les créatures, même les plus féroces en apparence. Essayez de ravir son petit à une lionne, vous verrez jusqu'où elle poussera l'amour maternel : elle se fera tuer en le défendant, et, mourante, elle essaiera encore de faire un dernier rempart de son corps à cette faible créature qu'elle a été impuissante à sauver. Les animaux adorent tous leurs enfants, madame. Seules les femmes, ces êtres charmants, plus cruels que les tigres, abandonnent les leurs, les tuent elles-mêmes, ou bien, si le cœur leur manque, elles essaient de les faire tuer par d'autres.

— Oh ! Olivier ! s'écria-t-elle haletante, en joignant les mains avec prière.

— Donc, brisons là, madame, reprit-il toujours froid et railleur. Si j'étais assez malheureux pour que vous fussiez ma mère, je vous maudirais, car je vous devrais cette vie de honte et de misère qui n'a été pour moi qu'une longue souffrance.

— Eh bien! son, s'écria-t-elle d'une voix brisée et à demi folle de douleur, tu ne le veux pas; c'est bien! Je ne suis pas ta mère, je suis une pauvre femme bien malheureuse qui va mourir désespérée si une parole consolante ne tombe pas de tes lèvres! Dis-moi quatre mots seulement; tu le vois, je ne suis pas exigeante : je ne te demande que quatre mots; ils me rendront l'espérance qui m'abandonne et m'ouvriront le ciel. L'épouvante me glace! A cette heure suprême, j'ai peur! Oh! je t'en supplie, dis-moi, cela te coûtera si peu, Olivier, dis-moi, mon enfant, dis-moi : Madame, je vous bénis! et je mourrai heureuse en te bénissant, moi aussi!

Olivier détourna la tête sans répondre.

— Oh! s'écria-t-elle en joignant les mains, et les yeux pleins de larmes, resteras-tu sourd à ma prière?

— Je n'ai ni le droit de vous bénir, ni celui de vous maudire, madame, répondit-il enfin avec un accent glacé; je ne suis pas votre fils, je ne vous connais pas!

— Ah! s'écria-t-elle avec désespoir, il est implacable!

Et, poussant un horrible cri d'agonie, elle retomba sans mouvement sur le lit.

Le comte se précipita dans la chambre.

— Malheureux! s'écria-t-il d'un air menaçant, en s'élançant vers Olivier, qu'avez-vous fait?

— Mon devoir, monsieur! s'écria le jeune homme d'une voix ferme, mais triste. Passage! C'est à Dieu seul que je dois compte de ma conduite!

Et il sortit la tête haute, sans que personne essayât de s'y opposer.

Il était en proie à une surexcitation extrême, ses tempes battaient, il avait des bourdonnements dans les oreilles, des flammes sinistres traversaient son regard; il courait éperdu à travers la campagne.

Comment réussit-il à regagner son auberge? il lui aurait été impossible de le dire ou même de s'en rendre compte.

M. Maraval, inquiet de son absence, veillait en l'attendant.

Le jeune homme était si pâle, si défait quand il entra, que don Jose fut effrayé en le voyant.

— D'où venez-vous, mon ami? Que vous est-il arrivé? s'écria-t-il en s'élançant à sa rencontre.

Olivier se laissa tomber avec accablement sur un siége. Après une aussi rude secousse, il avait besoin de remettre de l'ordre dans ses idées et de reprendre un peu de calme.

Don Jose, après quelques instants, renouvela ses questions avec une insistance affectueuse.

Olivier soupira, mais il n'avait pas de secrets pour cet ami éprouvé; dès que cela lui fut possible, il n'hésita pas à tout lui confier.

Don Jose l'écouta sans l'interrompre et sans lui faire la plus légère observation; quand il eut cessé de parler, il comprit tout ce que son ami avait dû souffrir.

Il s'employa par tous les moyens à changer le

cours des idées du jeune homme; puis, lorsqu'il le vit un peu plus calme, il l'accompagna tout en causant jusqu'à la porte de son appartement et l'engagea à se retirer pour la nuit.

Le lendemain, le bruit se répandit dans Vevey qu'une grande dame espagnole, la duchesse de Rosvego, était morte vers deux heures du matin dans son château situé à une demi-lieue de la ville.

Un peu après dix heures, le comte de Villa-Hermosa, ce mystérieux étranger qui la veille avait accosté le jeune homme sur la place du Marché, se présenta à l'hôtel et demanda M. Olivier Madray, ayant, disait-il, à l'entretenir d'une affaire pressante et n'admettant pas de retard.

Les voyageurs n'étaient pas encore descendus; cependant, sur les instances du comte, l'hôtelier consentit à faire prévenir Olivier de cette visite imprévue.

Un instant plus tard, le jeune homme entra dans la salle commune où le comte attendait.

— Que désirez-vous de moi, monsieur? lui demanda-t-il après avoir échangé un froid salut avec lui.

— Monsieur, répondit tristement le comte, cette nuit, avant d'expirer, madame la duchesse de Rosvego, ma cousine, m'a fait promettre de vous remettre de sa part cette croix et cette bague.

Et il lui présenta un écrin ouvert.

— Monsieur, répondit Olivier, sans même jeter les yeux sur l'écrin, je n'avais pas l'honneur, quand elle vivait, de connaître madame la duchesse de Rosvego, je n'ai donc rien à recevoir

3*

d'elle après sa mort. J'ai l'honneur de vous saluer.

Et, après s'être sèchement incliné devant le comte, il lui tourna le dos et sortit de la salle, le laissant tout interloqué l'écrin à la main.

— Pauvre duchesse! murmura le comte, il ne veut même pas conserver un souvenir d'elle.

Et il se retira douloureusement affecté du mauvais résultat de sa visite.

Cinq jours plus tard, furent célébrées, à Vevey, les obsèques de la duchesse de Rosvego, avec cette pompe fastueuse que l'Église catholique sait déployer dans certaines circonstances : aux funérailles des riches et des grands, par exemple.

Le corps de la duchesse avait été embaumé pour être plus tard transporté en Espagne dans la sépulture de ses ancêtres ; son inhumation dans le cimetière de Vevey n'était donc que provisoire.

Pendant trois jours le corps était resté exposé aux regards de tous, étendu sur un lit de parade, dans un vaste salon disposé en chapelle ardente.

Une foule immense, venue de dix lieues à la ronde, suivit pieusement le convoi.

Lorsque la cérémonie fut terminée, que tous les assistants se furent éloignés les uns après les autres, un homme émergea lentement d'un massif de cyprès au milieu duquel il s'était jusque-là tenu caché, s'approcha de la tombe, s'agenouilla et pria avec recueillement.

Cet homme était Olivier Madray.

Soudain il sentit une main s'appuyer légèrement sur son épaule.

Il se retourna, et reconnut avec surprise le comte de Villa-Hermosa.

— Que me voulez-vous ? lui demanda-t-il froidement.

— Que faites-vous là ? répondit le comte.

— Vous le voyez, je prie, dit-il, sur cette tombe à peine fermée.

— Ah ! fit le comte, vous prétendiez ne pas la connaître, et vous priez pour elle ?

Un sourire d'une expression étrange passa sur le visage pâle du jeune homme.

— Vous vous trompez, dit-il avec un accent glacé, je ne prie pas pour cette femme ; je prie Dieu, qui seul connaît les crimes qu'elle a commis, d'être miséricordieux pour elle et de lui pardonner, parce que seul il est assez puissant pour le faire...

— Serez-vous donc inplacable, même après la mort ?

— Ma vie a été brisée à la première heure de ma naissance, froidement, lâchement, par celle qui est là ; vivante, elle me haïssait et me poursuivait de sa haine jusqu'à faire attenter à ma vie ; morte, c'est à moi à la haïr : la mort ne rompt pas les affections, pourquoi romprait-elle les haines ? Allez, notre voie n'est pas la même.

— Que Dieu vous juge.

— Lui-même a mis ce sentiment dans mon cœur, donc il m'approuve ; laissez-moi le prier encore.

Le comte de Villa-Hermosa étouffa un sanglot et s'éloigna à pas lents.

Olivier s'agenouilla de nouveau et reprit sa prière, mais cette fois avec des larmes et des sanglots déchirants.

Vers le soir, un peu avant le coucher du soleil, M. Maraval pénétra dans le cimetière, marcha droit à la tombe devant laquelle le jeune homme était encore agenouillé, et, lui frappant doucement sur l'épaule :

— Venez, Olivier, lui dit-il d'une voix douce ; il est temps de vous retirer : voici la nuit, les gardiens vont fermer les portes. Doña Dolorès, votre femme, est inquiète de cette longue absence.

Olivier tressaillit ; il se releva et, se penchant sur la tombe :

— Adieu pour toujours, murmura-t-il. Puisse Dieu pardonner tes fautes à ton repentir, et aux souffrances de ton effroyable agonie ! Quant à moi, ajouta-t-il, si bas que Dieu seul l'entendit, je ne le pourrai jamais !

Ils firent quelques pas en silence.

— Bien, mon ami, s'écria enfin M. Maraval en lui serrant la main, vous avez oublié votre haine, et vous avez pardonné devant cette tombe !

Olivier hocha la tête avec mélancolie.

— Vous vous méprenez, mon ami, répondit-il d'une voix brisée par une émotion contenue : je suis peut-être le seul homme qui n'ait pas le droit de pardonner à cette femme ; je ne pouvais qu'intercéder pour elle près de Dieu, son seul juge ; c'est ce que j'ai fait, avec toute mon âme, avec tout mon cœur.

M. Maraval baissa la tête.

— Je savais que cela serait ainsi ! murmura-t-il à part lui ; ceux de sa race sont implacables, ils ne connaissent pas le mot : Pardon !

Ils quittèrent le cimetière et donnèrent quelque monnaie aux gardiens, qui fermèrent les portes derrière eux.

Sans qu'un mot fût prononcé entre eux, ils rentrèrent à l'hôtel, où doña Dolorès les attendait, en proie à la plus vive inquiétude.

En apercevant son mari, elle se jeta dans ses bras en sanglotant.

— D'où viens-tu ainsi, pâle et défait, mon amour ? lui demanda-t-elle à travers ses larmes.

— Rassure-toi, ma chérie, répondit-il en l'embrassant avec passion ; je viens du cimetière.

— Du cimetière ! s'écria-t-elle avec surprise.

— Oui, du cimetière, où j'ai, pendant plusieurs heures, prié sur la tombe de ma plus cruelle ennemie.

— Et cette ennemie ?...

— C'était ma mère ! Que jamais son nom ne soit prononcé entre nous, Dolorès, je t'en supplie !

— Je t'obéirai, Carlos, car tu dois souffrir beaucoup !

— Oui, dit-il d'une voix déchirante, je souffre horriblement.

Et terrassé enfin par cette lutte affreuse, comme un chêne déraciné par l'ouragan, il tomba de son haut, raide et inanimé sur le parquet.

Dolorès et M. Maraval s'empressèrent autour de lui, tandis que les domestiques s'élançaient au dehors à la recherche d'un médecin.

Olivier était en proie à une épouvantable crise nerveuse, déterminée par les émotions qu'il avait éprouvées et la contrainte qu'il s'était si opiniâtrément imposée.

Ce n'est pas impunément qu'on s'arrache le cœur de la poitrine, et qu'on se venge même après la mort.

CHAPITRE III.

COMMENT SE TERMINA LE VOYAGE D'AGRÉMENT FAIT EN EUROPE PAR OLIVIER ET DOÑA DOLORÈS.

Olivier fit une longue et grave maladie, à la suite de la crise nerveuse qui l'avait terrassé.

Pendant près de cinq semaines, il resta entre la vie et la mort; les médecins ne répondaient pas de lui.

L'un d'eux, le plus éminent, prétendait même, en hochant gravement la tête, que si, par miracle, le malade se rétablissait, il ne recouvrerait jamais la raison, trop fortement ébranlée par le choc affreux qu'elle avait reçu.

Doña Dolorès et don Jose Maraval étaient désespérés; cependant ils ne laissaient pas de prodiguer au pauvre moribond les soins les plus affectueux et les plus intelligents, ne quittant pas son chevet une seconde, même pour manger ou dormir, se dévouant sans arrière-pensée à son salut et se prêtant, avec une patience exemplaire, à tous ses caprices et à toutes ses manies.

Tant de sollicitude fut enfin récompensée.

Grâce à Dieu, MM. les médecins ne sont pas infaillibles; leurs jugements sont loin d'être sans appel.

Cette fois, ils se trompèrent complétement, à leur grande joie, nous le constatons, car ils s'étaient épris d'une vive amitié pour leur intéressant malade.

La vigoureuse constitution du jeune homme triompha, après une lutte acharnée, de la maladie.

Un mieux sensible se déclara après une crise terrible, et bientôt le malade entra en pleine convalescence.

Cette convalescence fut longue; il fallut redoubler de soins pour éviter une rechute, qui, cette fois, aurait été mortelle.

Enfin, après trois mois de souffrances, Olivier se retrouva debout et complétement guéri.

Mais c'en était fait de la gaieté du voyage.

Quels que fussent les efforts de M. Maraval pour la ressusciter, il n'y put réussir.

Olivier demeurait sous l'impression terrible de la scène affreuse dans laquelle il avait joué un rôle si étrange.

La mort de la duchesse avait subitement réveillé toutes ses douleurs passées; des pressentiments sinistres lui tordaient le cœur.

Doña Dolorès souffrait de voir souffrir son mari, dont l'histoire douloureuse lui avait été révélée par Olivier lui-même, pendant les longues heures de son délire. La jeune femme maudissait la fatale curiosité qui l'avait poussée à vouloir visiter l'Europe. Elle était si heureuse avant cette malencontreuse fantaisie! L'avenir lui apparaissait sous de si riantes couleurs! Elle s'adressait des reproches, comme si elle eût été réellement coupable du coup affreux qui avait frappé son mari; tous ses soins et ses efforts tendaient à faire oublier à Olivier le sinistre événement de sa première nuit à Vevey.

Mais rien n'y faisait. Superstitieux comme le sont généralement les hommes forts, il avait l'esprit frappé ; son bonheur était détruit ; il avait la sombre conviction d'un malheur prochain ; il souriait tristement aux consolations que Dolorès et don Jose lui prodiguaient à l'envi l'un de l'autre ; il penchait la tête et retombait aussitôt dans les mélancoliques rêveries dont rien ne parvenait à le distraire.

Aussitôt Olivier rétabli, les trois voyageurs avaient quitté Vevey : cette charmante ville leur faisait horreur. Ils avaient continué leur voyage à travers la Suisse ; mais ce voyage était désormais sans intérêt et sans plaisir pour eux.

Leur itinéraire avait été tracé à l'avance :

Ils devaient entrer en France par Porrentruy, se rendre à Strasbourg, passer par Bruxelles, et de là se diriger vers Anvers, où le capitaine Legonidec avait reçu l'ordre de les attendre avec le *Zéphyr*.

Un mois à peine après leur départ de Vevey, les trois voyageurs, impatients sans doute de quitter le continent européen, arrivèrent à Anvers.

Le brick le *Zéphyr* avait mouillé dix jours seulement auparavant devant Anvers.

Mettant à profit l'autorisation que lui avait donnée Olivier à Gênes, le capitaine Legonidec avait fait le cabotage, dans la Méditerranée d'abord, puis dans l'Océan ensuite, longeant les côtes et prenant du fret d'un port à l'autre ; il était arrivé à Anvers avec un plein chargement de vins et de liqueurs embarqués à Bordeaux, et dont il n'avait terminé le déchargement que la veille seulement de l'arrivée de ses passagers.

On voit que le digne capitaine n'était pas demeuré les bras croisés, pendant que ses passagers visitaient tout à leur aise l'Italie et la Suisse; il était joyeux et se frottait les mains, tout en calculant mentalement les énormes bénéfices que la générosité d'Olivier lui avait permis de faire.

En apprenant l'arrivée de ses passagers à Anvers, le capitaine se hâta d'aller leur faire visite pour se mettre à leurs ordres et leur témoigner le grand plaisir qu'il éprouvait à les revoir.

Il fut très-gracieusement accueilli par Olivier, qui écouta complaisamment le récit des nombreuses spéculations auxquelles il s'était livré; il se retira après avoir reçu l'ordre de se tenir prêt à mettre sous voiles au premier signal.

Une certaine réaction heureuse s'était opérée dans l'esprit d'Olivier depuis son départ de Vevey; en apparence, du moins, il était presque redevenu ce qu'il avait été auparavant: gai, aimable, causeur, insouciant même; mais ni Dolorès ni M. Maraval ne se trompaient à ces dehors joyeux; ils comprenaient trop bien que, pour ne pas les attrister, le jeune homme avait, par un puissant effort de sa volonté de fer, réussi à renfermer sa douleur au dedans de lui-même, mais qu'au fond du cœur il lui restait une blessure toujours saignante. Tout en feignant, eux aussi, de se réjouir et de s'associer à sa bonne humeur, ils se sentaient chaque jour plus inquiets de cette dissimulation, à laquelle Olivier ne les avait pas habitués jusqu'alors.

Pendant que le capitaine Legonidec remettait tout en ordre à son bord, les voyageurs faisaient de longues promenades à travers la ville, dont ils visitaient, avec toutes les apparences de la curiosité la plus vive, les magnifiques monuments.

Quinze ou dix-huit jours s'écoulèrent ainsi.

M. Maraval, cela avait été convenu dès le commencement du voyage, devait se séparer de ses amis à Anvers et retourner en Espagne par terre à travers la France.

Mais le moment de la séparation arrivé, au premier mot prononcé par son ami, Olivier l'arrêta net, en lui déclarant qu'il ne consentirait pas à se séparer encore de lui, ne sachant pas s'il le reverrait jamais.

Doña Dolorès se joignit à son mari et insista pour que don Jose ne les quittât pas encore.

— Rien ne vous presse, dit Olivier, laissez-nous le plaisir de vous conduire à Cadix et de vous rendre à votre chère femme, que vous avez si longtemps oubliée pour nous ! Personne ne s'occupe plus de moi à présent en Espagne ! fit-il avec un soupir étouffé. Dolorès et moi, nous serons heureux de passer quelques jours avec vous dans votre charmante famille, et de revoir doña Carmen, moi surtout, parce que, à une autre époque, elle a été si bonne !... Nous n'avons rien à redouter : personne ne nous connaît; nous sommes sous la protection du pavillon français. Ne nous refusez pas cette faveur !

— Mon ami, ce serait, soyez-en convaincu, un grand bonheur pour moi et ma famille de vous posséder près de nous; mais, ajouta-t-il en riant, puisque vous me demandez une faveur, cela devient une affaire ; je vais traiter avec vous en véritable juif.

— Tenons-nous bien, alors, dit doña Dolorès en riant.

— Voyons un peu ? ajouta Olivier.

— Vous tenez, n'est-ce pas, à rester le plus longtemps possible avec moi ?

— En doutez-vous, mon ami ?

— Non pas ; au contraire, fit-il en riant, j'en abuse.

— Je comprends ! s'écria doña Dolorès en battant joyeusement des mains : vous voulez nous garder le plus longtemps possible.

— Olivier, mon ami, dit M. Maraval avec un grand sérieux, votre femme est sorcière ; prenez garde qu'elle ne vous joue quelque mauvais tour.

— Fi ! le vilain ! reprit la jeune femme en riant de plus belle. Nous passerons deux mois à Cadix, señor ? que dites-vous de cela ?

— Je dis que vous êtes un ange, señora, et que c'est par pure coquetterie que vous vous faites passer pour une femme ! Olivier, ratifiez-vous les paroles de la señora doña Dolorès ?

— Je ratifie toujours ce que fait ou dit ma femme, répondit Olivier en souriant.

— Merci, Carlos ! s'écria Dolorès, et elle lui jeta les bras au cou.

— Deux mois ; je ne rabattrai pas d'un jour : vous vous y engagez ?

— Je m'y engage, mon ami, répondit Olivier en lui serrant la main.

Deux jours plus tard, le brick le *Zéphyr* mit à la voile pour Cadix.

Lorsqu'il eut perdu les côtes de vue, Olivier

sembla redevenir, mais véritablement cette fois, l'homme qu'il était avant son départ pour l'Europe ; on eût dit qu'en reprenant la mer, il avait du même coup secoué et oublié toutes les préoccupations tristes et sombres qui, depuis près de deux mois, pesaient sur son esprit.

La mer possède ce privilége étrange, que, sur elle, les marins concentrent toute leur existence ; pour les véritables marins, la terre n'est, pour ainsi dire, qu'un accessoire obligé, pour le ravitaillement de leur navire, pas autre chose ; tout ce qui leur arrive de bien ou de mal pendant leurs relâches forcées ne les touche qu'indirectement et n'a plus pour eux qu'une importance secondaire, et qui devient complétement nulle dès qu'ils la quittent ; tous leurs espoirs de fortune, leurs projets d'ambition ou de bonheur reposent tout naturellement sur la mer, base unique de leur existence, et à laquelle, par conséquent, ils rapportent toutes leurs pensées.

La traversée d'Anvers à Cadix fut accomplie dans les plus excellentes conditions nautiques, et égayée par de longues et intimes causeries, dans lesquelles on passait en revue tous les incidents de la longue excursion faite à travers l'Italie, la Suisse et la Belgique, les sites pittoresques, les ruines imposantes, les monuments curieux que tour à tour on avait visités.

Puis venaient les comparaisons sur les mœurs, les coutumes, les usages singuliers des différents peuples, et les appréciations sur leur caractère et le génie particulier de chaque nation.

Le temps s'écoulait ainsi, sans que rien vînt assombrir l'humeur de nos trois voyageurs, bien réconciliés cette fois avec leur ancienne gaieté.

Lorsqu'ils mouillèrent dans la magnifique baie de Cadix, ils se trouvaient donc dans les meilleures conditions possibles pour jouir, sans arrière-pensée, de toutes les charmantes surprises que sans doute leur ménageait cette poétique et véritablement romanesque terre d'Espagne, qui, par un contraste étrange, n'en déplaise à MM. les romanciers et les poëtes qui ont tout fait, sans y réussir, pour la galvaniser, avec son sang africain, ses mœurs demi-arabes et demi-gothiques, où tout semble tenir du rêve, est cependant habitée par le peuple le plus positif, le plus routinier, le plus prosaïque, et par conséquent le moins romanesque et le moins capable d'une généreuse initiative, du monde entier.

Explique qui pourra cette anomalie bizarre, dont sont frappés, après un court séjour en Espagne, les voyageurs qui se donnent la peine d'étudier sérieusement ce curieux pays.

En somme, il faut en convenir, l'Espagne ne vit plus que dans le passé fantaisiste que lui avait créé le moyen-âge; aujourd'hui, ce n'est plus qu'une ruine vivante, ne se tenant debout que par un miracle d'équilibre, comme la Turquie, à laquelle elle ressemble tant, et qui agonise, elle aussi, à l'autre extrémité de l'Europe!...

Trois causes ont amené le suicide moral de cette intelligente nation — noble entre toutes et capable, jadis, des élans les plus sublimes — et amené l'abâtardissement dans lequel elle est tombée, et dont probablement elle ne se relèvera jamais : la proscription des Maures, l'Inquisition et surtout la découverte du Nouveau-Monde, cette découverte sublime, qui a profité par contre-coup à toutes les nations de l'Europe, excepté à l'Espagne, dont elle a, au contraire, précipité la ruine.

Olivier et doña Dolorès passèrent deux mois en Espagne.

M. Maraval voulut leur faire visiter l'Andalousie et surtout la Véga de Grenade, ce paradis terrestre de l'Espagne; l'Alhambra, le Généralif, l'Albaysin eurent tour à tour la visite des voyageurs; Séville, Grenade, Cordoue, Tolède soulevèrent leur enthousiasme.

Quelques jours après leur arrivée à Cadix, M. Maraval avait présenté à Dolorès et à son mari un de ses meilleurs amis, nommé don Carlos de Santona.

Don Carlos de Santona était un homme déjà d'un certain âge, dont les traits un peu austères étaient adoucis par une physionomie affable, un parler doux et courtois, et les manières exquises d'un grand seigneur espagnol. Ce gentilhomme était, au dire de M. Maraval, originaire de la Vieille-Castille; il possédait de grands biens aux environs de Burgos et dans cette ville même, où il faisait habituellement sa résidence.

Don Carlos de Santona s'était pris d'une vive amitié pour le jeune couple; il s'était fait le cicerone d'Olivier et de Dolorès, qu'il accompagnait partout. C'était un homme fort instruit; il voyait juste, avait des aperçus souvent nouveaux sur les sujets que l'on traitait, sérieux ou futiles; il avait le talent, beaucoup plus rare qu'on ne le croit généralement, d'intéresser et même souvent de charmer ses auditeurs.

Il avait voulu accompagner M. Maraval, Olivier et doña Dolorès dans leur excursion à travers l'Andalousie ; il trouva le moyen, en quelques jours, de se rendre presque indispensable aux voyageurs, qu'il amena, sans jamais les interroger directement, à lui raconter tout ce qu'ils pouvaient sans danger lui révéler de leur histoire.

Ce récit, fait en plusieurs fois, pour ainsi dire par saccades, sembla beaucoup intéresser et augmenter, ou du moins parut augmenter l'affection que don Carlos de Santona portait aux jeunes gens.

Ceux-ci s'étaient laissé séduire par ce charmant et aimable vieillard ; ils l'aimaient et se sentaient de plus en plus attirés vers lui.

Lorsque le moment de la séparation arriva enfin, Olivier et Dolorès se séparèrent de cette connaissance de quelques jours comme si don Carlos de Santona eût été pour eux un vieil ami.

— Nous ne nous reverrons plus, dit doña Dolorès en lui tendant la main.

— Pourquoi donc cela, señora ? demanda don Carlos de Santona.

— Parce que nous retournons en Amérique, dit Dolorès avec un sourire triste.

— Et que jamais nous ne reviendrons en Europe, ponctua non moins tristement Olivier.

— Il ne faut jamais dire : ni jamais, ni toujours, mon cher capitaine, répondit don Carlos de Santona avec un sourire.

— Vous vous trompez cette fois, señor don Carlos : nous avons l'intention de nous fixer au Pérou, auprès de notre famille.

— Qui sait? fit don Carlos de Santona d'un air incrédule.

— D'ailleurs, reprit Olivier, nous sommes complétement étrangers au vieux monde, où nous ne laissons derrière nous aucun intérêt assez puissant pour nous obliger à y revenir ; abstraction faite, bien entendu, señor, de l'inaltérable amitié que nous avons pour don Jose Maraval et sa famille, ainsi que pour vous, señor don Carlos.

— Et cela d'autant plus, dit M. Maraval en se mêlant à la conversation, que notre ami le capitaine a de graves intérêts qui le retiendront en Amérique.

— Qui sait? dit encore don Carlos de Santona avec son énigmatique sourire.

— Intérêts de fortune et de famille, dit en riant doña Dolorès.

— Et d'autres encore, beaucoup plus sérieux, qui m'empêcheront de commettre une nouvelle imprudence, dit Olivier avec ressentiment.

— Bah ! qui sait? Vous êtes une énigme vivante, mon cher capitaine.

— Peut-être, cher señor don Carlos ; mais convenez avec moi que vous êtes l'homme le plus difficile à convaincre qu'il soit au monde.

— Je ne dis pas non, répondit-il avec mélancolie, cela tient sans doute à ce que j'ai beaucoup vécu, et par conséquent beaucoup appris.

— Que voulez-vous dire?

— Mon Dieu ! ce que je dis, pas autre chose ; mais, vous le savez, nous autres, les compatriotes du joyeux écuyer du chevalier de la Triste-Figure, nous affectionnons les proverbes.

— Ce qui signifie?... demanda Olivier en riant.

— Que parmi tous les proverbes du bon Sancho Pança, il en est un qui toujours m'a paru d'une indiscutable justesse.

— Oh! oh! quel est ce proverbe, s'il vous plaît, señor don Carlos? demanda doña Dolorès avec un sourire.

— Le voici, señora, répondit-il en saluant; il a surtout l'avantage d'être fort court : « Les montagnes seules ne se rencontrent pas ».

— Et vous concluez, caballero?... reprit la jeune femme.

— Que nous nous reverrons, señora.

— Je ne trouve rien d'impossible à cela, reprit-elle.

— Ni moi non plus, dit Olivier.

— C'est l'affaire d'un voyage au Pérou, ponctua M. Maraval en riant.

— Non pas! s'écria vivement don Carlos de Santona.

— Alors, dit sérieusement Olivier, je n'y suis plus du tout.

— Je suis trop vieux, reprit don Carlos de Santona, pour faire le voyage d'Amérique, à mon grand regret, car je me sens si porté vers vous, que peut-être vous aurais-je accompagné cette fois.

Les deux jeunes gens lui serrèrent affectueusement les mains.

— Non, continua-t-il, ce n'est pas cela; je suis convaincu que nous nous reverrons. Rien ne me fera démordre de cette croyance; mais ce sera ici même, en Espagne...

— Détrompez-vous, señor; quand même je reviendrais en Europe — ce qui, à la rigueur, pourrait arriver, puisque je suis marin, bien que je sois fermement résolu à ne plus sortir du Nouveau-Monde — je vous affirme que jamais je ne remettrai les pieds en Espagne !

— Peut-être ! fit-il en hochant la tête.

— L'avenir me donnera raison. Veuillez donc, cher señor don Carlos, croire au vif regret que nous éprouvons, ma femme et moi, de nous séparer de vous, et recevoir nos adieux.

— *Au revoir !* mon jeune ami, dit le vieillard en appuyant avec intention sur ces deux mots. Au revoir, señora !

— Vous y tenez, à ce qu'il paraît ?

— Toujours ! reprit-il en souriant, et, pour finir par un proverbe : « Qui vivra verra ! »

Olivier et Dolorès n'essayèrent pas davantage de combattre une idée si opiniâtrément arrêtée ; ils prirent affectueusement congé de don Carlos de Santona, ainsi que de M. Maraval et de sa chère famille.

Le soir même, le brick le *Zéphyr* mit à la voile.

Deux heures plus tard, les côtes d'Espagne, s'abaissant de plus en plus, avaient disparu dans les lointains bleuâtres de l'horizon.

Depuis plus d'un an, Olivier et Dolorès avaient constamment eu un tiers entre eux deux ; pour la première fois, ils se retrouvaient seuls ; leur joie, bien que concentrée, était vive ; ils en jouissaient avec toute l'ardeur du profond amour qu'ils éprouvaient l'un pour l'autre, et que le temps, loin de diminuer, semblait au contraire accroître encore.

Cependant la traversée se présentait sous un aspect assez triste : le vent avait considérablement augmenté et avait fini par devenir complétement *debout*, c'est-à-dire contraire ; il fallut louvoyer au plus près par une grosse mer pendant assez longtemps ; puis vinrent des calmes, remplacés par des coups de vent subits ; enfin, entre la ligne équatoriale et les tropiques, à l'endroit si judicieusement nommé par les vieux marins *le Pot au noir*, le brick fut tout à coup assailli en plein calme par un grain blanc terrible, suivi presque immédiatement par un épouvantable *pampero*.

On nomme pampero, dans ces parages, un vent qui accourt avec une force presque irrésistible du fond des pampas, ces immenses plaines qui bordent les côtes de la bande orientale jusqu'à la Patagonie, et dont la violence est telle qu'il fait littéralement bouillir la mer sur son passage comme si elle était en ébullition.

Malheur au navire surpris par le pampero ! Enlevé par un tourbillon furieux, il devient le jouet des éléments affolés, sombre sous voiles, ou, s'il échappe, c'est après avoir perdu tous ses mâts, et à l'état d'épave, pour flotter au hasard sur la mer, où il ne peut plus se frayer une route. Heureusement, les pamperos se calment aussi rapidement qu'ils s'élèvent ; c'est un siphon qui passe, renverse, brise tout sur son passage et disparaît presque instantanément.

Le capitaine Legonidec était un trop vieux loup de mer pour se laisser surprendre dans le *Pot au noir* par les grains blancs ou le pampero. Un coup d'œil jeté sur le ciel et à l'horizon lui avait suffi pour se mettre sur ses gardes : les vergues des perroquets avaient été descendues sur le pont, les mâts de perroquet et de hune calés à demi-mât, les basses vergues posées sur les porte-lofs, la barre solidement amarrée sous le vent, et le navire, réduit à sa plus simple expression, complétement à sec de toile, n'offrait plus de prise au vent : le capitaine, ainsi préparé, avait attendu d'un air narquois la venue de l'ouragan.

Quand toutes ces précautions avaient été prises par le vieux capitaine, le ciel était d'un bleu profond; il n'y avait pas un souffle dans l'air; il faisait une chaleur étouffante; la mer était unie comme un miroir; seulement on apercevait à l'extrême limite de l'horizon un point blanc gros comme une aile de *satanite*, et, du côté où devait se trouver la terre, des gonflements de la mer comme si elle eût été agitée par quelque convulsion sous-marine, c'était tout.

Olivier se promenait en ce moment sur le pont en fumant son cigare. Il avait suivi sans prononcer un mot, mais avec un sourire approbateur, l'exécution des diverses manœuvres ordonnées par le capitaine.

— Voilà! maintenant tout est paré, garçons! dit celui-ci; il ne s'agit plus à présent que de veiller au grain : je sens venir un gaillard, par notre travers, qui, si nous n'ouvrons pas l'œil au bossoir, ne tardera pas à nous souquer notre amarrage à bloc!

Et, s'approchant du capitaine corsaire en se frottant les mains, il ajouta :

— Il peut venir, nous sommes en mesure de le recevoir convenablement. Qu'en pensez-vous, capitaine Olivier, vous qui vous y connaissez ?

— Je pense, mon cher capitaine, répondit Olivier avec bonne humeur, qu'il était impossible de mieux prendre ses précautions; vous avez fait tout ce qu'il était humainement possible de faire ; maintenant, à la grâce de Dieu !

— C'est vrai ! C'est qu'il y a longtemps que je connais ces parages endiablés ! J'en ai vu de dures dans ce maudit *Pot au noir* le bien-nommé !

— Je crois, du reste, que le pampero ne se fera pas attendre ; je sens comme une fraîcheur qui ne me présage rien de bon, et puis voyez le ciel ?

— Oui, oui ! la danse diabolique va commencer !

En effet, le ciel, si bleu et si pur quelques instants auparavant, était devenu couleur de suie : la mer avait pris une teinte plombée ; bien que le vent ne se fît pas sentir encore, on entendait des grondements sourds, ressemblant au roulement sinistre d'un tonnerre lointain ; la mer était agitée de mouvements étranges, elle commençait à rouler des lames hautes comme des montagnes.

— Veille partout ! cria tout à coup le capitaine ; aux bras et aux drisses !

Au même instant, l'ouragan arriva avec une force extrême ; la mer devint affreuse ; l'obscurité se fit presque complète, une pluie diluvienne se mit à tomber, et le brick, lancé comme une flèche, courut avec une rapidité vertigineuse sur le dos des lames, blanches d'écume.

Le sifflement strident du vent se mêlait aux rugissements de la mer en furie et aux grondements répétés de la foudre, éclatant avec fureur à des intervalles rapprochés ; des éclairs verdâtres zigzaguaient les nuages, qui semblaient s'être abaissés et n'être plus qu'à quelques mètres à peine au-dessus du navire ; on ne distinguait rien à dix brasses autour de soi, que le cahos horrible des lames s'entrechoquant et se brisant les unes contre les autres.

Le malheureux brick, emporté comme un fétu de paille par la tempête, plongeait à des profondeurs énormes, tournait sur lui-même, se couchait sur le flanc, se redressait tout à coup agité de tremblements et de trépidations effroyables, qui menaçaient de disjoindre toutes ses membrures et tous ses bordages; le navire gémissait dans ses jointures avec des accents presque humains, comme s'il eût eu conscience du danger épouvantable auquel il était exposé.

Les lames embarquaient avec fureur par dessus les lisses, couvraient d'eau les matelots accrochés des deux mains aux manœuvres pour ne pas être enlevés, avec toute l'énergie nerveuse que donne l'instinct de la conservation, et roulaient sur le pont en entraînant tout avec elles.

Tout à coup il se fit une éclaircie.

La pluie cessa de tomber, le soleil perça les nuages.

Le jour reparut.

Puis, presque sans transition, comme un rideau qui se lève, le ciel apparut bleu et limpide, les nuages sulfureux s'enfoncèrent à l'horizon comme une armée en déroute, les sifflements du vent cessèrent et la mer tomba.

L'ouragan avait achevé son œuvre, il avait passé sans laisser de traces.

Le pampero avait duré deux heures, deux heures d'angoisses, pendant lesquelles les matelots et les passagers du brick avaient eu constamment la mort devant les yeux et avaient souffert les affres d'une effroyable agonie.

— Range à hisser les mâts d'hune et les mâts de perroquet! cria le capitaine. Allons, enfants! patinons-nous, il faut faire de la toile avant la nuit!

Et le capitaine se frotta les mains à s'enlever l'épiderme.

Grâce à ses précautions, le brick, selon son expression, n'avait pas eu un fil de carret cassé par la tempête.

Deux heures plus tard, tout était remis en ordre à bord; le navire, couvert de toile, courait grand largue le cap sur Buenos-Ayres.

Le *Pot au noir* était franchi; ce n'avait pas été sans peine!

Ce ne fut qu'au bout de six jours que le *Zéphyr* mouilla sur rade de Buenos-Ayres, vers trois heures de l'après-dîner.

Olivier reconnut avec joie le *Hasard*, fier et coquet, comme toujours, mouillé un peu au large et assez loin des autres bâtiments.

Au moment où le *Zéphyr* laissait tomber son ancre et carguait ses voiles, une pirogue baleinière du corsaire l'accosta à tribord.

Cette pirogue était montée par Ivon Lebris et six matelots.

Ivon sauta sur le pont, où il fut reçu par Olivier.

Les deux matelots tombèrent dans les bras l'un de l'autre.

Le *Hasard* n'était pas resté inactif pendant l'absence de son capitaine; il avait fait trois longues et fructueuses croisières, et avait capturé cinq bâtiments espagnols, richement chargés, presque sans coup férir.

Ce brave Lebris était tout heureux d'annoncer

ces bonnes nouvelles à son matelot; il termina par ces paroles consacrées :

— Du reste, rien autre chose de nouveau à bord, capitaine.

Puis ce fut à son tour d'écouter le récit que son matelot avait à lui faire de son excursion, satisfaction qu'Olivier se hâta de lui donner en l'abrégeant, bien entendu.

Le soir même, doña Dolorès, Olivier et Ivon Lebris étaient confortablement installés à l'Hôtel de France, chez maître Bernouillet.

Le séjour d'Olivier à Buenos-Ayres se prolongea pendant environ six semaines. Doña Dolorès était un peu souffrante, elle avait besoin de prendre quelques jours de repos avant de reprendre la mer.

Olivier régla ses comptes avec le capitaine Legonidec, à l'entière satisfaction de celui-ci.

Le brick le *Zéphyr* remit quelques jours plus tard à la voile pour Bordeaux, avec un chargement de cuirs de bœufs et de viandes salées.

Enfin doña Dolorès se trouvait complétement remise, et demandait elle-même à repartir; Olivier reprit le commandement de son navire, sur lequel il fut accueilli par les joyeuses acclamations de son équipage, heureux de le revoir.

Le surlendemain de son installation à bord, Olivier mit à la voile et dit adieu à Buenos-Ayres.

Le brick-goëlette retournait dans l'océan Pacifique.

Doña Dolorès désirait revoir son enfant, dont elle commençait à être inquiète.

CHAPITRE IV

DANS LEQUEL LE LECTEUR ASSISTE A UNE EFFROYABLE CATASTROPHE.

Le consul colombien à Buenos-Ayres avait chargé Olivier de dépêches importantes pour son collègue à Santiago de Chile.

Force fut donc au jeune capitaine de faire escale à Valparaiso, et d'y faire un séjour assez prolongé.

Du reste, cette relâche était nécessaire : la traversée avait été assez rude ; le *Hasard* avait beaucoup fatigué en doublant le cap Horn ; il avait même fait quelques avaries, qu'il importait de réparer au plus vite.

La maison autrefois achetée à l'Almendral par don Diego Quiros lui appartenait toujours.

Cette charmante demeure était chère à plus d'un titre aux deux jeunes époux.

C'était là que leur union s'était décidée, qu'ils avaient passé, l'un près de l'autre, cœur contre cœur, les premiers mois si heureux de leur mariage.

Un domestique de confiance avait été laissé à sa garde ; il se hâta de mettre la maison à la disposition des deux époux.

Cette attention leur causa une véritable joie;

chaque pièce de cette maison, chaque allée de son magnifique jardin leur rappelaient de doux et frais souvenirs.

Ils s'y installèrent, leur séjour à Valparaiso devant se prolonger pendant au moins quatre ou cinq mois.

Après avoir pris quelques jours de repos et avoir visité ses amis, Olivier fit marché avec un arriero et partit à cheval pour Santiago de Chile, en compagnie de Furet, que depuis quelque temps il gardait près de lui; il avait laissé Antoine Lefort à la maison de l'Almendral pour veiller à la sûreté de doña Dolorès, que d'ailleurs Ivon Lebris devait aller voir chaque jour. Le trajet de Valparaiso à Santiago de Chile se fit assez rapidement.

En entrant dans la capitale de la nouvelle république, la surprise d'Olivier fut grande en remarquant les changements qui, en si peu de temps, s'étaient opérés dans cette ville, que jadis il avait vue si morne, si triste et presque si déserte.

Un vif mouvement régnait dans les rues; tous les passants marchaient en hommes affairés; de nombreuses boutiques s'étaient ouvertes et regorgeaient de marchandises précieuses; de nombreux émigrants, appartenant à toutes les nationalités de l'Europe, étaient venus se fixer au Chili; partout on entendait parler français, anglais, italien; le français surtout dominait.

Le capitaine descendit à l'Hôtel de France — dans tous les pays du monde, même en Océanie, on trouve l'Hôtel de France — ou *Fonda Francesa*, situé presque au milieu de la calle de los Mercaderes, et tenu par un Provençal nommé Pierre Danis, ancien cuisinier d'un navire de guerre. Cet homme avait déserté à Valparaiso ; il s'était embarqué sur un corsaire colombien, puis, après avoir touché de fort belles parts de prises, il s'était définitivement établi à Santiago de Chile, où il avait fondé un hôtel, en tout semblable à l'hôtel de la Croix-de-Malte à Toulon.

L'idée de Pierre Danis était bonne ; l'ex-cuisinier déserteur était un homme essentiellement pratique, il connaissait son monde ; aussi était-il en train de faire une grande et rapide fortune ; tous les voyageurs affluaient chez lui et s'y donnaient rendez-vous.

Après avoir changé de costume et s'être mis en uniforme, Olivier se hâta de remettre ses dépêches, tout en essayant de se renseigner sur les événements qui avaient eu lieu sur les côtes du Pacifique pendant son long voyage en Europe.

Les nouvelles étaient graves.

Les Espagnols, chassés de tout le littoral du Pacifique, n'y possédaient plus qu'un seul point, où ils s'étaient fortifiés d'une façon formidable.

Ce point était le port du Callao.

Retranchés au Callao, malgré la décisive bataille d'Ayacucho, qui avait assuré l'indépendance du Pérou, les Espagnols cependant étaient maîtres de tout le commerce de la nouvelle république, qu'ils arrêtaient à leur gré ; rançonnant outrageusement les bâtiments de commerce qui se hasardaient à mouiller sur rade, et leur faisant payer un prix exorbitant l'autorisation de trafiquer avec les Péruviens, non-seulement au Callao, mais encore sur tous les autres ports de la nouvelle république.

Il est vrai que, si les Espagnols étaient les

maîtres de la mer, en revanche les Péruviens les bloquaient étroitement du côté de la terre ; ils les avaient si bien renfermés dans les limites du port, qu'il leur était impossible de se hasarder à une portée de fusil hors de la ville.

Les Espagnols avaient armé de telle sorte les forts du Callao, qu'ils étaient réputés presque imprenables ; d'autant plus que les garnisons de ces forts, très-nombreuses, étaient entièrement composées de vieux soldats, rendus furieux par leurs défaites précédentes, qui avaient tous juré de s'ensevelir sous les ruines de leurs murailles plutôt que de se rendre.

Une nombreuse escadre, composée de frégates, de corvettes et de bricks bien armés, était mouillée sur la rade du Callao et barrait complétement l'entrée du port ; plusieurs bâtiments, embossés dans de fortes positions, se tenaient prêts à venir en aide aux forteresses en balayant la côte avec leur puissante artillerie.

Cet état de choses, déshonorant et ruineux pour les nouvelles républiques de l'océan Pacifique, ne pouvait être supporté plus longtemps ; il fallait en finir, coûte que coûte, avec ces ennemis détestés, qui ne voulaient pas, quoique vaincus, accepter leur défaite, et prétendaient dicter des lois à leurs vainqueurs.

Les forces colombiennes occupaient encore le Pérou ; il fut convenu entre les trois républiques, chilienne, péruvienne et colombienne, qu'un effort décisif serait combiné entre elles, pour chasser définitivement les Espagnols de cette terre américaine, sur laquelle, pendant trois siècles, ils avaient fait peser un joug si honteux.

Les soldats ne manquaient pas aux trois jeunes républiques ; elles en avaient à foison, de braves et aguerris : ils l'avaient prouvé dans maints combats sanglants ; mais il ne suffisait pas d'avoir des soldats : pour s'emparer du Callao, il fallait surtout une flotte.

Les trois marines des confédérés étaient dans l'enfance, ou plutôt n'existaient qu'en projet et sur le papier.

La marine chilienne, grâce à lord Alexander Cochrane, possédait seule un noyau, qui, avec le temps, promettait de devenir une belle escadre.

Lord Cochrane, nommé amiral des forces de mer de la république chilienne, avait acheté une frégate de premier rang, en Angleterre ; avec cette frégate, il s'était emparé d'une frégate, de deux corvettes et de deux bricks de guerre espagnols, en tout six navires.

Les Péruviens ne possédaient que quelques goëlettes corsaires mal armées et plus mal commandées.

Les marins ne s'improvisent pas comme les soldats.

Quant aux Colombiens, ils avaient une frégate de premier rang, deux corvettes, quatre bricks de premier rang, et une grande quantité de corsaires montés par des équipages intrépides, français et anglais pour la plupart ; mais disséminés sur toutes les mers, à la poursuite des bâtiments espagnols, dont ils avaient pour mission de détruire le commerce, et qu'ils coulaient impitoyablement partout où ils les rencontraient.

C'était peu, pour lutter contre deux vaisseaux

de haut bord, huit frégates de premier rang et une vingtaine de corvettes et de bricks, réunis par les Espagnols dans le port du Callao, ou croisant tout le long de la côte.

Cependant les confédérés ne désespérèrent pas de réussir ; les marines militaires chilienne et colombienne furent concentrées à Valparaiso ; lord Cochrane, mandé tout exprès du Brésil pour cette expédition, hissa son pavillon amiral à bord de la frégate le *Monte-agudo*, et fit des prodiges d'activité pour se former une escadre en état de tenir tête aux forces espagnoles.

Les préparatifs de cette audacieuse expédition furent conduits avec le plus grand secret ; des avisos légers furent expédiés à la recherche des corsaires colombiens et leur portèrent l'ordre de rallier le plus promptement possible le port de Valparaiso.

Plusieurs grands trois-mâts, de construction solide et bons voiliers, furent achetés aux États-Unis de l'Amérique du Nord, en France et en Angleterre, percés de sabords, armés de canons, montés par des équipages nombreux et aguerris, et aussitôt expédiés au Chili.

Ce fut sur ces entrefaites que le capitaine Olivier, qui ignorait complétement ce qui se tramait, vint mouiller sur la rade de Valparaiso.

Depuis son départ de Buenos-Ayres, le capitaine Olivier n'avait pas aperçu une seule voile ; par conséquent, il n'était nullement au courant des questions politiques, et moins encore de l'expédition mystérieusement préparée.

L'aspect belliqueux de la rade le surprit, à la vérité ; mais il n'eut aucun soupçon de ce que les trois nouveaux gouvernements républicains méditaient contre l'Espagne.

Aussi son étonnement fut-il grand, lorsqu'à son arrivée à Santiago la vérité lui fut révélée par le consul colombien d'abord, et ensuite par le président de la république lui-même, et confirmé deux heures plus tard par le ministre de la marine, qui lui fit la plus cordiale et la plus chaleureuse réception.

Quelques jours plus tard, ses dépêches lui furent remises ; le jeune capitaine reçut l'ordre de retourner à Valparaiso en toute hâte, et de se mettre aux ordres de l'amiral Cochrane.

Olivier reçut les dépêches avec une certaine répugnance : non pas que l'expédition méditée contre le Callao lui déplût ; mais, tenant beaucoup à sa liberté d'action et d'allures, il lui répugnait au plus haut point de voir enchaîner cette liberté et d'être contraint d'obéir à une impulsion étrangère.

Olivier était un véritable corsaire, capricieux et volontaire, professant une haine instinctive pour tout ce qui, de près ou de loin, ressemble à de la sujétion, et par conséquent détestant au fond du cœur la marine militaire, où tout marche par pieds, pouces, poids et mesures, avec une monotonie désespérante.

Mais, cette fois, quel que fût son amour de la liberté, il lui fallait faire contre mauvaise fortune bon visage : son honneur était en jeu ; sous aucun prétexte il ne lui était possible de désobéir aux ordres qu'il avait reçus ; il prit donc d'un air souriant congé des autorités chiliennes, ainsi que du consul colombien, quitta Santiago et revint en toute hâte à Valparaiso.

En mettant le pied sur le pont du *Hasard*, Olivier apprit d'Ivon Lebris que, le matin même, un aide de camp de l'amiral Cochrane s'était présenté à bord, intimant l'ordre au capitaine Olivier Madray, aussitôt après son retour de Santiago de Chile, de se rendre à bord de la frégate amirale le *Monte-agudo*.

Cet ordre n'étonna pas Olivier, porteur de dépêches pour l'amiral; son intention était de se rendre à bord de la frégate; il revêtit son grand uniforme, prit ses dépêches, fit armer sa baleinière et, sans même demander à Ivon Lebris des nouvelles de doña Dolorès, il se dirigea à force de rames vers le *Monte-agudo*.

Il fut reçu à bord de la frégate avec tous les honneurs réglementaires et immédiatement introduit auprès de l'amiral.

Lord Alexander Cochrane avait, à cette époque, environ cinquante ans; il était de haute taille, fort maigre, avec les traits énergiques et un peu hautains, mais la physionomie affable, les manières courtoises et essentiellement sympathiques.

En apercevant Olivier, il se leva avec empressement, fit quelques pas à sa rencontre, lui serra la main et lui dit du ton le plus amical:

— Soyez le bienvenu, mon cher capitaine! J'ai beaucoup entendu parler de vous, et toujours avec de grands éloges; j'avais hâte de vous connaître personnellement; asseyez-vous près de moi, je vous prie, et causons.

Olivier obéit. L'entretien commença; il se prolongea pendant près de deux heures; l'amiral Cochrane expliqua *in extenso* son plan au capitaine, et en discuta avec lui tous les points de la façon la plus cordiale et avec une bonhomie charmante.

Cette expédition, à son point de vue, était et ne devait être qu'un coup de main audacieux, complétement en dehors de toutes les règles de la guerre maritime; elle devait être menée rondement, par surprise et en *donnant* à l'improviste contre les Espagnols, sans leur laisser le temps de se reconnaître; il fallait, en un mot, enlever l'affaire de haute lutte, sans être attendus; une bataille en règle contre des forces aussi formidables et soutenues par les batteries des forts étant complétement impossible.

Puis l'amiral entra dans les plus minutieux détails sur les moyens qu'il comptait employer pour assurer la réussite entière de son hasardeux projet et certaines mesures qu'il se réservait de prendre au dernier moment, si bien que, lorsqu'il congédia le jeune capitaine, celui-ci, électrisé par ce qu'il venait d'entendre, avait entièrement oublié sa mauvaise humeur et appelait de tous ses vœux l'heure de la bataille.

Après avoir salué l'amiral, Olivier retourna à son bord, non pas sans jeter curieusement les regards autour de lui.

Le spectacle était en effet singulier et intéressant; il méritait d'être examiné avec soin.

La rade de Valparaiso, une des plus grandes et des plus belles du monde, offrait alors le spectacle à la fois le plus animé et le plus imposant.

Elle regorgeait de navires de toutes espèces et de toutes grandeurs, depuis les sloops les plus légers jusqu'aux magnifiques frégates, sans parler des bâtiments de commerce, groupés à part et serrés les uns contre les autres; le nombre des navires de guerre battant flamme à la pomme du grand mât, et ayant à la corne les pavillons chilien, colombien et péruvien, s'élevaient à près de cinquante.

Il est vrai que les bâtiments de ligne, comme frégates et corvettes, étaient en minorité : on ne comptait que trois frégates et quatre corvettes régulièrement construites pour la guerre ; les douze autres corvettes, mouillées près des premières, étaient des trois-mâts du commerce, achetés, ainsi que nous l'avons dit, à diverses nations et armés en guerre ; les autres bâtiments étaient des bricks, des bricks-goëlettes, des goëlettes, des lougres, des cutters, tous portant des canons.

Parmi ces derniers bâtiments se trouvaient quinze corsaires colombiens, qui, jusqu'à un certain point, comme le *Hasard* par exemple, pouvaient à bon droit être considérés presque comme des bâtiments de guerre.

On attendait encore l'arrivée d'une vingtaine de navires.

Ainsi que l'amiral l'avait dit en riant à Olivier, il espérait remplacer la qualité par la quantité, soutenant que le lion, si fort et si courageux qu'il soit, est impuissant à se défendre contre les attaques des moustiques quand ces diptères s'acharnent en nombre contre lui.

Les embarcations des divers bâtiments sillonnaient constamment la rade dans tous les sens, hâtant le plus possible leur armement, afin d'être prêts à déraper et à prendre le large au premier signal.

Ivon Lebris n'avait pas perdu son temps pendant les quinze jours que le capitaine du *Hasard* avait passés à Santiago de Chile.

Les réparations avaient rondement marché à bord, si bien qu'à son retour, Olivier reconnut avec joie qu'il ne restait presque plus rien à faire, et que, dans cinq ou six jours au plus tard, il serait en état, si cela était nécessaire, de reprendre la mer dans d'excellentes conditions.

Après avoir chaudement félicité Ivon Lebris d'avoir aussi bien employé son temps pendant son absence, Olivier convoqua les officiers et les sous-officiers du navire dans la chambre du conseil, et, sans préambule, il leur apprit ce qui se passait et ce que l'on attendait de lui et d'eux.

Puis il ajouta :

— Messieurs, nous nous sommes trop longtemps abrités sous l'inviolabilité du pavillon Colombien pour capturer les bâtiments espagnols et faire notre fortune, sans être accusés de piraterie, pour ne pas avoir contracté envers le pays qui nous a accordé sa protection des devoirs d'honneur et de reconnaissance! Aujourd'hui la Colombie fait appel à notre courage : lui refuserons-nous le concours qu'elle nous demande? Ce serait de notre part non-seulement de l'ingratitude, mais bien plus, une insigne folie! Le pavillon qui jusqu'à ce jour nous a couverts nous serait immédiatement retiré. Que deviendrions-nous? D'ailleurs, l'expédition à laquelle nous sommes appelés à prendre part nous sera fructueuse : les Espagnols ont accumulé d'immenses richesses au Callao ; une grande part de ces richesses nous reviendra... Donc nous ferons à la fois notre devoir et une bonne affaire en combattant sous les ordres de lord Cochrane, l'amiral anglais dont vous connaissez tous la grande réputation. A défaut de patriotisme, puisque nous sommes étrangers, l'espoir d'un gain loyalement acquis nous excitera à combattre, comme nous en avons l'habitude. Puis-je compter sur votre dévouement et annoncer à l'amiral, qui attend notre réponse, que nous combattrons en gens de cœur, sous ses ordres ?

— Capitaine, répondit au nom de tous M. Lebègue, le premier lieutenant, nous vous sommes dévoués; nous vous devons trop pour jamais l'oublier. Tout ce que vous faites ou ferez est et sera toujours bien fait ; vous n'aviez pas besoin de nous demander notre avis dans cette circonstance. Cependant nous vous remercions sincèrement de l'avoir fait : cela nous prouve, une fois de plus, que vous nous estimez et que vous nous considérez véritablement comme étant vos compagnons et de braves marins. Nous vous suivrons partout; nous nous ferons tuer jusqu'au dernier, avant de vous abandonner. N'est-ce pas, vous autres ?

Ces paroles furent couvertes par les applaudissements enthousiastes de tous les assistants.

On but à la prise du Callao, et tout fut dit.

Comme toujours, cette fois encore, le capitaine et son équipage formaient un tout compacte et indissoluble.

Ce dernier et important devoir accompli, rien ne le retenant plus à bord, le capitaine s'empressa de se faire mettre à terre à l'Almendral.

Il avait hâte de se retrouver près de sa chère Dolorès.

Quelques jours s'écoulèrent, jours de soleil, dont rien ne vint ternir l'éclat ni troubler la félicité intime.

Pendant ces quelques jours, Olivier essaya d'amener tout doucement doña Dolorès à rester à Valparaiso pendant tout le temps que se prolongerait l'expédition.

Il ne se dissimulait pas les dangers terribles de ce téméraire coup de main ; il ne voulait pas que sa femme, son bien le plus cher, le seul bien véritable à ses yeux qu'il possédât au monde, y fût exposée près de lui.

Ce qu'il dépensa de diplomatie pour obtenir ce résultat si désiré fut immense ; il se flattait même d'avoir réussi.

Doña Dolorès, chaque fois qu'il avait entamé ce sujet, qui lui tenait si fort au cœur, l'avait toujours écouté, souriante, mais sans l'interrompre par la moindre objection. Tout à coup, un jour où il revenait encore sur cette demande, elle lui posa gentiment sa main mignonne sur les lèvres et lui dit, avec son plus délicieux sourire, de sa voix mélodieuse, dont les accents si doux allaient jusqu'au cœur du jeune marin :

— A quoi bon insister ainsi, mon Carlos chéri ? Tu sais bien que c'est impossible ! Si je me séparais de toi, ne serait-ce que pendant quelques jours, que deviendrais-je, moi, seule ici ? Je ne vis que par toi et pour toi ; je mourrais de douleur, tu le sais, tandis que tu serais loin de moi, exposé aux plus terribles dangers ! Nous n'avons qu'une âme en deux corps, ne me parle donc plus de séparation, surtout lorsque tu vas courir peut-être le plus grand danger auquel tu aies jamais été exposé. Souviens-toi, mon bien-aimé Carlos, que dès le premier jour où nous avons été l'un à l'autre, nous nous sommes juré que rien ne pourrait jamais nous séparer, que tout serait commun entre nous, et que, quoi qu'il pût advenir, nous resterions toujours unis. Je crains de mourir, mais seulement loin de toi ; mourir dans tes bras, en te donnant mon âme dans mon dernier baiser, sera pour moi le comble du bonheur. N'insiste donc plus pour me laisser ici pendant cette terrible expédition, ou, ajouta-t-elle les yeux pleins de larmes, je croirais que tu ne m'aimes plus comme je t'aime.

Et elle se jeta toute frémissante d'émotion dans les bras de son mari.

Il ne fut plus question de séparation.

Cependant le jour du départ approchait. Olivier et Dolorès quittèrent leur chère maison de l'Almendral, en étouffant un soupir de regret, et ils allèrent s'installer définitivement à bord de leur bâtiment.

Une vingtaine de nouveaux navires étaient venus mouiller, les uns après les autres, sur la rade de Valparaiso ; au nombre de ces nouveaux navires se trouvaient deux belles et fières frégates de premier rang achetées à la France par le gouvernement chilien.

Tout était prêt pour l'expédition.

Chaque jour, depuis une semaine, l'amiral Cochrane tenait de longs conseils à bord du *Monteagudo* avec les capitaines de la flotte.

On avait fait le recensement des bâtiments destinés à concourir à l'expédition.

Tous compris, grands et petits, ces navires étaient au nombre de soixante-trois.

Ce chiffre était imposant !

L'amiral Cochrane divisa sa flotte en quatre escadres.

La première, composée de six frégates, de dix corvettes et d'un brick-aviso, fut placée sous les ordres immédiats de l'amiral Cochrane ;

La seconde, comprenant quinze bâtiments, corvettes et bricks, eut pour commandant sir John O'Brien, officier Irlandais, plein de courage et de talent ;

La troisième, seize navires, bricks, cotres, goëlettes, etc., fut placée sous les ordres du capitaine Gravina, officier Colombien ;

Enfin, la quatrième escadre, composée de bricks, bricks-goëlettes et sloops, au nombre de quinze navires, avait pour commandant don Ramon Laserna, officier Chilien distingué.

Le *Hasard* faisait partie de cette quatrième escadre.

Un registre de signaux particuliers fut donné à chaque capitaine de navire.

Le plan de l'amiral Cochrane était celui-ci :

La troisième escadre, chargée de troupes de débarquement, s'approcherait de la côte pendant la nuit et jetterait ses troupes à terre, un peu au-dessus du Callao ; le débarquement opéré, l'escadre reprendrait le large et rejoindrait la flotte.

La première escadre forcerait l'entrée du port.

Pendant qu'elle attaquerait les navires espagnols et ouvrirait le feu contre eux, les autres escadres, composées de bâtiments légers, se glisseraient à sa suite, jetteraient une partie de leurs équipages à terre et viendraient bravement s'accrocher comme autant de moustiques aux flancs des gros navires espagnols, qu'ils attaqueraient autant que possible à l'arme blanche.

L'attaque aurait lieu par une nuit sans lune, et coïnciderait avec une attaque des positions espagnoles faite par l'armée Colombienne qui bloquait la ville, et les contingents mis précédemment à terre par la troisième escadre.

Toutes ces mesures prises et définitivement arrêtées, on n'attendit plus que le moment propice pour les mettre à exécution.

La flotte était en partance.

Toutes les embarcations étaient hissées à bord des navires; aucun bâtiment, sauf le canot amiral, ne communiquait plus avec la ville.

Enfin, quatre jours après celui où Olivier était monté sur son bord, au lever du soleil, une frégate appareilla; deux heures plus tard, une corverte suivit; à midi, une seconde quitta la rade.

Ces trois navires étaient expédiés en avant pour servir de *mouches* à la flotte.

Au coucher du soleil, la frégate amirale hissa enfin le signal du départ.

Aussitôt tout fut en mouvement sur la rade.

Les bâtiments commencèrent à évoluer majestueusement; les escadres défilèrent en bon ordre, les unes après les autres, s'élevèrent en haute mer, et, au moment précis où le soleil disparaissait à l'horizon, il ne restait plus dans la rade de Valparaiso que des bâtiments de commerce et deux frégates française et anglaise, en station dans le port.

Le vent était bon, la brise maniable, la mer en bonance; la flotte manœuvrait en ordre de bataille et s'avançait en faisant peu de toile.

On avait pris le ris de chasse et serré les perroquets.

On navigua ainsi pendant trois jours, sans qu'il survînt le plus léger incident ; le troisième jour, vers le soir, la frégate expédiée en éclaireur reparut; elle allait de conserve avec une frégate espagnole qu'elle avait capturée ; cette frégate, nommée la *Numancia*, était chargée de vivres et de munitions de guerre pour le Callao.

L'amiral fit mettre un équipage à bord de la *Numancia*, et la joignit à son escadre; c'était un magnifique bâtiment portant soixante pièces de canon.

Le surlendemain, les deux corvettes rejoignirent ; elles n'avaient aperçu aucun bâtiment espagnol.

Le soir du lendemain, une goëlette fut signalée, ayant le cap droit sur la flotte, qu'elle ne tarda pas à atteindre.

C'était un corsaire Colombien commandé par un officier français, le capitaine Lucas, de Nantes ; il s'était glissé, pendant la nuit, dans la rade du Callao, qu'il avait minutieusement examinée, sans être découvert.

La flotte espagnole était très-nombreuse et très-forte en gros bâtiments ; mais la moitié des équipages avaient été mis à terre pour renforcer les garnisons de la ville et des forts, dont les pertes avaient, depuis quelque temps, été très-grandes, tant par les attaques des Colombiens que par les maladies causées par le manque d'eau douce et la mauvaise nourriture.

Le débarquement de la moitié de leurs équipages avait contraint les grands bâtiments à s'embosser, n'ayant plus assez de monde pour manœuvrer facilement d'aussi grandes masses à la voile.

Les Espagnols, convaincus que les indépendants ne possédaient que quelques mauvais navires, et que par conséquent, malgré tous les bruits que l'on faisait courir depuis quelque temps, ils ne se hasarderaient pas à les attaquer, ne se gardaient pas du tout du côté de la mer; les états-majors de tous les bâtiments passaient la nuit à terre, ainsi que presque toutes leurs journées, tant étaient profondes leur sécurité et leur confiance dans leurs forces.

Muni de ces précieux renseignements, l'amiral n'hésita plus.

Par une nuit noire, des troupes furent débarquées, au dessous d'Huacho d'un côté et du Chorrillo de l'autre, c'est-à-dire à gauche et à droite du Callao.

Puis de forts détachements se glissèrent silencieusement dans la rade et furent mis à terre sur la plage même, aux environs des forts.

Cela fait, les bâtiments légers qui les avaient transportés mirent en panne le long de la côte, et expédièrent leurs embarcations, le portage des avirons garni de paillets pour éviter le bruit, vers la flotte espagnole, avec ordre de couper les haussières d'embossage et de démaniller les chaînes des *corps morts*, sur lesquels les autres étaient mouillés.

A minuit, un fanal à feu vert fut hissé à bord de la frégate le *Monte-agudo*.

Tous les bâtiments de la flotte répétèrent ce signal, puis les fanaux furent amenés et les escadres mirent le cap sur le Callao.

La nuit était sombre, sans lune ; il n'y avait pas une étoile au ciel, pas une lumière allumée à terre ; la brise était forte, la mer houleuse au large.

Au moment où la flotte confédérée forçait sans coup férir l'entrée de la rade, une vive canonnade se fit entendre à terre.

C'était l'armée Colombienne qui attaquait les positions espagnoles et lançait ses colonnes d'attaque contre les forts et les redoutes de la plage.

Le *Monte-agudo* fit un signal ; au même instant, tous les bâtiments de la flotte confédérée parurent illuminés du haut en bas, et une effroyable décharge, qui frappa les Espagnols de stupeur, répondit à la canonnade de l'armée Colombienne.

Puis les bâtiments confédérés se ruèrent, comme des tigres, à l'abordage des bâtiments espagnols.

La lutte était commencée ; elle devait être terrible.

La surprise était complète, le désordre à son comble sur la flotte espagnole.

Plusieurs gros navires, dont les haussières avaient été coupées, dérivaient et étaient drossés à la côte par la brise, heurtant les bâtiments qu'ils rencontraient sur leur passage, les brisant, les coulant ou leur causant de graves avaries.

Les officiers restés à terre, et le nombre en était grand, s'étaient jetés dans des embarcations pour se rendre au plus vite à leurs bords ; mais la plupart de ces embarcations furent capturées par des canots de la flotte confédérée, placés en embuscade dans les ténèbres.

De nombreux brûlots avaient été lancés sur les navires espagnols et s'étaient attachés à leurs flancs, sans qu'il fût possible de les éloigner.

Plusieurs navires brûlaient ; le feu se communiquait de l'un à l'autre.

La rade était éclairée de lueurs sinistres ; on voyait bondir, la hache au poing, les équipages confédérés, escaladant les navires ennemis et se ruant à l'abordage avec des clameurs terribles.

C'était un spectacle d'une beauté horrible et saisissante.

La mort était partout, sur toutes les faces.

On ne donnait plus d'ordres ; chacun combattait pour son compte.

La bataille prenait des proportions épiques.

A terre la lutte continuait avec un acharnement inouï. Les roulements rauques des canons se mêlaient aux crépitements secs de la fusillade. Les cris d'agonie commençaient à se mêler aux cris de fureur.

On tuait, on tuait toujours ! sans pitié ! avec une rage de démons !

Sur les ponts des navires, dont les dalots avaient été bouchés, les combattants avaient du sang presque jusqu'à mi-jambe ; on se hachait, on se tailladait à coups de hache, de sabre ou de pique ; on se brûlait la cervelle à bout portant ; on se prenait corps à corps, on se piétinait avec des mugissements de fauves ! A chaque seconde, la mêlée devenait plus atroce, la lutte plus épouvantable !

C'était un massacre, une tuerie, une boucherie sans nom dans aucune langue !

Olivier s'était accroché à une corvette, que deux autres bricks attaquaient, eux aussi, de leur côté.

Tout à coup, l'équipage effaré de ce bâtiment avait vu surgir comme autant de démons les corsaires, sautant dans les haubans, se glissant par les sabords, bondissant par dessus les bastingages à l'avant, à l'arrière, à tribord, à bâbord, partout enfin, et de tous les côtés à la fois!

Le commandant de la corvette était un vieux marin, d'une bravoure à toute épreuve ; il répondait à coups de pistolet aux sommations de se rendre que lui faisaient les corsaires ; il excitait son équipage à se défendre vaillamment, ce que celui-ci faisait, du reste, avec toute l'énergie du désespoir.

Sombres, silencieux, ces braves gens tombaient l'un après l'autre sans reculer d'une semelle, mais non sans vengeance ; leur nombre diminuait rapidement, ils serraient leurs rangs et continuaient obstinément cette lutte, sans autre issue que la mort !

Tout à coup les cris : au feu ! au feu ! se firent entendre.

Un brûlot était venu s'accrocher à l'avant de la corvette, dans les manœuvres de laquelle il s'était solidement amarré ; les flammes s'étaient aussitôt attachées à la mâture, grimpaient le long des haubans, couraient sur les étais et faisaient flamber les voiles.

— A bord, en double, ceux du *Hasard!* cria Olivier d'une voix de tonnerre.

— A bord tous ! répéta Ivon.

— A bord, la *Santa-Maria !*

— A bord, le *Relampago !*

Crièrent les autres capitaines à leurs équipages.

Les corsaires s'élancèrent en courant.

Ils mettaient autant de hâte à fuir la corvette en feu, qu'ils en avaient mis à l'aborder !

— Coupez les amarres! Coupez tout! cria Olivier; la barre sous le vent; filez les écoutes; éventez le grand foc!

Le léger navire dégagé arriva gracieusement, et s'éloigna, rapide comme un oiseau, de la corvette.

— Oh! nous sommes sauvés! s'écria doña Dolorès en se jetant dans les bras de son mari.

Tout à coup une effroyable décharge retentit.

Le capitaine espagnol, se sentant perdu, ne voulut pas mourir sans vengeance; la corvette coulait à pic, l'eau atteignait les sabords: il lâcha sa dernière bordée avant de disparaître à jamais!

Cette bordée, tirée presqu'à bout portant, eut un résultat terrible.

Les lisses du *Hasard* furent éventrées, la mitraille balaya le pont, d'horribles cris d'agonie s'élevèrent de tous les côtés; un quart de l'équipage avait été frappé.

Olivier et Dolorès, se tenant toujours embrassés, avaient roulé sur le pont.

Par un effort sublime, la jeune femme, appuyant ses lèvres sur celles de son mari, murmura d'une voix faible:

— Carlos, je t'aime! à toi mon dernier soupir!

Et elle expira un sourire d'ange sur ses traits pâlis, étroitement serrée dans les bras crispés de son mari, qui, lui aussi, paraissait être mort!

Malheureusement il n'était qu'évanoui!...

Dolorès était morte comme elle l'avait désiré, dans les bras de son mari, et en le sauvant, car l'éclat de bois qui l'avait tuée n'avait fait que le blesser; il est vrai que cette blessure était affreuse!

Ivon Lebris prit aussitôt le commandement du corsaire à demi désemparé ; il réussit à sortir de la mêlée et à s'éloigner de tout danger immédiat.

Olivier, toujours évanoui, avait été porté sur son lit.

Le cadavre de doña Dolorès avait été étendu sur un canapé, et recouvert d'un pavillon ; la jeune femme semblait dormir !

Laissant le docteur Arrault prodiguer ses soins à son ami, Ivon remonta sur le pont et il fit aussitôt réparer les avaries subies par le navire ; puis, ce travail terminé, il se rejeta dans la mêlée avec une rage de tigre.

Il lui fallait une vengeance, il l'obtint complète : deux bricks espagnols, pris par lui à l'abordage, furent incendiés et coulèrent avec leurs équipages, sans que les corsaires permissent à un seul de ces malheureux de s'échapper !

Le soleil, en se levant, éclaira un spectacle épouvantable !

La flotte espagnole était détruite ; quelques rares bâtiments, sauvés par miracle, avaient amené leur pavillon.

La mer était couverte d'épaves sanglantes et de cadavres défigurés ; sur la plage, gisaient piteusement les carcasses brisées, brûlées, méconnaissables de ce qui, quelques heures auparavant, était de beaux et vaillants navires.

La flotte confédérée avait éprouvé des pertes sérieuses, à la vérité, mais la victoire de l'amiral Cochrane était complète,

Doublement complète, même sur terre et sur mer ; car l'armée Colombienne avait réussi à chasser les Espagnols de toutes les positions qu'ils occupaient, s'était emparée de la ville et avait enlevé les forts d'assaut.

Toute la garnison espagnole, forcée de mettre bas les armes, était prisonnière de guerre.

Cette fois, tout était bien fini pour les Espagnols.

Ils ne possédaient plus un pouce de territoire sur tout le continent américain.

Ils quittèrent, la tête basse et la honte au front, cette terre sur laquelle ils avaient, pendant si longtemps, fait peser un joug impitoyable !

CHAPITRE V

DANS LEQUEL PARAIT HEUREUSEMENT UNE VIEILLE INDIENNE NOMMÉE MAYAVA.

Lorsque Olivier reprit connaissance, bien que ses idées ne fussent pas bien nettes, qu'il ne conservât qu'un très-faible souvenir des événements qui s'étaient accomplis, car sa mémoire troublée n'avait pas encore eu le temps de reprendre son équilibre, il comprit qu'il avait été transporté à terre pendant sa longue syncope.

En effet, il était couché dans un lit, et il lui semblait vaguement reconnaître la pièce dans laquelle il se trouvait; mais il était dans un tel état de prostration et de faiblesse, que tout effort de la pensée lui devenait impossible; il essaya cependant de changer de position, mais alors il éprouva une si horrible douleur, qu'une sueur froide perla à ses tempes et son cœur se glaça.

Cette douleur éveilla subitement sa mémoire, il poussa un gémissement lamentable et fondit en larmes.

Il se souvenait!

Plusieurs personnes, debout et groupées à quelques pas du lit, causaient à voix basse avec une grande animation. Parmi ces personnes, Olivier en reconnut deux : le docteur Arrault et don Diego Quiros ; les autres, Olivier l'apprit plus tard, étaient des médecins.

Il y avait consultation entre eux.

Fait étrange et digne de remarque : tous ces médecins étaient du même avis, sans doute pour la première fois depuis qu'ils exerçaient leur noble et utile profession, utile à eux surtout.

Au gémissement poussé par le jeune homme, ils se retournèrent vers lui, et dessinèrent un mouvement comme pour se rapprocher du lit ; mais ils se ravisèrent et reprirent leur discussion interrompue ; seul don Diego Quiros termina le mouvement commencé, et s'approcha avec empressement du malade.

Don Diego était vêtu de noir, son visage était livide ; sa physionomie avait une profonde expression de tristesse, contenue avec peine.

— Mon pauvre enfant, dit-il au jeune homme d'une voix douce et affectueuse, en se penchant vers lui, vous avez donc enfin repris connaissance !

— Hélas ! répondit le malade d'une voix faible et plaintive, pourquoi suis-je condamné à vivre encore, quand elle n'est plus !

— Courage, mon ami ! reprit don Diego en soupirant et en essuyant ses yeux pleins de larmes ; voyez, moi ! La douleur ne tue pas, puisque je vis, et que j'ai la force de vous soutenir et d'essayer non de vous consoler, mais de vous rendre le courage, moi qui ne me consolerai jamais !

Olivier poussa un gémissement ; ses pleurs redoublèrent.

— Dites-moi, je vous en supplie, ce que l'on a

fait de son pauvre corps? murmura-t-il avec un sanglot qui lui déchira la gorge; je serais si heureux de pouvoir, une fois encore, poser mes lèvres sur ses lèvres, hélas! glacées par la mort!

Un soupir douloureux souleva péniblement la poitrine oppressée du vieillard.

— Mon cher et malheureux enfant, reprit-il en éludant cette question, à laquelle il lui était impossible de répondre, depuis quarante et un jours vous êtes étendu sur cette couche, en proie à un horrible délire!

— Quarante et un jours? murmura le jeune homme avec désespoir; hélas! c'en est donc fait! je ne la reverrai plus jamais!... jamais!... elle! ma bien-aimée Dolorès, mon bonheur! ma vie! Oh! mon Dieu! mon Dieu!...

Ses yeux se fermèrent; il demeura immobile, anéanti, à demi évanoui, mais entre ses paupières, mi-closes, les larmes continuaient à couler en abondance sur son visage, pâle comme un suaire.

— Comme il l'aimait! murmura don Diego! en cachant sa tête dans ses mains et fondant, lui aussi, en larmes.

En ce moment, une des portes de la chambre s'ouvrit et un homme parut.

Cet homme était Ivon Lebris.

Le jeune Breton était pâle, son front était couvert d'un large bandeau; il portait le bras droit en écharpe.

Il s'approcha vivement des médecins, dont la consultation continuait toujours, et, s'adressant au docteur Arrault :

— Eh bien? lui demanda-t-il avec anxiété.

Le docteur hocha tristement la tête.

— Ces messieurs sont unanimes pour l'amputation, dit-il.

Les sourcils d'Ivon Lebris se froncèrent; il devint livide.

— La suppuration augmente, continua le docteur, l'enflure de la jambe gagne toujours et prend des proportions inquiétantes. Les chairs sont violacées; ces messieurs craignent la gangrène. Il est question de désarticuler la cuisse au col du fémur.

— Et vous, docteur, que pensez-vous de cette opération?

— Je la crois nécessaire.

— Sauvera-t-elle mon matelot?

— Je n'oserais l'affirmer, cher monsieur Lebris, mais c'est la seule chance qui nous reste, bien que cette opération soit affreuse.

— Ainsi, vous affirmez qu'il n'y a plus d'autre moyen de sauver mon matelot?

— Je ne dis pas cela!

— Que dites-vous donc alors, docteur?

— Je dis que tous les autres moyens ayant échoué, il ne nous reste plus à tenter que celui-là.

— Bien; mais une opération aussi grave ne saurait, dans aucun cas, être faite sans l'autorisation formelle du blessé; tant qu'il ne l'aura pas donnée, je m'y opposerai. D'ailleurs, puisque la science se reconnaît impuissante, j'ai le droit, à mon tour, d'essayer de sauver mon matelot.

— Vous, monsieur Lebris?

— Moi-même. Là où les plus savants praticiens reconnaissent leur impuissance, il faut laisser agir les ignorants, ceux qui ne possèdent d'autre science que celle que leur indiquent leur expérience et certaines connaissances acquises.

— Que voulez-vous dire?

— Tout simplement, docteur, que de mon côté, ayant très-peu de foi dans nos médecins européens, ceci soit dit sans vous offenser, je me suis mis, sans rien dire, à la recherche d'un médecin américain.

— Ah!

— Mon Dieu oui!

— Et vous en avez trouvé un?

— J'en aurais trouvé dix, si j'avais voulu m'en donner la peine.

— Que diable me dites-vous là, monsieur Lebris?

— La vérité, docteur, sur ma parole!

— Et ce médecin répond de la guérison du capitaine?

— Sans amputation, oui, docteur.

— Impossible!

— Peut-être? Vous reconnaissez-vous impuissant?

— Hélas! dit-il en hochant la tête.

— L'horrible opération à laquelle vous voulez le soumettre sauvera-t-elle mon matelot?

— Je l'espère, sans oser le croire.

— C'est bien; je sais ce qui me reste à faire. Dieu veuille qu'Olivier reprenne bientôt connaissance.

— Ivon? matelot? dit le blessé d'une voix faible.

— Dieu soit loué! il parle! s'écria le brave garçon avec joie.

Et s'approchant vivement du lit :

— Matelot, s'écria-t-il, as-tu réellement ta tête ? puis-je parler ?

— Oui, matelot, parle ; je suis bien faible, mais j'ai toute ma connaissance, parle sans crainte.

— A la bonne heure ! s'écria joyeusement Ivon, écoute-moi donc attentivement.

— Je ne perds pas une de tes paroles ; parle.

— Sache donc, matelot, que ces savants médecins, réunis en consultation, et il indiqua les médecins d'un geste railleur, veulent te faire subir une atroce opération ; ils prétendent que tu ne peux être sauvé à moins d'avoir la cuisse désarticulée au col du fémur, et encore ne sont-ils pas certains du succès de cette opération.

— Je ne veux pas être opéré, répondit le blessé d'une voix ferme, je préfère la mort à la mutilation.

— Bravo ! voilà qui est parler ! s'écria Lebris avec joie ; tu es un vrai marin.

Et se tournant vers les médecins, il ajouta avec raillerie :

— Vous entendez, messieurs ?

Ceux-ci haussèrent les épaules, sans répondre.

— Si l'on voulait profiter de mon état de faiblesse, ou si l'on essayait de m'endormir avec un narcotique afin de m'opérer, reprit Olivier, je te supplie, matelot, de veiller sur moi et de me défendre au besoin.

— Sois tranquille, matelot, personne ne te touchera contre ta volonté. Et s'adressant aux médecins : Que résolvez-vous, messieurs ? leur demanda-t-il.

Les hommes de la science échangèrent entre

eux un regard significatif; puis le plus âgé prit la parole au nom de tous :

—Nous n'avons plus rien à faire ici, monsieur, dit-il, nous nous retirons; si le blessé succombe, lui seul l'aura voulu.

— Soit! répondit Ivon ; il en sera ce qui plaira à Dieu.

Les médecins s'inclinèrent gravement et sortirent.

Comme Ponce-Pilate, ils se lavaient maintenant les mains de ce qui, selon eux, devait fatalement arriver, c'est-à-dire le trépassement de ce blessé rebelle aux ordres de la docte faculté.

— Bon voyage! s'écria gaiement Ivon dès qu'ils eurent quitté la chambre, où seul le docteur Arrault était demeuré; maintenant, à mon tour. Tu me donnes carte blanche, n'est-ce pas, matelot?

— Tout ce que tu feras sera bien fait, matelot, répondit Olivier avec un mélancolique sourire.

— Merci! s'écria Ivon.

Et, sans ajouter un mot, il sortit presque en courant.

Il fut absent à peine pendant cinq ou six minutes; tout à coup il rentra suivi d'une vieille Indienne, assez sommairement vêtue, et qui ne s'avançait qu'en rechignant et comme malgré elle.

— Voici la bonne et brave créature qui m'a guéri, dit Ivon en riant, et j'étais, moi aussi, assez sérieusement *déralingué*, avec considérablement d'avaries dans mes œuvres vives; pourtant, en moins de douze jours, elle m'a remis d'aplomb sur mes épontilles. Cette digne créature répond de ta guérison, si tu te laisses soigner par elle à sa guise; j'ai répondu pour toi que tu ne demandes pas mieux. Qu'en dis-tu?

— Je ferai ce que tu voudras, répondit-il avec un sourire glacé.

— Donc, voilà qui est convenu. Vous entendez, bonne mère?

La vieille baissa silencieusement la tête et s'approcha du lit.

Le docteur Arrault, devinant ce qu'elle désirait, se hâta de lever les couvertures et de défaire l'appareil compliqué dont la jambe était enveloppée.

L'aspect de la blessure était horrible : les chairs étaient tuméfiées et violâtres, l'enflure était énorme.

L'Indienne examina attentivement la blessure pendant près de dix minutes.

— Il était temps, murmura-t-elle; quelques heures plus tard, et tout était fini! Laissez la jambe ainsi, l'air lui fera du bien. Attendez-moi.

Elle sortit et resta pendant près d'une heure dehors; enfin elle revint :

— Buvez! dit-elle au blessé, en lui présentant un gobelet en corne rempli d'une liqueur de couleur verdâtre.

— Qu'est-ce que c'est que cette boisson? demanda le blessé, en langue comanche.

Le visage de la vieille s'éclaira comme par enchantement.

— Oh! s'écria-t-elle en le fixant avec une expression singulière.

— Regardez, ma mère, reprit Olivier en étendant son bras gauche vers elle.

L'Indienne releva vivement la manche de la

chemise, et examina curieusemen les tatouages gravés sur le poignet gauche et correspondant avec un point placé à la naissance du pouce.

Ces tatouages représentaient une tête de mort avec deux os en croix, au-dessous desquels deux petites barres étaient tracées en travers ; au-dessus, à droite, était figuré un collier d'ours gris, ouvert. Ce collier était placé à gauche, mais beaucoup plus haut que les autres tatouages.

— Mon fils est un grand brave ! dit l'Indienne d'une voix profonde ; Mayava le sauvera, elle rendra la Panthère à ses frères les Comanches-Bisons. Que mon fils boive, il a besoin de dormir.

Olivier vida le gobelet d'un trait, et le rendit à l'Indienne.

Presque aussitôt le blessé tomba dans un sommeil profond et très-calme.

L'Indienne prit alors, dans une calebasse qu'elle portait, des plantes pilées, et elle les entassa, en forme de cataplasme, autour de la blessure ; puis elle saupoudra ce cataplasme avec une poudre jaunâtre, presque impalpable, versa par dessus le jus des plantes pilées ; cela fait, elle enveloppa la cuisse, sans cependant la serrer.

— Le sommeil de mon fils ne doit pas être troublé, dit-elle ; demain, Mayava reviendra faire un second pansement à cette même heure. Qu'un des Visages-Pâles veille.

— Je veillerai, dit le docteur.

— Et moi aussi, ajouta Ivon.

— Moi, dit don Diego Quiros, je prierai Dieu pour qu'il le sauve.

Don Diego sortit, après avoir mis un baiser au front du blessé endormi.

— Ainsi, bonne mère, reprit Ivon, vous répondez de la vie de mon matelot ?

— Mayava en répond, dit-elle d'une voix gutturale ; dans quinze soleils après celui-ci, le jeune guerrier face-pâle montera à cheval.

— Oh ! oh ! si promptement que cela ? s'écria Ivon avec admiration.

— Dans quinze soleils, j'ai dit ; Mayava reviendra demain.

Et elle sortit.

— Pardieu ! s'écria le docteur Arrault, je suis curieux de suivre cette cure extraordinaire ; si elle réussit, je n'aurai plus qu'à brûler mes diplômes.

— Elle réussira, je vous en réponds, moi aussi, docteur, dit don Diego en rentrant. Cette vieille Indienne est née dans une des tribus Comanches de l'Arizona ; je ne sais à la suite de quels événements elle est venue se fixer dans les établissements de la Sonora ; elle a été amenée ici par un capitaine français qu'elle a guéri, en quelques jours, d'une blessure réputée incurable ; ce capitaine, sur sa demande, l'a débarquée au Callao, et a déposé pour elle, entre les mains du consul français, une somme qui la met à l'abri du besoin. Je lui ai vu faire des cures merveilleuses, au moyen de simples dont les qualités sont connues d'elle seule.

— Dieu veuille qu'elle réussisse cette fois encore ! s'écria Ivon.

— Pour ma part, je le désire vivement, dit le docteur.

Don Diego Quiros quitta alors la chambre, après avoir salué les deux hommes.

Olivier dormit pendant douze heures d'un sommeil calme et réparateur.

A l'heure dite, l'Indienne reparut ; le blessé lui sourit, ce qui sembla lui faire grand plaisir.

Elle enleva le cataplasme avec une légèreté de main admirable, et mit la jambe à nu.

L'enflure avait diminué, les chairs avaient perdu cette teinte violâtre qu'elles avaient la veille.

On voyait poindre une quantité de points blancs autour de la plaie.

— Regardez, dit l'Indienne.

Le docteur se pencha sur la blessure, qu'il examina attentivement.

— C'est incroyable ! murmura-t-il : voici les esquilles demeurées dans la blessure qui sortent d'elles-mêmes et pointent de toutes parts !

Il choisit une pince en argent dans sa trousse et regarda l'Indienne.

— Faites, dit-elle laconiquement.

Le docteur commença alors à extraire tous ces fragments de bois restés dans la plaie et qui l'envenimaient ; il y en avait un grand nombre. L'opération fut longue.

— Demain, les autres partiront à leur tour, dit la vieille Indienne.

Et s'adressant à Olivier :

— Mon fils souffre-t-il autant ? lui demanda-t-elle en langue comanche.

— Non, ma bonne mère, répondit-il dans le même dialecte ; je me sens beaucoup mieux.

— Demain, mon fils sera bien, répondit-elle affectueusement.

Elle procéda alors à un pansement, en tout semblable à celui de la veille.

Le jeune homme s'était endormi après avoir bu la boisson que lui avait présentée l'Indienne.

Le lendemain, l'enflure avait encore considérablement diminué ; une très-grande quantité d'esquilles furent extraites par le docteur. Ainsi que l'avait annoncé la vieille Indienne, ces esquilles étaient les dernières ; avec leur extraction, l'enflure avait complétement disparu.

Quinze jours plus tard, Olivier était entièrement guéri, il ne boitait même pas ; ainsi que le lui avait promis la vieille Indienne, il aurait pu, s'il l'eût voulu, monter à cheval ; cette cure singulière tenait du prodige : le docteur Arrault était émerveillé.

Mais, si le physique était guéri, le moral était loin de l'être : la douleur d'Olivier était aussi profonde que le premier jour. Doña Maria n'avait pu supporter la nouvelle terrible de la mort de sa fille, elle était morte quelques jours après elle.

La mère et la fille avaient été inhumées côte à côte, dans le même tombeau.

Chaque jour Olivier allait s'asseoir sur la tombe de la femme qu'il avait tant aimée, et qu'il aimait plus encore après sa perte cruelle ; ses amis étaient contraints de l'arracher presque de force d'auprès de cette tombe, où il passait la journée tout entière à parler de sa chère Dolorès et à pleurer son bonheur perdu. On le surveillait activement, pour prévenir une catastrophe et empêcher le jeune homme de succomber à son désespoir.

— Mon fils, lui dit un jour don Diego Quiros, soyez homme ; ne vous laissez pas ainsi abattre par votre incurable douleur ; songez à vos amis, à vos compagnons, qui souffrent eux aussi de vos chagrins, peut-être plus encore que de l'inaction à laquelle vous les condamnez. Combattez vaillamment votre douleur, tuez-la, pour qu'elle ne vous tue pas. Voici plus de quatre mois que vous êtes ici ; partez, allez faire une croisière contre les Espagnols ; vengez sur eux la mort de l'ange qu'ils vous ont ravi. Quand vous vous sentirez fort, vous reviendrez près de moi, vous me trouverez ici avec votre fils que vous aimez tant, près de la tombe des deux êtres qui nous sont si chers ; je vous attendrai, mais ne revenez pas sans avoir dompté votre douleur.

— Que votre volonté soit faite, mon père, répondit tristement le jeune homme ; puisque vous l'exigez, je partirai ; dans deux jours, je m'éloignerai, le cœur brisé, de tout ce que j'ai aimé sur la terre ; je vous laisse mon fils, tout ce qui me reste d'elle. Dans quelques mois, je vous reverrai, à moins que Dieu n'en ordonne autrement.

Olivier fit une dernière visite à la tombe de doña Dolorès ; il pleura pendant de longues heures avec des sanglots déchirants, sur l'herbe humide qui, comme un vert linceul, recouvrait l'ange qu'il avait perdu ; mais tout à coup il se releva, essuya ses larmes et s'éloigna à grands pas sans détourner la tête, se roidissant contre le désir de revenir pleurer encore et dire un adieu suprême à celle qui n'était plus.

Le jour même, Olivier commença les préparatifs de son départ ; il comprenait combien il était urgent qu'il s'éloignât, s'il ne voulait pas succomber à sa douleur et augmenter ainsi le désespoir, si amer déjà, de don Diego Quiros, ce noble vieillard, si stoïquement résolu et qui souffrait avec une si courageuse résignation.

Ivon Lebris tressaillit de joie lorsque Olivier lui donna l'ordre de tout préparer pour le départ. Ce fut avec des acclamations joyeuses que les matelots accueillirent leur capitaine, lorsqu'il vint les visiter à bord et leur annoncer que bientôt on lèverait l'ancre.

La veille de son départ, vers le soir, Olivier venait de faire ses adieux définitifs à la tombe de sa Dolorès bien-aimée; il se rendait chez don Diego Quiros; il marchait la tête penchée sur sa poitrine et le front chargé de sombres nuages, lorsqu'il se trouva à l'improviste face à face avec la vieille Indienne, à laquelle il devait de vivre encore.

Le jeune homme serait passé devant elle sans la voir, si elle ne l'avait pas accosté la première.

Après sa merveilleuse guérison, Olivier avait voulu la récompenser généreusement; mais elle avait décliné toutes ses offres, avec un entêtement auquel il n'avait rien compris, et qu'il lui avait été impossible de vaincre.

— Mon fils part? lui demanda-t-elle.

— Oui, bonne mère, répondit-il; demain j'aurai quitté le Callao.

— Mon fils va bien loin? reprit-elle.

— Oui, je vais faire une croisière dans l'Atlantique, puis je reviendrai sur les côtes du Mexique.

— Ah! fit-elle avec émotion.

— Je ne serais pas parti sans vous dire adieu, bonne mère, et insister encore auprès de vous pour vous faire accepter une preuve de ma reconnaissance. Je n'oublie pas que je vous dois la vie.

— Mon fils le croit-il? s'écria-t-elle vivement.

— Certes, bonne mère, sans vous je serais mort.

— Mon fils, s'il le veut, peut rendre Mayava bien heureuse.

— Bon! Que faut-il faire pour cela? Parlez, bonne mère, je le ferai.

— Mon fils le promet?

— Sur mon honneur, oui, bonne mère! parlez donc sans crainte.

— Mayava souffre, reprit-elle d'une voix plaintive: les arbres qu'elle voit ne sont pas ceux qui ont abrité sa jeunesse; elle ne reconnaît pas la terre sur laquelle elle pose ses pieds; les nuages qui courent au-dessus d'elle dans le ciel ne sont pas ceux qu'elle était habituée à voir; elle souffre.

— Vous voudriez revoir votre pays?

— Mayava a le cœur rouge, elle voudrait retourner près des hommes de sa race; elle les a quittés comme une ingrate, par une curiosité que lui avait soufflée le mauvais esprit; mais le Wacondah a enlevé la peau épaisse qui recouvrait son cœur; elle se repent et pleure les grandes savanes remplies de gibier de toutes sortes.

— Bon! ma mère parle bien; ce qu'elle désire, son fils le fera: il la conduira dans l'*atepetl* de sa nation, et la présentera aux grands Sachems de la Case-Médecine.

— Mon fils le ferait?

— Je l'ai dit; demain, deux heures après le lever du soleil, ma mère se rendra sur le môle du Callao, je serai là, je l'attendrai.

— Mon fils n'a pas la langue fourchue, je me rendrai au môle. Que mon fils soit heureux.

Elle saisit par le poignet la main que lui tendait le jeune homme, la posa sur sa tête, puis elle l'approcha de ses lèvres, la baisa avec émotion, et s'éloigna les yeux remplis de larmes.

— Pauvre femme ! murmura Olivier, je veux qu'elle soit heureuse !

En dînant, il raconta à don Diego la rencontre qu'il avait faite et ce qui s'était passé entre lui et la vieille Indienne.

— Le ciel vous tiendra compte de cette bonne action, mon enfant, lui dit doucement le vieillard.

Le lendemain, Olivier embrassa longuement, et les larmes aux yeux, son fils, qu'il lui fallait quitter ; puis, après avoir affectueusement pris congé de don Diego Quiros, il monta à cheval, et se rendit au Callao, suivi par un peon chargé de ramener l'animal au Chorrillo.

Sur le môle, Olivier aperçut la vieille Indienne. Mayava l'attendait accroupie sur un banc, un mince paquet de hardes posé à terre près d'elle ; Olivier lui sourit en lui disant de le suivre ; tous deux s'embarquèrent dans la baleinière du capitaine et se rendirent à bord.

Deux heures plus tard, le *Hasard* déployait toutes ses voiles, et s'élançait en haute mer comme un épervier en chasse ; bien avant le coucher du soleil, la terre avait disparu, on n'apercevait plus que les cimes chenues et couvertes de neige des hauts pics des Cordillères.

Le capitaine avait logé la vieille Indienne dans une cabine près de la sienne ; le cuisinier avait ordre de pourvoir à sa nourriture et de ne rien lui refuser. Il ordonna en sus que chacun la traitât avec les plus grands égards.

Mais cette dernière recommandation était inutile ; tout le monde savait à bord que c'était grâce à ses soins que le capitaine avait échappé à la mort : cette raison suffisait seule pour lui assurer les respects de l'équipage.

Depuis ses récents malheurs, le caractère d'Olivier s'était complétement modifié, ou, pour mieux dire, il était redevenu tel qu'il était jadis, dix ans auparavant : il était toujours bon, affable, prêt à rendre service, sur un mot, sur un signe ; mais sa gaieté avait disparu ; lui le gai causeur, le joyeux compagnon, il était devenu sombre, triste, silencieux ; ne parlant que lorsqu'il y était contraint, et alors ne prononçant que des phrases sèches, hachées ; ne discutant jamais ; vivant continuellement avec ses pensées, il recherchait la solitude ; demeurant des journées entières enfermé dans sa cabine, et passait presque toutes les nuits à se promener sur le pont, la tête penchée sur la poitrine.

Une seule personne à bord avait le privilége, non pas de l'égayer, ni même de le dérider, mais d'éveiller son attention ; cette personne était la vieille Mayava, avec laquelle Olivier avait chaque jour de longs entretiens en langue comanche, et que, par conséquent, personne à bord ne pouvait comprendre, sauf les deux interlocuteurs.

Cependant le navire, poussé par une bonne brise, avait atteint les côtes mexicaines, les avait longées pendant assez longtemps, avait doublé le cap San-Pedro, et, passant entre l'île Santa-Cruz et le continent, il était venu mouiller devant Santa-Buenaventura, joli petit port de la Haute-Californie, presque complétement ignoré alors, même des géographes, et qui aujourd'hui n'est pas beaucoup plus connu.

— La peuplade à laquelle appartient cette femme, dit Olivier à son matelot, réside, m'a-t-elle assuré, à vingt ou vingt-cinq lieues de Santa-Buenaventura ; ce sera pour moi un charmant voyage. Je l'accompagnerai jusque-là ; je parle très-bien la langue de ces Indiens, dont je suis certain d'être bien accueilli ; d'ailleurs, j'ai des signes de reconnaissance tatoués sur l'avant-bras gauche, qui, dans tous les cas, me feraient respecter. Cependant, comme il est bon de tout prévoir, si dans dix jours tu ne recevais pas de nouvelles de moi, il faudrait, avec l'aide des autorités mexicaines, te mettre immédiatement à ma recherche. Mais ces précautions seront inutiles : avant dix jours tu me reverras. Allons, embrasse-moi, matelot, et séparons-nous ; je te laisse le commandement en mon absence, fais bonne garde.

Les deux hommes se tinrent longtemps embrassés ; Ivon Lebris avait le cœur serré, comme s'il pressentait un malheur.

— Tu me caches quelque chose, matelot ? lui dit-il tristement.

— Moi ! tu es fou ! répondit-il avec un rire trop bruyant pour être de bonne foi. Adieu, et à bientôt.

Ils se serrèrent une dernière fois la main ; puis Olivier descendit dans sa baleinière, où la vieille Indienne était déjà installée à l'arrière.

Dix minutes plus tard, Olivier était à terre, et

s'éloignait à grands pas, accompagné de Mayava.

Ivon Lebris le suivit avec la longue-vue, aussi longtemps que cela lui fut possible ; puis, en soupirant, il repoussa les tubes de la lorgnette les uns dans les autres, et se retira dans sa cabine, en murmurant :

— Tout cela n'est pas naturel. Il avait les yeux pleins de larmes en m'embrassant : il me cache certainement quelque chose. Que faire ?

Cependant le temps se passait ; Ivon était toujours sans nouvelles de son matelot.

Plus les jours s'écoulaient, plus son inquiétude devenait grande, plus il redoutait une catastrophe.

Cependant, six jours après le départ d'Olivier, un matin, l'officier de quart fit annoncer à Ivon Lebris, par Furet, que l'alcade de Santa-Buenaventura venait d'arriver à bord, et insistait pour lui parler.

Ivon Lebris ordonna que le digne magistrat fût aussitôt introduit.

Cet alcade était un grand et gros Indien à figure réjouie, toujours le sourire sur les lèvres, et qui, en entrant dans la cabine, commença par se confondre en interminables salutations, auxquelles Ivon Lebris eut toutes les peines du monde à couper court.

— Que désirez-vous, señor alcade ? lui demanda le Breton.

— Je suis chargé d'une mission pour vous, capitaine, répondit l'alcade en souriant.

— Une mission pour moi ? reprit Ivon avec surprise, et de quelle part, s'il vous plaît ?

— De la part du capitaine Olivero, capitaine.

— Vous l'avez vu ? s'écria-t-il vivement.

— Il y a six jours, oui, capitaine.

— Comment !... il y a six jours ?

— Oui, capitaine.

— Et c'est aujourd'hui seulement que vous songez à vous acquitter de la mission qu'il vous avait donnée ?

— J'ai dû remplir les intentions du capitaine Olivero, señor capitaine ; c'est lui qui a exigé que je ne vienne pas ici avant six jours.

— Qu'est-ce que cela signifie ? s'écria Ivon abasourdi.

— Je l'ignore, capitaine ; le capitaine Olivero m'a confié une lettre, en m'enjoignant péremptoirement de ne pas vous la remettre avant six jours ; les six jours...

— Le capitaine vous a remis une lettre pour moi ! s'écria Ivon Lebris en interrompant sans cérémonie le prolixe alcade ; cette lettre où est-elle ?

— La voici, capitaine, répondit le digne magistrat en la lui présentant.

Ivon Lebris s'en empara, l'ouvrit ; mais à peine l'eut-il parcouru des yeux, qu'il pâlit et se frappa le front avec désespoir :

— Oh ! s'écria-t-il avec un sanglot et d'une voix déchirante, je le savais ! Malheureux !... quelle horrible résolution !

Ivon faillit devenir fou de douleur, quand il relut à tête reposée le contenu de cette lettre fatale.

Pendant un mois il se livra aux plus minutieuses recherches, mais elles demeurèrent toutes sans résultat.

Enfin le jeune homme fut contraint de quitter la baie de Santa-Buenaventura.

Le *Hasard* mit le cap sur l'Europe.

Pourquoi le corsaire prenait-il cette direction ?

C'est qu'Ivon Lebris, en véritable Breton qu'il était, ne se tenait pas encore pour battu ; une pensée étrange avait traversé son esprit, il mûrissait un projet audacieux dont la réussite lui paraissait infaillible ; mais ce projet, il ne voulait pas le mettre à exécution avant que de s'être sérieusement concerté avec l'autre ami dévoué de son matelot, c'est-à-dire avec M. Maraval, le banquier français de Cadix, dont il connaissait la vaste intelligence, la justesse de raisonnement, et surtout la bonté et la finesse d'esprit.

Mais pour voir M. Maraval et se concerter avec lui, Ivon était contraint d'accomplir presque le tour du monde, de faire une traversée de plusieurs mois, de braver les plus grands périls, et finalement d'aller se jeter dans la gueule du loup, en s'introduisant audacieusement dans Cadix, et se livrer ainsi aux mains de ses ennemis les plus acharnés, les Espagnols, auxquels il avait depuis plusieurs années fait tant de mal.

Mais toutes ces considérations, si graves qu'elles fussent, n'étaient pas suffisantes pour arrêter Ivon Lebris.

Coûte que coûte, il voulait arracher son matelot à l'existence malheureuse à laquelle celui-ci s'était condamné, dût-il, pour obtenir ce résultat, renverser des montagnes.

Voilà pour quelles raisons Ivon Lebris, en quittant la baie de Santa-Buenaventura, avait mis résolûment le cap sur l'Europe.

Nous verrons bientôt quel succès eut cette étrange résolution.

CHAPITRE VI

OÙ MESSIEURS MARAVAL ET IVON LEBRIS SE DESSINENT.

Les exigences de notre récit nous contraignent maintenant à abandonner pour quelque temps l'Amérique et à nous transporter d'un bond à Cadix dans la maison de M. Maraval, le banquier français, l'un de nos plus importants personnages.

Depuis quelques jours, cette maison, si calme d'ordinaire, n'était plus reconnaissable ; il y régnait une activité extraordinaire ; les employés semblaient pris d'une espèce de fièvre, tandis que M. Maraval lui-même entassait chiffres sur chiffres et feuilletait d'énormes registres in-folio en compagnie de son principal caissier.

M. Maraval se retirait des affaires ; il cédait sa maison à son premier employé, dont il avait, depuis deux ans déjà, fait son associé, et auquel il avait accordé la main de sa fille doña Asunta.

Ce jeune homme se nommait Hector Mallet ; il était orphelin et fils de l'un des plus vieux amis de M. Maraval, qui le lui avait recommandé en mourant.

Hector Mallet avait été élevé dans la maison du banquier, auquel il avait voué une profonde reconnaissance et un dévouement sans bornes pour tous les bienfaits dont celui-ci l'avait comblé. C'était un homme de trente ans, bien fait de sa personne, de manières douces et élégantes, aux traits empreints d'une rare bienveillance et d'une physionomie à la fois énergique et loyale ; il était doué d'une haute capacité financière ; de plus, actif, travailleur, et surtout adorant sa jeune femme, qui l'adorait aussi. Leur mariage avait été un mariage d'amour.

Donc M. Maraval cédait sa maison à son gendre au moment où nous le remettons en scène.

En sus des deux millions donnés par lui en dot à sa fille, M. Maraval laissait dans la maison de son gendre une somme de quatre millions aux intérêts fixes de cinq pour cent, dont le capital, après dix ans, serait remboursé par annuités en huit ans ; de plus, il avait donné à titre gracieux, aux jeunes époux, son magnifique hôtel de Cadix et une charmante quinta, d'une valeur assez considérable, qu'il possédait entre Puerto-Santa-Maria et Xérès, sur le bord de la mer.

C'était agir en véritable prince de la finance ; une maison possédant de tels éléments de réussite, et honorablement connue dans le monde entier, devait certainement prospérer.

Il est vrai que M. Maraval pouvait procéder comme il le faisait, sans aucunement s'apauvrir.

Sans parler de plusieurs propriétés très-belles en Touraine, dans le Languedoc, en Béarn et surtout à Paris et aux environs, propriétés toutes d'un excellent rapport, il avait mis à part et placé dans la maison Rothschild une somme de deux millions destinée à servir de dot à son fils Armand, alors capitaine d'état-major dans l'armée française, quand il plairait à celui-ci de se marier; M. Maraval se retirait avec une somme ronde et liquide de dix millions, non compris la dot donnée à sa fille et les quatre millions laissés dans la maison qu'il cédait à son gendre.

Cette fortune plus que respectable avait été honorablement gagnée en trente ans par M. Maraval; il est vrai que l'époque était bonne et qu'il avait été merveilleusement aidé par les événements.

Bref, M. Maraval, dont la liquidation touchait à son terme, se préparait à quitter l'Espagne et à retourner en France, pour y planter des choux, ainsi qu'il le disait en riant.

Un matin du mois de juillet, vers midi, M. Maraval achevait de déjeuner, en compagnie de sa femme, doña Carmen, de sa fille, doña Asunta, et de M. Hector Mallet, son gendre.

Le banquier était radieux ; il se frottait les mains, tout était terminé : depuis la veille, son gendre avait pris définitivement la direction de la maison, dont la raison sociale avait été modifiée ainsi : « Maraval et Hector Mallet », afin de ne pas dérouter les nombreux correspondants du banquier par un changement trop brusque.

— Voilà qui est fait ! dit M. Maraval en reposant vide, sur la table, le verre de vieux rhum qu'il avait l'habitude de boire comme couronnement du déjeuner. Avant un mois nous serons installés à Paris.

— Si tôt que cela, cher père ? dit doña Asunta avec une légère inquiétude.

— Peut-être plus tôt ! reprit M. Maraval en souriant.

— Oh! le vilain père! fit la jeune femme avec une moue charmante.

— Vous êtes bien pressé de nous quitter, cher père ? ajouta M. Hector Mallet affectueusement.

— Ne croyez pas cela, mon gendre! Vous le savez, j'ai coutume de mener les choses rondement; mais rassurez-vous, mes arrangements terminés là-bas, vous ne tarderez pas à me revoir, la meilleure part de mon cœur reste ici ; et, grâce à Dieu, les communications sont faciles.

— Voilà qui est parler, *tatita* chéri! s'écria doña Asunta avec joie.

— D'ailleurs, je ne suis pas encore parti; le port de Cadix est vide, je ne sais trop quand je pourrai fréter un navire, car j'ai, Dieu merci, un monde de choses à emporter.

— J'espère bien, dit gaiement M. Mallet, qu'il s'écoulera beaucoup de temps encore avant que vous réussissiez à trouver ce navire si désiré.

— Et que vous nous resterez bien des mois encore, tatita, ajouta doña Asunta en l'embrassant.

— C'est bien, *niña cariñosa* ; mais peut-être, ajouta-t-il en souriant, votre mère n'est-elle pas de cet avis ?

— Oh! moi, dit doña Carmen avec sentiment, bien que je sache que je reverrai souvent nos chers enfants, j'aurais été bien heureuse de ne pas me séparer d'eux.

— Égoïste! fit en riant M. Maraval ; méchante mère, qui oublie son fils qui l'aime tant et a si grand désir de l'embrasser!

— Dieu me garde d'oublier Armand! je l'aime trop pour cela, vous le savez, Jose.

En ce moment un domestique entra.

— Que voulez-vous, Esteban ? lui demanda M. Maraval.

— Señor amò, répondit le *criado*, il y a là un caballero qui insiste pour être reçu, malgré les ordres que vous avez donnés ; il dit que lorsque vous saurez son nom, vous ne ferez pas difficulté de le voir ; il m'a remis sa carte.

M. Maraval prit la carte, jeta les yeux dessus, et se levant aussitôt :

— Où avez-vous fait entrer ce caballero ? demanda-t-il.

— Dans le salon bleu, señor mi amò.

— Conduisez-le dans mon cabinet, et priez-le de m'attendre un instant.

Le valet salua et se retira.

— Cette personne est un vieil ami que je ne puis ne pas recevoir, dit M. Maraval ; je suis donc forcé de vous fausser compagnie, mais pas pour longtemps, je l'espère ; bientôt je vous rejoindrai dans votre boudoir, chère Asunta.

— Allez, cher père, et revenez-nous le plus tôt possible ; puisque vous voulez absolument vous séparer de nous, c'est bien le moins que vous nous apparteniez pendant les quelques instants que vous avez encore à passer en Espagne, dit la jeune femme avec une moue charmante.

M. Maraval se leva, serra la main de son gendre, traversa quelques pièces et couloirs, et entra dans son cabinet, où l'attendait avec une vive impatience son visiteur.

— Quelle charmante surprise ! Eh quoi ! vous ici, monsieur le duc ! s'écria-t-il en serrant la main du gentilhomme.

— Chut ! cher monsieur Maraval, répondit celui-ci en souriant ; il ne doit y avoir ici, vous le savez, que votre vieil ami don Carlos de Santona.

— Bien !... à votre aise, cher don Carlos ; je sais garder un secret. Mais asseyez-vous donc, je vous prie, ajouta-t-il en lui poussant un fauteuil.

Notre ancienne connaissance, don Carlos de Santona, dont la modestie s'effarouchait du titre de duc, s'assit en face du banquier.

— J'arrive de Madrid, dit-il.

— Aujourd'hui ?

— A l'instant. Je ne me suis arrêté nulle part ; je suis descendu devant votre porte avec l'intention de vous demander une hospitalité de quarante-huit heures. Mais, à présent, je ne sais si je dois le faire.

— Pourquoi donc cela, cher don Carlos ?

— Dame ! parce que je crains de vous gêner. Votre maison, que toujours j'ai vue si tranquille, me paraît en pleine révolution. Vous serait-il arrivé quelque accident fâcheux, cher monsieur Maraval ?

Celui-ci se mit à rire.

— Rassurez-vous, dit-il : la révolution s'est terminée par mon abdication ; j'ai cependant conservé assez de pouvoir, soyez-en convaincu, pour offrir à un ami tel que vous l'hospitalité à laquelle il a droit.

— Comment ? de quelle abdication parlez-vous ? demanda le vieillard avec surprise.

— En un mot, cher señor, je me retire des affaires ; j'ai cédé ma maison à mon gendre, auquel, je l'espère, vous conserverez votre bienveillance, et je me prépare à retourner en France, où je me propose de me retirer. Vous me surprenez en pleins préparatifs de départ.

— Eh quoi ! partez-vous donc tout de suite ?

— Oh ! non, pas avant un mois ou six semaines, répondit-il en souriant, de sorte que vous pouvez sans crainte accepter mon hospitalité.

— Voilà qui me rassure ; j'accepte donc, mon ami. Quant à votre gendre, c'est un charmant jeune homme, que je tiens en haute estime ; vous avez, à mon avis, fait un bon choix en le mettant à la tête de votre maison, si honorablement connue depuis tant d'années ; il peut en toute sûreté compter sur mes amis et sur moi.

— Vous me comblez, cher señor ; mais, pardonnez cette question à ma vieille et sincère amitié, je vous trouve triste : auriez-vous éprouvé quelque nouvelle douleur ?

— Hélas ! mon ami, s'écria tristement le vieillard, pour moi, depuis longtemps, vous le savez, les douleurs viennent en troupe ; c'est même à propos de nouveaux et affreux malheurs qui me frappent, que vous devez cette importune visite d'aujourd'hui. J'ai tout quitté pour venir près de vous chercher ces consolations dont j'ai un si grand besoin, et dont toujours vous, mon ami éprouvé, vous avez été si prodigue envers moi.

— Mon Dieu ! vous m'effrayez, don Carlos.

— Rassurez-vous, cher don Jose, je suis trop et depuis trop longtemps accoutumé à souffrir, pour me laisser abattre ; la douleur me tuera peut-être, mais elle ne me terrassera pas. Vous avez appris, il y a quatre ans, la mort de la duchesse. Hélas ! j'ai été bien coupable envers elle, j'en ai fait une martyre sur la terre et une sainte dans le ciel ; en mourant, elle m'a pardonné ; mais Dieu n'oublie pas, lui, il me réservait un châtiment terrible et d'atroces douleurs !

— Que voulez-vous dire, mon ami ?

— J'avais deux fils, deux braves et fiers jeunes gens, sur lesquels reposait tout l'espoir de ma race ; tout mon bonheur et toute ma joie se fondaient sur ces deux têtes chéries !

— Eh bien ? demanda le banquier avec anxiété.

— Ils sont morts ! murmura le vieillard d'une voix navrée.

— Morts ? tous deux ?

— Oui ! morts tous deux en même temps ! en soldats ! tués peut-être par le même boulet, en combattant comme des lions !

— Oh ! c'est affreux !

— Affreux, oui !

— Mais peut-être cette nouvelle n'est-elle pas certaine ; il faudrait s'informer, voir, attendre sa confirmation.

— La nouvelle est officielle, mon ami, répondit le vieillard avec un sourire désespéré ; l'aîné, don Rafael, l'héritier de mon nom, a été tué sur la brèche, à la tête du régiment de la Reina, dont il était colonel, à la prise d'assaut par les insurgés colombiens des retranchements de la ville du Callao, lors de la surprise du port par les forces combinées du Chili, du Pérou et de la Colombie.

— Pauvre père ! murmura tristement le banquier.

— Ce n'est pas tout, reprit le vieillard, dont les sanglots brisaient la voix : son frère Horacio, colonel du régiment de l'Infante, qui accourait au secours de Rafael, fut frappé au même instant, presqu'à la même seconde, par un boulet et littéralement coupé en deux !

— Oh ! s'écria M. Maraval.

Il y eut un court silence.

Redevenu maître de sa douleur après un instant, don Carlos de Santona reprit d'une voix sourde :

— Je ne vous ai pas tout dit encore...

— Eh quoi ! quel épouvantable désastre me reste-t-il à apprendre ?

Le vieillard se leva avec agitation, fit quelques pas à travers le cabinet, puis, tout à coup, s'arrêtant devant le banquier :

— Y a-t-il longtemps, lui demanda-t-il d'une voix tremblante, que vous n'avez reçu de nouvelles de votre ami le capitaine Olivier ?

M. Maraval se leva en pâlissant.

— Que voulez-vous dire ? s'écria-t-il : aurions-nous un autre malheur à déplorer encore ?

— Répondez-moi, mon ami, je vous en prie !

— Depuis près de trois ans, je suis sans nouvelles de lui, répondit-il avec une crainte secrète.

— Eh bien ! je suis plus heureux que vous, reprit le vieillard avec amertume, j'en ai reçu, moi !

— Vous ? des nouvelles d'Olivier ?

— Pourquoi non ? Ne savez-vous pas que jamais je ne l'ai perdu de vue ?

— Pardonnez-moi, je crois que je perds la tête en ce moment ! Ces nouvelles sont mauvaises, sans doute ?

— Hélas ! oui, mon ami !

— Mon Dieu ! serait-il mort lui aussi ?

— Je l'ignore ; depuis plus de quinze mois il a disparu.

— Disparu ! Olivier ? C'est impossible !

— Cela est ; écoutez-moi. Ce que vous allez apprendre est affreux.

— Oh ! maintenant, je suis préparé à tout ! répondit le banquier avec un sourire navrant.

— Peut-être, mon ami, fit le vieillard avec amertume.

— Vous me faites frémir.

— Votre ami assistait lui aussi à la surprise du Callao.

— Olivier ?

— Ne commandait-il pas un corsaire colombien ?

— Je n'y songeais pas. Eh bien ?...

— Il a combattu comme un tigre et contribué pour une large part à la réussite de cet audacieux coup de main.

— Vous connaissez sa haine implacable pour les Espagnols ? dit le banquier avec intention.

— Hélas ! pourquoi les aimerait-il ? Au plus fort de la lutte, il reçut d'une corvette espagnole, qu'il avait incendiée et qui coulait, une bordée de mitraille presqu'à bout portant ; cette bordée fit des ravages affreux sur le pont du corsaire, et, ajouta le vieillard d'une voix basse et presque inintelligible, car son courage était à bout et les forces lui manquaient, et...

Il hésita.

— Et ?... demanda M. Maraval d'une voix anxieuse.

— Olivier et sa bien-aimée femme, frappés tous deux par un éclat de bois, roulèrent sur le pont entrelacés dans les bras l'un de l'autre...

— Morts !... s'écria le banquier avec explosion.

— Non ! murmura don Carlos, doña Dolorès seule était morte, foudroyée sur le coup ! L'ange était remonté au ciel !

— Pauvre chère enfant ! s'écria le banquier. Mais Olivier ?

— Olivier vivait ; mais ses blessures étaient affreuses : il avait reçu dans la cuisse un éclat de bois de la muraille de son navire ; les médecins prétendaient lui faire subir une effroyable opération, lui désarticuler la cuisse au col du fémur.

— Et Olivier a consenti ? s'écria-t-il avec un tressaillement nerveux.

— Non ; un miracle le sauva : le hasard voulut qu'une Indienne lui fût amenée par son matelot Ivon Lebris, dont elle avait guéri plusieurs blessures fort graves ; cette femme entreprit la guérison de votre ami : elle réussit, on ne sait par quels moyens.

— Dieu soit loué !

— Ne vous réjouissez pas, don Jose : si les blessures du corps furent guéries, les blessures du cœur demeurèrent incurables. Olivier, à peine debout, passait des journées entières à pleurer sur la tombe de sa femme.

— Pauvre Dolorès, pauvre Olivier surtout ! Dolorès est heureuse, et lui souffre un horrible martyre !

— Vous avez raison, mon ami ; pauvre Olivier, en effet, car il est seul !

— Que devint-il alors ?

— Il pleura ainsi longtemps ; puis, un jour, il reprit le commandement de son navire et partit.

— Dans quelle direction ?

— On l'ignore.

— Peut-être a-t-il succombé à sa douleur.

— Ce n'est pas probable ; puisqu'il a eu le courage de s'éloigner de la tombe de sa femme, c'est qu'il a voulu lutter corps à corps avec sa douleur et la dompter.

— A-t-il quitté le Callao depuis longtemps ?

— Plus de quinze mois.

— Quinze mois ! C'en est fait ! il est mort, quoi que vous en disiez !

— Je ne partage que trop votre avis à cet égard ; j'ai fait faire de nombreuses recherches : elles sont demeurées à peu près infructueuses, à la vérité. J'ai cependant appris de source certaine que son corsaire, le *Hasard*, a été aperçu dans différents parages, à diverses époques.

— Il y a une lueur dans ce vague renseignement. L'équipage du *Hasard* doit savoir où est son capitaine, et, qui sait ? peut-être le corsaire est-il toujours commandé par lui. Cette longue croisière à travers toutes les mers du globe ne serait alors qu'un moyen héroïque employé par Olivier pour tuer sa douleur.

— Je n'avais pas songé à cela ! s'écria le vieillard en se frappant le front. Ainsi, vous croyez que si on réussissait à joindre le corsaire...

— On aurait des nouvelles positives d'Olivier, j'en réponds ; mais il faut avant tout découvrir dans quels parages se trouve le *Hasard*.

— A Lisbonne ! interrompit une voix mâle ; à Lisbonne, où il est mouillé depuis quinze jours. Quant à des nouvelles, j'en apporte, et des plus certaines.

Les deux interlocuteurs se retournèrent avec surprise, presque avec épouvante ; mais ils poussèrent un cri de joie en reconnaissant l'auteur de cette singulière interruption.

C'était Ivon Lebris, toujours fier et résolu ; mais pâle, maigri, le regard éteint et la tristesse empreinte sur le visage.

Connu de tout le monde dans la maison du banquier, le Breton était entré tout droit, sans être interrogé ; il s'était rendu au cabinet du banquier, où il était arrivé précisément à temps pour intervenir dans la conversation, ainsi que nous l'avons rapporté plus haut.

A peine M. Maraval laissa-t-il au marin le temps de s'asseoir.

— Comment osez-vous venir en cette ville et jouer ainsi votre tête, mon ami ? lui dit-il. Si vous étiez surpris, vous seriez arrêté et exécuté sans autre forme de procès.

— Je le sais, répondit Ivon Lebris sans autrement s'émouvoir, mais cela m'est complétement indifférent. Il s'agit de mon matelot : cette raison, pour moi, prime toutes les autres. Je viens tout exprès pour vous demander conseil. Voilà quinze mois que j'ai mis le cap sur Cadix ; mais ces démons d'Espagnols..., pardon ! señor don Carlos de Santona, font bonne garde sur leurs côtes ; le *Hasard* est signalé partout, je n'ai pu réussir à me faire jeter à terre ; mais, comme je tenais essentiellement à vous voir, j'ai laissé le *Hasard* à Lisbonne, j'ai frété un chasse-marée pêcheur, et me voilà. A présent, causons, voulez-vous ? Je n'ai pas de temps à perdre.

— Je ne demande pas mieux, répondit M. Maraval en souriant malgré lui ; mais avant tout, il importe que nous sachions bien tout ce qui s'est passé depuis votre retour en Amérique ; il me serait impossible de vous donner le conseil que, dites-vous, vous attendez de moi, si je n'étais pas complétement renseigné.

— C'est juste ; écoutez donc.

— Un instant encore ; vous devez avoir besoin de quelques rafraîchissements ?

— Ma foi, je ne ferai pas de cérémonie avec vous ; je suis à jeun depuis quarante-huit heures, de sorte que je meurs à peu près de faim.

— Alors, suivez-moi, je vais vous faire servir tout ce dont vous avez besoin.

— Mille fois merci !

Tous trois passèrent dans la salle à manger, où presque aussitôt Ivon Lebris fut attablé jusqu'au menton, en face d'un plantureux repas.

Sa première faim calmée, le Breton, tout en continuant à manger et à boire, entama bravement son récit, en remontant, à la prière de M. Maraval, au moment où celui-ci s'était séparé d'Olivier dans cette même ville de Cadix.

Ses deux auditeurs, littéralement suspendus à ses lèvres, écoutèrent ce long récit avec la plus sérieuse attention, sans l'interrompre une seule fois, se bornant à échanger, à certains passages, des coups d'œil expressifs.

Quand Ivon Lebris arriva à la visite de l'alcade de Santa-Buenaventura, à la remise de la lettre et à l'émotion qu'elle lui avait fait éprouver, le marin retira cette lettre de son portefeuille et, la présentant au banquier :

— D'ailleurs, lui dit-il, la voici, lisez-la.

M. Maraval prit la lettre, la déplia d'une main tremblante et la lut à voix haute.

Elle ne contenait que quelques lignes, et cependant le banquier et son ami frissonnèrent à la lecture de cette missive étrange :

« Matelot,

» A la réception de cette lettre, pars sans m'at-
» tendre, je ne reviendrai pas ; le désespoir me
» tue : je vais chercher un soulagement à ma dou-
» leur dans le désert, que je n'aurais jamais dû
» quitter. La civilisation s'est constamment mon-
» trée cruelle pour moi ; je me réfugie dans la
» barbarie, qui toujours m'a été tendre et affec-
» tueuse. De tout ce monde que je quitte, je ne
» regrette que toi, mon pauvre vieux matelot, si
» naïvement bon, et si fidèle toujours, et Joseph
» Maraval, cet ami de toutes les heures, si dévoué
» lui aussi. Tu trouveras, dans le premier tiroir à
» droite de mon secrétaire, des papiers te consti-
» tuant seul propriétaire de notre cher *Hasard* et
» de tout ce qui se trouve à bord. La course ne
» vaut plus rien maintenant ; crois-moi, fais autre
» chose : le commerce, par exemple. Je t'aimerai
» toujours, quoi qu'il arrive ; je suis certain que
» tu ne m'oublieras pas.

» Ma lettre te semblera peut-être froide et sèche ;
» pardonne-moi, matelot : si tu savais ce que je
» souffre ! Si tu revois don Diego Quiros ou M. Ma-
» raval, tu leur diras que je suis mort ; tu ne
» mentiras pas, puisque je n'existe plus, en effet,
» pour le monde civilisé, par lequel j'ai été tant
» martyrisé. Mais mieux vaudrait éviter de te
» rencontrer avec ces chers, oh ! bien chers amis ;
» si tu le veux, cela te sera facile.

» Adieu, cher Ivon, mon pauvre vieux matelot,
» hélas! jamais nous ne nous reverrons; mais
» jusqu'à mon dernier soupir, de loin comme de
» près, je ne cesserai jamais de penser à toi et à
» Maraval.

» Fais mes adieux à nos braves camarades : lis-
» leur les papiers qui te constituent propriétaire
» et maître à bord en mon lieu et place, et dis-
» leur bien que je les aimais comme des frères, et
» que je ne les quitte qu'à regret; mais il le faut :
» la vie civilisée m'est insupportable. Adieu en-
» core. Surtout, ne perds pas ton temps à me
» chercher, ce serait inutile.

» A bord du brick-goëlette le *Hasard*, devant
» Santa-Buenaventura,
   » (Baie de Santa-Buenaventura, Californie),
      » le 11 septembre 182...

   » Charles-Olivier Madray,
  » capitaine-propriétaire du brick-
   » goëlette le *Hasard*. »

Un assez long silence suivit la lecture de cette lettre.

Les trois hommes, perdus dans leurs pensées, demeuraient la tête basse et les yeux pleins de larmes.

— Avez-vous quelque chose à ajouter, mon cher Lebris ? demanda enfin M. Maraval d'une voix défaillante.

— Quelques mots seulement, reprit le marin en s'essuyant les yeux à la dérobée. Olivier, ainsi que je l'appris plus tard, ne s'était arrêté que pendant deux heures dans le *Presidio*, le temps nécessaire pour changer ses vêtements européens contre un costume complet de coureur de bois. Il avait un rifle américain excellent, un *bowie kniff*, un couteau de chasse, de la poudre et des balles en quantité ; une gibecière gonflée de vivres et garnie de tous ces instruments indispensables à un chasseur : assiettes de bois, chaudron en fer, gobelet, couteau, fourchette, cuiller, briquet, amadou, trousse garnie de ciseaux, dés, aiguilles, alène, que sais-je, moi ; quelques chemises et mouchoirs, deux paires de bottes toutes neuves, et les *Essais* de Montaigne, édition Elzevir, ouvrage qu'il affectionnait particulièrement.

Comme tous ces objets, et bien d'autres encore que je n'ai pas mentionnés, étaient assez encombrants, Olivier acheta un magnifique *mustang* des prairies à demi sauvage, ainsi qu'un harnais complet, une *reata* en cuir tressé, et deux grandes couvertures en laine.

Olivier, avant de quiter le navire, s'était muni de cent cinquante onces en or, qu'il avait placées partie dans une large ceinture en cuir qu'il portait autour des hanches, partie dans la valise où ses habits étaient renfermés, et solidement amarrée sur la croupe de son mustang.

Olivier, vous le savez, aime beaucoup les diamants, c'est le seul faible que je lui connaisse ; il en a donc beaucoup. Certains d'entre eux sont d'une grande valeur ; cette collection vaut un prix considérable. Avant de quitter le bord, il a renfermé toutes ces pierres dans un sachet de peau de rat musqué, qu'il s'est pendu ensuite au cou par une chaîne d'acier ; il a donc voulu se prémunir ainsi contre toute éventualité.

Après avoir pris congé de l'alcade et lui avoir confié sa lettre, Olivier a passé deux excellents pistolets de Lepage à sa ceinture ; puis, sans détourner la tête, il s'est enfoncé résolûment dans la forêt vierge, en compagnie de la vieille Indienne, qui trottait allègrement devant le mustang, lui frayant le passage et éclairant la route.

Depuis ce jour, nul ne l'a revu.

Toutes mes recherches ont été en pure perte. C'est alors, monsieur, que j'ai pensé à vous et que l'idée m'est venue de vous demander conseil.

— Avant de vous donner ce conseil, veuillez d'abord, mon cher Lebris, me faire connaître vos intentions.

— Ce sera bientôt fait, dit-il en allumant un cigare.

— Bien, allez.

— Si ma présence vous gêne, monsieur, dit le vieillard, je me retirerai. Et il se leva.

— Non point, señor, s'écria vivement Ivon Lebris : n'êtes-vous pas un ami d'Olivier ?

— Oui, dit-il en soupirant, et un des plus dévoués.

— Alors, señor, il ne saurait y avoir de secret entre nous.

— Merci, répondit avec émotion don Carlos de Santona.

— Avant tout, cher monsieur Maraval, vous comprenez, n'est-ce pas, que je n'accepte pas le cadeau qu'Olivier m'a fait de son navire le *Hasard* ?

— Pourquoi donc cela ?

— Pour cent raisons, dont la première doit suffire : je ne le veux pas. Je suis Breton, vous le savez : quand j'ai dit une chose, c'est entendu ; je ne reviens jamais sur ma parole, et puis j'ai mon idée.

— Très-bien ! C'est probablement sur cette idée que vous désirez me consulter ?

— Précisément.

— Je l'ai devinée ; mais c'est égal, allez toujours.

— Vous l'avez devinée ? voilà qui est fort, par exemple !

— Non, cher Lebris; quand on connaît votre cœur et qu'on sait combien vous aimez votre matelot, c'est au contraire très-simple : vous voulez retrouver Olivier, vos recherches dussent-elles durer un an, et redevenir son compagnon au désert comme vous l'avez été si longtemps sur mer.

— Eh bien ! oui, monsieur, c'est vrai ; voilà ce que je veux faire. Mon matelot ne doit pas rester ainsi seul et abandonné, je ne le veux pas ; il m'aura près de lui ; s'il lui plaît de demeurer au désert, nous y demeurerons ; si l'envie lui prend de se mêler de nouveau à la grande famille civilisée, nous y rentrerons de compagnie.

— Je vous approuve, mon cher Lebris. Cette idée noble et généreuse est digne de vous ; mais ce n'est pas tout de vouloir, il faut pouvoir. Comment ferez-vous ?

— Bah ! j'ai fait quatre fois le tour du monde ; la mer est beaucoup plus grande que la terre, j'ai toujours su y trouver mon chemin ; je m'orienterai, voilà tout ! Je ferai comme les sauvages ; d'ailleurs je l'ai mis dans ma tête, cela sera. A présent, dites-moi comment je dois me retourner pour retrouver bientôt mon matelot ? voilà ce que je désire savoir.

Don Carlos fit à M. Maraval un signe d'intelligence que le matelot, occupé à se verser un verre de rhum, ne remarqua pas.

— Mon cher Lebris, répondit le banquier, ce que vous me demandez mérite réflexion ; c'est beaucoup trop sérieux pour que je puisse ainsi vous répondre tout de suite ; voulez-vous m'accorder deux ou trois heures ?

— Quatre, si vous le désirez, cher monsieur Maraval ; rien ne me presse positivement. Je profiterai même, si vous me le permettez, de ce temps de répit pour prendre un peu de repos ; je m'aperçois maintenant que je suis très-fatigué.

— Qu'à cela ne tienne. N'êtes-vous pas chez vous ?

Le banquier sonna et fit conduire le marin dans une des chambres d'amis, toujours prête à recevoir les visiteurs.

Ivon Lebris se jeta sur un lit, et s'endormit presque aussitôt.

— A nous deux ! dit le banquier à don Carlos de Santona dès qu'ils furent seuls. Pourquoi avez-vous désiré me parler en particulier ?

— Parce que, répondit le vieillard avec agitation, je trouve l'idée de ce jeune homme sublime et que je veux l'aider à réussir.

— Cela est facile.

— Oui, en l'accompagnant.

— Vous voulez l'accompagner, vous ? s'écria M. Maraval au comble de la surprise.

— Moi, oui, mon ami ; ne suis-je pas seul au monde ? s'écria-t-il d'une voix fébrile. Je ne suis venu que pour vous dire : Ayez pitié de ma douleur, aidez-moi à réparer mon crime, rendez-moi...

— Asseyez-vous et causons sérieusement, interrompit M. Maraval ; cette affaire est très-grave, elle a besoin d'être étudiée et examinée.

— Soit! Causons, cher don Jose, mais il faut...

— Patience! vous dis-je.

L'entretien se prolongea longtemps entre les deux hommes ; il durait encore lorsque, quatre heures plus tard, Ivon Lebris, reposé et rafraîchi par un bon sommeil, vint frapper à la porte du cabinet où les deux hommes s'étaient retirés.

— Est-ce que je vous dérange? demanda-t-il.

— Non pas, au contraire. Nous nous sommes beaucoup entretenus de votre projet : il est excellent ; je vous aiderai dans son exécution.

— Bon! fit-il gaiement; alors, je réussirai...

— Je l'espère. Vous n'avez rien à faire par la ville, n'est-ce pas?

— Rien absolument.

— Alors, ne sortez pas : il faut avant tout songer à votre sûreté et à celle de votre bâtiment...

— C'est juste.

— Je vous ferai obtenir aujourd'hui même des lettres de protection nord-américaine; votre navire sera dénationalisé ; il prendra le nom...

— De *Lafayette!* interrompit vivement Ivon Lebris.

— Va pour *Lafayette!* c'est un nom de bon augure, reprit en souriant le banquier; il portera le pavillon étoilé des États-Unis. Le señor don Carlos de Santona s'intéresse beaucoup à Olivier ; il veut nous aider à le retrouver, autant que cela lui sera possible ; il possède un yacht de plaisance, en ce moment à Séville ; ce yacht descendra cette nuit à Cadix. Demain, vous partirez, avant le lever du soleil, pour Lisbonne, en compagnie du señor don Carlos ; ce caballero se chargera de toutes les démarches nécessaires pour la régularisation de vos papiers de bord ; il a beaucoup d'influence ; il aplanira, en moins d'une heure, toutes les difficultés.

— Je le remercie sincèrement ; jusqu'à présent tout marche à souhait.

— Maintenant, écoutez bien ceci : du brick-goëlette vous ferez un brick.

— C'est facile.

— Vous vendrez tous vos canons, excepté deux ou trois que vous conserverez contre les pirates ; vous changerez la peinture du bâtiment ; vous boucherez les sabords et congédierez l'équipage, que vous réduirez à vingt-cinq hommes, tout compris ; enfin, autant que possible, vous donnerez à votre navire l'air...

— Honnête d'une jeune fille à marier. C'est convenu. Pauvre *Hasard !* fit-il avec un soupir de regret. Enfin, c'était l'idée d'Olivier ! quand il le saura, je suis sûr qu'il sera content.

— J'en suis convaincu ; mais ce n'est pas tout.

— Bon ! Qu'y a-t-il encore ?

— Moins que rien. Vous prendrez charge pour la Nouvelle-Orléans.

— C'est convenu. Est-ce tout ?

— Oui. Combien de temps vous faut-il pour opérer tous ces changements ?

— Un grand mois.

— Fort bien ; mettons six semaines.

— Soit, j'aime mieux cela.

— Dans six semaines j'irai vous rejoindre à Lisbonne, où nous combinerons notre plan définitif. Cela vous convient-il ainsi ?

— Parfaitement. Comptez sur moi. Je vous remercie du fond du cœur; je vous devrai de revoir mon matelot.

— Tous trois nous aimons Olivier, c'est pour lui que nous travaillons.

Ivon ne perdit pas un instant ; à l'époque convenue, tout fut terminé, dans les meilleures conditions.

Six semaines plus tard, lorsque M. Maraval arriva à Lisbonne, il eut beaucoup de peine à reconnaître l'ancien *Hasard*, tant sa métamorphose était complète ; ce qui n'empêchait pas le brick le *Lafayette* d'être un charmant navire.

Ivon avait conservé M. Lebègue, MM. Mauclère et Kernock, maître Caïman, Furet, Cupidon le nègre, et vingt hommes de l'ancien équipage, tous dévoués à Olivier et prêts à se faire tuer pour lui.

— Bien, dit Ivon Lebris à M. Maraval, une heure à peu près avant l'appareillage ; je crois, cher monsieur, qu'il serait grand temps que nous causions de notre plan de campagne ; l'ancre est à pic et bientôt nous serons sous voile.

— Bah ! répondit le banquier en lui serrant la main ; rien ne presse. Je pars avec vous !

— Bien vrai ? s'écria le Breton avec joie.

— Dame ! à moins que vous ne refusiez de me prendre à bord, répondit-il en souriant.

Ivon Lebris n'y tint plus ; il se jeta dans les bras du banquier, lequel était au moins aussi ému que lui.

Au moment où le brick faisait son abatée et orientait ses voiles, don Carlos, en prenant congé des voyageurs, se pencha à l'oreille de M. Maraval, lui dit d'une voix étouffée :

— Vous me le ramènerez, n'est-ce pas ? Songez que je compterai les minutes jusqu'à votre retour !

— Espérez ! je tenterai l'impossible pour réussir, répondit le banquier en lui serrant la main.

Une heure plus tard, le brick le *Lafayette*, poussé par une bonne brise, disparaissait à l'horizon.

Don Carlos de Santona, triste et presque désespéré, repartit le lendemain pour Cadix, sur son yacht.

CHAPITRE VII

DANS LEQUEL LE LECTEUR EST TRANSPORTÉ EN PLEIN TERRITOIRE INDIEN.

Le désert est le véritable refuge des cœurs meurtris.

Face à face avec la manifestation sublime des œuvres grandioses du Créateur, l'âme se régénère, la douleur s'adoucit sans s'amoindrir et le calme renaît peu à peu dans l'esprit surexcité par de longues souffrances.

La vie, par dessus tout active et au jour le jour, du chasseur et du coureur des bois, a cela de bon pour l'homme, que les exigences matérielles, sans cesse renaissantes, d'une existence de lutte contre tout ce qui l'entoure : et par suite émaillée de péripéties sans nombre, absorbent complétement ses facultés et ne lui laissent pas le temps nécessaire pour songer à autre chose qu'aux devoirs impérieux à lui imposés par le soin de sa conservation et les événements surgissant à chaque pas devant lui.

Olivier, pendant sa première jeunesse, avait fait un rude apprentissage de la vie du désert ; il la connaissait à fond ; son état de marin, à la fois actif et contemplatif, l'avait empêché d'oublier l'expérience jadis acquise.

Huit jours à peine après avoir quitté son navire, le jeune homme avait tout naturellement repris, sans même y songer, ses anciennes habitudes de chasseur ; et cela si complétement, que Mayava, la vieille Indienne, avec laquelle il voyageait, était émerveillée elle-même de la sagacité qu'il déployait en toutes choses ; de la certitude avec laquelle, sans jamais commettre la plus légère erreur, il se dirigeait à travers d'inextricables forêts vierges, des prairies couvertes de hautes herbes, ou des déserts sablonneux, dont la surface mouvante changeait d'aspect sous le souffle capricieux de l'ouragan, qui en modifiait entièrement la topographie en quelques heures.

Après une marche non interrompue, qui dura pendant plus d'un mois, les voyageurs atteignirent enfin un *Atepetl*, ou village d'hiver, de la nation à laquelle appartenait Mayava.

Signalés aussitôt par les enfants et les femmes dispersés autour du village, soit pour ramasser du bois mort, soit pour pêcher, Olivier et sa compagne s'arrêtèrent, en attendant que les chefs vinssent les recevoir.

Cet Atepetl était assez grand, très-bien construit et assez solidement fortifié par de hautes palissades et de forts remblais de terre ; le village était assis sur le sommet d'une colline élevée, dont il descendait les pentes jusqu'au bord d'une rivière assez large par laquelle il était entouré de trois côtés ; le quatrième, en sus de la palissade dont nous avons parlé, était défendu par un fossé profond, sur lequel une planche jetée en travers formait la seule voie de communication avec la campagne environnante.

A la forme des *Callis* ou huttes et des hangars, Olivier reconnut, au premier coup d'œil, que la population de ce village devait appartenir à la grande et belliqueuse nation des Pieds-Noirs ou Kenn'as, généralement appelés *Indiens du sang* par les chasseurs et coureurs des bois canadiens.

En effet, Olivier ne tarda pas à acquérir la certitude qu'il ne s'était pas trompé, et que les Peaux-Rouges chez lesquels il se trouvait étaient la tribu des Pieds-Noirs-Castors, ainsi que leur *totem*, c'est-à-dire leurs armoiries parlantes, représentant un castor et peintes sur une peau d'antilope attachée en banderole à une longue perche, en faisait foi.

Cependant plus d'une demi-heure s'était écoulée depuis que les voyageurs avaient été signalés par les enfants et les femmes; Olivier commençait à s'inquiéter de cette longue attente, lorsque trois Chefs, reconnaissables à leurs nombreux colliers de griffes d'ours gris, à leurs médailles et aux magnifiques peaux de bisons flottantes sur leurs épaules, ainsi qu'aux longs *ikkotchotas* ou sifflets de guerre faits d'un tibia humain, pendus à leur cou, sortirent à cheval du village et traversèrent la planche qui tremblait et résonnait sous les pieds de leurs chevaux.

Ces trois Chefs se dirigèrent vers les voyageurs, en modérant le pas de leurs farouches coursiers.

Il y avait quelque chose de majestueux et d'imposant dans l'aspect de ces sombres guerriers du désert.

Tous trois avaient dépassé l'âge moyen de la

vie ; leurs traits eussent été beaux, sans les peintures dont ils avaient cru devoir les couvrir ; leur regard était fier, leur physionomie sombre, mais empreinte d'une indicible grandeur.

Ils ne portaient pas d'armes apparentes, mais chacun d'eux tenait à la main droite un magnifique éventail fait d'une aile d'aigle de montagne ; les nombreuses chevelures dont les harnais de leurs chevaux étaient garnis, et les longues queues de loups rouges attachées à leurs talons, indiquaient non-seulement que ces Chefs étaient des *grands braves*, mais encore des Sachems illustres de la nation.

Olivier, après avoir confié ses armes apparentes à la vieille Indienne, engagea son cheval au galop de chasse et s'avança à la rencontre des chefs, le bras droit étendu, la main ouverte, les doigts réunis et la paume en dehors.

Arrivé à dix pas des Indiens, qui s'étaient arrêtés, il fit halte lui aussi, et élevant la voix, afin que ses paroles parvinssent distinctement aux oreilles de ceux à qui il les adressait :

— Que l'œil du Wacondah, dit-il, ne se détourne pas des Kenn'as-Castors ; qu'il leur donne de bonnes chasses, et qu'il rende leurs ennemis craintifs comme des chiens des prairies et aveugles comme des taupes ; un ami les salue et désire qu'il ne s'élève aucun nuage entre eux et lui.

Le plus âgé des Sachems fit faire un ou deux pas en avant à son cheval, et répondit d'une voix forte avec un accent guttural, mais sans apparence d'hostilité :

— Le chasseur pâle s'est enfoncé fort loin dans la savane : sans doute il s'est égaré et cherche son chemin ; qu'il dise aux Sachems vers quelle terre il se dirige, ils le remettront dans la bonne direction.

— La couleur de la peau dépend du Wacondah, reprit aussitôt le jeune homme sans s'émouvoir de ces paroles ambiguës ; la mienne est blanche, mais mon cœur est rouge. La Panthère-Bondissante est le fils adoptif des Comanches-Bisons ; il est un guerrier dans sa tribu ; la route est droite pour lui. Il est parti du rivage du lac sans fin pour se rendre à l'Atepetl des Kenn'as-Castors ; son voyage a duré trente-quatre lunes ; il est terminé depuis une heure. Il attend des Sachems l'accueil auquel il a droit en sa qualité d'ami des Peaux-Rouges et de fils adoptif de l'une de leurs premières nations.

— Mon fils parle bien, répondit le Sachem, sa langue n'est pas fourchue ; les Kenn'as-Castors enlèveront la peau qui enveloppe leur cœur à la vue des rusés et perfides Faces-Pâles, et ils accueilleront la Panthère-Bondissante comme un ami et un guerrier Peau-rouge.

Le jeune homme s'inclina sans répondre, s'avança, et, tendant le bras gauche au Sachem :

— Que mon frère regarde, dit-il.

Le Sachem examina attentivement les hiéroglyphes tatoués sur le bras du jeune homme : ses traits se détendirent, sa physionomie s'éclaircit, et, s'inclinant avec noblesse sur le cou de son cheval :

— La Panthère-Bondissante est le bienvenu chez les Kenn'as-Castors, dit-il avec cordialité ; l'Œil-Brillant est son frère ; le guerrier Comanche reprendra ses armes, et ordonnera à sa *Ciuatl* de le suivre dans l'Atepetl de ses amis.

— Je n'ai pas de *Ciuatl* — épouse —, répondit Olivier en souriant; cette *Waïne*, dont je suis l'ami, est une fille des Kenn'as-Castors, perdue loin de son peuple, dans les pays situés sous le soleil. Elle m'a sauvé la vie; je lui ai juré de lui rendre sa nation, ses frères et ses amis : j'ai tenu ma promesse, puisque je suis ici.

— Mon frère a fait cela ? s'écria l'Œil-Brillant avec une admiration contenue.

— Le Wacondah ordonne aux guerriers d'être aussi reconnaissants envers leurs amis qu'ils doivent en toutes circonstances être implacables pour leurs ennemis : j'obéis au Wacondah.

— Mon frère est jeune d'années, mais vieux de sagesse, reprit l'Œil-Brillant avec un sourire amical.

— La Panthère-Bondissante est un Chef dans sa tribu, ajouta le second Sachem.

— Le Wacondah s'est trompé, dit gracieusement le troisième : c'est par erreur que la peau de mon frère est blanche, car son cœur est bien véritablement rouge.

Tous trois serrèrent alors avec une réelle affection le poignet gauche du jeune homme, qui leur rendit chaleureusement leur fraternelle étreinte.

— Cette Waïne a un nom? reprit l'Œil-Brillant.

— Elle le dira elle-même à mon frère, répondit Olivier.

Pendant cette assez longue conversation, la vieille Indienne, après avoir chargé sur ses épaules les armes que lui avait confiées Olivier, s'était peu à peu rapprochée des quatre interlocuteurs, et cela de telle sorte qu'elle se trouvait tout près d'eux au moment où le Sachem demanda son nom.

Elle rendit ses armes à Olivier, et, faisant un pas en avant afin de se placer en face des trois Sachems :

— Bien des hivers ont neigé sur ma tête, dit-elle, depuis le temps où, semblable au faon de la biche des insondables forêts de mahoganys élancés, je courais, jeune fille, sur les pentes abruptes du volcan redoutable de *Safa-Maydy*, à la recherche des framboises et des fraises sauvages. L'Œil-Brillant, aujourd'hui un des premiers Sachems de ma nation, était enfant alors ; il se nommait la Petite-Corneille, et il me suivait partout pour se régaler de ces fruits sauvages, dont il était si friand, et que je me plaisais à cueillir pour lui, car il était le fils de mon frère, l'Oiseau-de-la-Prairie, et je l'aimais. L'Œil-Brillant ne me reconnaît plus aujourd'hui ; je suis pour lui une étrangère, comme je dois l'être aussi pour le Bison-Rouge et pour l'Oiseau-des-Prairies, ajouta-t-elle avec mélancolie, bien que le premier soit le frère de ma mère et le second le fils de ma sœur. On m'a crue morte sans doute, et mon souvenir s'est effacé de la mémoire de mes parents et de mes amis. Mais pourquoi me plaindrais-je ? ne savais-je pas qu'il en serait ainsi ? Peaux-Rouges ou Faces-Pâles, chacun doit subir sa destinée sans se plaindre, et se soumettre aux volontés du Wacondah. Je n'ai voulu revenir dans ma nation que pour mourir en paix au milieu des miens, lorsque mon heure sera enfin venue de quitter la terre, pour aller recommencer une vie d'éternelles délices dans les prairies bienheureuses de l'*Eskennane*.

Elle se tut, baissa la tête pour ne pas laisser voir les pleurs dont ses yeux étaient remplis, et elle attendit.

— Hugh ! s'écrièrent les trois Sachems avec une expression de surprise joyeuse.

Ils échangèrent entre eux un rapide regard, et, bondissant sur le sol plutôt qu'ils ne mirent pied à terre, ils s'élancèrent vers la vieille femme, à laquelle ils prodiguèrent les plus tendres caresses, avec une chaleur et un empressement qui témoignaient de la vive et profonde amitié qu'ils avaient conservée pour elle.

— Ma mère Mayava nous rend bien heureux ! dit l'Œil-Brillant, dont toute l'impassibilité indienne avait disparu pour faire place à la joie la plus vraie. Depuis bien des jours, nous attendions son retour. Notre cœur saignait d'une aussi longue absence.

— Nous nous informions à tous les étrangers ! aucun ne nous répondait, dit l'Oiseau-des-Prairies.

— Pourquoi ma mère s'en est-elle allée si loin ? ajouta le Bison-Rouge. Ne sait-elle pas combien elle a été aimée et respectée dans sa tribu ? Son retour sera une fête pour les Kenn'as-Castors, fête plus grande que celle de la Lune de la Folle-Avoine !

— Ooah ! s'écria l'Œil-Brillant, l'Opossum et l'Églantine-Sauvage ne seront plus tristes maintenant ! la joie inondera leur cœur lorsqu'ils apprendront le retour de leur fille Mayava, qu'ils ont tant pleurée.

— Och! s'écria la vieille Indienne cédant enfin à l'émotion qui la torturait, mon père, ma mère vivent encore !

— Ils sont pleins de jours, dit le Bison-Rouge; le Wacondah les a laissés sur la terre afin que leur fille bien-aimée leur ferme les yeux !

L'Oiseau-des-Prairies, sans songer à son cheval, s'élança vers le village avec la rapidité d'un daim poursuivi par les chasseurs, en s'écriant :

— Je veux les prévenir du retour de leur fille ! ils ont assez pleuré son absence !

Presque aussitôt il disparut, en bondissant, dans l'intérieur du village.

— Est-il possible que tant de joie me soit réservée après tant de douleurs! s'écria la pauvre femme, à demi folle de bonheur.

Tout à coup elle s'élança vers Olivier, et lui saisissant les mains, qu'elle baisa avec ferveur :

— C'est à vous! à vous seul, bon Visage-Pâle, que je dois cette joie suprême, que je n'osais plus espérer, de revoir enfin tous ceux que j'aime et dont je suis tant aimée ; oh! je prierai chaque jour le Wacondah de vous rendre ce bonheur que vous me donnez !

— Ce que je vois, bonne mère, répondit affectueusement Olivier, me paie amplement de tout ce que j'ai pu faire pour vous.

— La Panthère-Bondissante est notre frère et notre ami, dit le Bison-Rouge.

— Sa tribu est campée à neuf soleils de l'atepetl ; nous la conduirons au milieu des siens, le Nuage-Bleu sera heureux de revoir son fils, dit l'Œil-Brillant avec un sourire.

— Eh quoi! vous saviez qui je suis, vous connaissiez le campement de ma tribu, et vous me traitiez en étranger ?

— Le loup prend parfois la peau de l'antilope ! répondit l'Œil-Brillant avec finesse ; que mon frère ne m'en veuille pas : sa réputation est grande parmi les Comanches-Bisons ; il passait pour mort depuis bien des lunes. Avant de parler, je voulais être certain de ne pas me trouver devant une de ces Faces-Pâles à la langue menteuse qui parcourent sans cesse la prairie dans tous les sens, dans la seule intention de tromper les hommes rouges.

— Mon frère a agi en chef sage et en véritable Sachem, lui dit Olivier cordialement ; je le remercie de m'avoir parlé ainsi qu'il l'a fait ; nos deux cœurs sont rouges : les paroles que souffle notre poitrine sont et seront toujours franches et loyales.

— C'est bien ; la Panthère-Bondissante a un ami.

Et se tournant vers Mayava :

— Que ma mère monte sur le coursier de l'Oiseau-des-Prairies ; ses amis et ses parents l'attendent à l'atepetl, lui dit-il doucement.

L'Indienne obéit, et tous quatre se dirigèrent vers le village, dans l'intérieur duquel on entendait un grand bruit de cris, de rires, de sifflets, de chichikoués, de tambourins, de conques, le tout mêlé aux aboiements furieux des innombrables chiens que les Indiens ont toujours avec eux dans leurs villages.

L'entrée d'Olivier et de Mayava fut une véritable entrée triomphale.

Une foule énorme se pressait autour d'eux,

poussant à qui mieux mieux des acclamations joyeuses.

L'enthousiasme était à son comble : chacun se pressait, non pas pour voir le chasseur blanc, mais afin d'apercevoir Mayava, que pendant tant d'années on avait crue morte, et dont le retour extraordinaire semblait à juste titre, aux Indiens, un véritable miracle.

L'Oiseau-des-Prairies avait pris la tête du cortége, et, aidé par quelques autres chefs, il faisait ouvrir passage à la foule qui menaçait, tant la curiosité était grande, d'étouffer les voyageurs.

On arriva ainsi sur la place du village, près de l'*Arche du premier homme*, en face du grand *Calli-Medecine*. Les cavaliers mirent pied à terre.

Devant l'entrée du Calli-Medecine, un homme et une femme, ayant atteint les dernières limites de la vieillesse, mais droits et fermes encore, malgré leur âge avancé, attendaient, entourés d'un grand nombre de chefs et de guerriers de la tribu.

En apercevant les deux vieillards, Mayava s'était jetée à bas de son cheval et s'était agenouillée devant eux en fondant en larmes.

Il y eut alors une scène émouvante entre ces trois personnes, auxquelles leur âge défendait d'espérer, et qui cependant, grâce à un miracle de la Providence, se trouvaient réunies après tant d'années de séparation, sur le seuil de la tombe déjà entr'ouverte sous leurs pas.

Cette scène se prolongea pendant assez longtemps, au milieu des larmes et des sanglots de la foule attendrie, puis on pénétra dans le Calli-Medecine.

Olivier fut invité à s'asseoir à une place d'honneur auprès des Sachems, puis chacun s'établit comme il put sur les gradins ; le feu du conseil fut allumé ; le calumet sacré circula entre les chefs ; puis, au milieu d'un silence profond, l'Opossum, le premier Sachem de la tribu et père de Mayava, se leva et prononça un long discours pour remercier le Wacondah de ne pas l'avoir appelé dans les prairies bienheureuses avant de lui accorder cette joie suprême de revoir son enfant, dont depuis tant d'hivers il était séparé, et qu'il supposait morte bien loin de lui, dans les villages en pierre des perfides Faces-Pâles.

Puis, lorsque le Sachem se fut arrêté et eut repris son calumet, les chefs et les guerriers réunis dans le Calli-Medecine, et qui tous étaient curieux de connaître les aventures extraordinaires de la vieille Indienne, si singulièrement revenue dans sa tribu, après une aussi longue absence, tous la prièrent de leur faire le récit de ce qui lui était arrivé pendant son séjour dans les villages en pierre des Faces-Pâles, et par quel heureux hasard elle avait enfin réussi à rentrer dans sa tribu.

Mayava connaissait de longue date le caractère de ses compatriotes ; elle savait combien ils sont friands d'histoires et de ces longues légendes qui, pendant les grandes chasses, se racontent le soir autour des feux de veille : elle consentit de bonne grâce à satisfaire la curiosité générale.

Son récit fut long, intéressant ; elle n'omit rien, et le termina en racontant en détail les grandes obligations qu'elle avait à Olivier, et la profonde reconnaissance qu'elle conservait pour lui dans son cœur.

Cette dernière partie du récit fut surtout reçue avec enthousiasme; les Sachems et les chefs firent une véritable ovation au jeune homme, qui, dès ce moment, fut considéré comme faisant partie de la tribu.

Certes, s'il l'avait voulu, il n'aurait tenu qu'à lui de se fixer dans cette peuplade, où tout le monde l'aimait, et dont les chefs auraient été heureux de le conserver près d'eux, comme compagnon; non pas seulement à cause de sa bravoure — elle est commune parmi les Indiens : nul ne professe plus qu'eux un profond mépris de la mort — mais à cause de sa droiture et de sa grande connaissance de la vie du désert et de celle des blancs, ces ennemis implacables contre lesquels les Indiens sont sans cesse contraints de se défendre.

Mais l'intention d'Olivier n'était pas de s'établir dans une tribu : il voulait surtout vivre seul; c'était expressément dans ce but qu'il avait abandonné son navire, s'était séparé de ses compagnons et avait de nouveau adopté l'existence tourmentée de sa première jeunesse.

L'Opossum, le grand Sachem de la tribu, avait installé le chasseur dans un calli très-vaste et bien aéré, assez rapproché du sien, et, dans son affection pour le libérateur de sa fille, comme il se plaisait à nommer Olivier, il avait muni ce calli de tout ce qu'il supposait devoir être non-seulement nécessaire, mais encore agréable à son hôte.

Mayava, sans y avoir été invitée, s'était, de sa propre autorité, chargée de tout tenir en ordre, de préparer les repas du jeune homme et même de soigner son cheval.

Olivier passa ainsi quelques jours assez agréablement ; Mayava avait averti ses amis que le chasseur blanc avait un grand chagrin dans le cœur ; qu'il recherchait la solitude, et que rien ne lui était plus pénible que d'être troublé dans ses méditations.

Cette recommandation de la vieille Indienne avait suffi pour qu'on laissât le jeune homme complétement libre de ses actions, et que personne n'essayât de le tourmenter par une curiosité indiscrète.

Les Peaux-Rouges possèdent au plus haut degré le sentiment des convenances ; en fait de délicatesse, ils en remontreraient aux peuples les plus civilisés. Olivier jouissait donc, sans crainte d'être troublé par personne, du repos et du recueillement qui lui étaient indispensables pour remettre un peu d'ordre dans son esprit ébranlé par les affreuses secousses qu'il avait éprouvées.

Quelques jours s'écoulèrent ainsi ; mais ce désœuvrement, si en dehors des habitudes du jeune capitaine, commençait à lui peser sérieusement ; il songeait à s'éloigner de ses nouveaux amis, lorsqu'un matin, un peu après le lever du soleil, il fut tiré de ses méditations par des cris joyeux et le bruit toujours croissant de plusieurs chevaux qui arrivaient rapidement du côté de son calli.

Tout à coup le bruit cessa, la claie servant de porte à son habitation s'ouvrit, et plusieurs guerriers, au nombre desquels se trouvait l'Œil-Brillant, firent irruption dans l'intérieur du calli.

Olivier s'était levé pour aller au-devant de ses

visiteurs, lorsque soudain il s'arrêta et poussa un cri de joie en reconnaissant le Nuage-Bleu et plusieurs autres chefs de la tribu des Bisons-Comanches.

La reconnaissance fut touchante de part et d'autre.

Les braves Comanches étaient fous de joie de retrouver un guerrier dont ils avaient sincèrement pleuré la mort, mieux portant que jamais, après une séparation de plus de dix ans.

L'Œil-Brillant, sans rien dire à Olivier, et désirant lui faire une agréable surprise, avait quitté le village le lendemain même de l'arrivée du chasseur, et il s'était rendu tout droit au village des Bisons-Comanches.

D'abord le Nuage-Bleu et les autres chefs n'avaient pas voulu ajouter foi aux paroles de l'Œil-Brillant; mais celui-ci avait donné tant de détails, des renseignements si complets, que le doute était entré dans l'esprit des chefs et que, poussés par leur vieille amitié pour le chasseur, ils avaient voulu s'assurer de la vérité.

Ce fut avec joie qu'Olivier revit ses anciens et bons amis les Bisons-Comanches; il les reçut de son mieux et ne fit aucune difficulté de leur raconter ce qui lui était arrivé depuis sa brusque séparation d'avec eux.

Quelques jours s'écoulèrent en fêtes et en festins, à la mode indienne, bien entendu; puis Olivier, après avoir pris congé de la façon la plus affectueuse des Kenn'as-Castors, et avoir fait ses adieux à la bonne Mayava, monta à cheval et suivit le Nuage-Bleu et ses amis dans le village des Comanches, où il fut accueilli de la manière la plus affectueuse par tous les membres de la tribu.

Olivier resta trois semaines dans le village des Comanches, puis un matin il harnacha son cheval, et après avoir pris congé des chefs, qui le voyaient s'éloigner avec tristesse, malgré sa promesse de revenir bientôt, il partit et s'enfonça plus avant dans le désert.

Il allait donc vivre enfin seul, ainsi que depuis si longtemps il le désirait ; il éprouvait une joie mélancolique d'être ainsi séparé de la société des autres hommes.

N'ayant aucun plan arrêté d'avance, il allait ainsi devant lui, à l'aventure, sans but déterminé, chassant pour se nourrir et rassembler des fourrures précieuses que, plus tard, il échangeait aux comptoirs de traite contre du plomb, de la poudre ou du tabac.

Parfois des mois entiers s'écoulaient sans qu'un visage humain s'offrît à ses regards ; cette solitude complète, loin de lui peser, avait au contraire pour lui des charmes étranges et des jouissances inouïes.

La douleur était engourdie au fond de son cœur, le calme était rentré dans son esprit, la mélancolie avait remplacé la tristesse ; le souvenir doux et charmant de la femme qu'il avait tant aimée, et que toujours il aimait, lui tenait fidèle compagnie ; loin de raviver sa douleur, ce souvenir était pour lui d'une douceur incomparable ; il lui donnait pour ainsi dire un bonheur rétrospectif, quand il rappelait par la pensée les jours heureux qu'il avait passés près d'elle, sans qu'un nuage, une seule fois, eût terni cette félicité trop tôt écoulée, mais qui restait ainsi au fond de son cœur à l'état de radieux amour !

Le reste n'était plus pour lui qu'un mauvais rêve, qu'il essayait d'oublier, et souvent il y réussissait.

Bien des fois, après une longue chasse, accroupi près de son feu de veille, fumant son calumet indien, plongé dans ses méditations, le souvenir de Dolorès s'offrait à lui ; il la revoyait avec les yeux du cœur, telle qu'il l'avait connue ; ses regards se reposaient sur elle avec complaisance ; il lui semblait entendre, comme un écho lointain de la harpe éolienne, les accents si doux de sa voix mélodieuse ; il lui répondait, l'écoutait encore, et, se plongeant de plus en plus dans le monde idéal, il rêvait ainsi tout éveillé, pendant des nuits entières ; il était heureux !

D'autres fois, quand le temps était sombre, que des nuages jaunâtres, chargés d'électricité, roulaient lourdement dans l'espace, qu'une noire mélancolie s'emparait de lui, sans autre raison apparente qu'une disposition nerveuse, que son esprit troublé lui faisait envisager son existence sous un jour triste et presque désespéré, il prenait dans sa gibecière un volume des *Essais*, de Montaigne, n'importe lequel, l'ouvrait au hasard, lisait quelques pages, et bientôt il se sentait consolé, son esprit se rassérénait, le sourire revenait sur ses lèvres.

Ainsi s'écoulait la vie d'Olivier, presque constamment solitaire, et par conséquent réduite aux simples exigences de la conservation personnelle.

Pendant ses longues chasses, il s'était lié avec plusieurs chasseurs canadiens de la Prairie, avec lesquels il s'était temporairement associé pour chasser le bison, le jaguar et l'ours gris ; tous ces chasseurs l'aimaient, parce qu'à la plupart d'entre eux il avait rendu certains services importants, sans jamais avoir eu lui-même recours à personne.

Quelle existence pouvait être comparée à celle de cet homme ?

Il était libre, dans toute la rigoureuse acception du mot ; il ne reconnaissait d'autres lois que celles de sa conscience, ne souffrait d'autre frein que celui qu'il s'imposait à lui-même ; se laissant en toutes circonstances guider par son cœur d'abord, par sa raison ensuite.

Le désert lui appartenait.

Il y vivait à sa guise, sans être arrêté par aucune de ces entraves honteuses ou mesquines que la société impose à ses membres.

Cette existence, pleine de péripéties émouvantes, était en réalité la plus belle, la plus grande, la plus noble que jamais puisse rêver une imagination humaine !

Aussi Olivier en jouissait-il complétement sans arrière-pensée, comme sans désirs et sans regrets de ce qu'il avait abandonné.

En un mot, il se trouvait heureux, et il l'était réellement ; car la vie du désert élève l'âme, agrandit les idées, anoblit le cœur et fait comprendre à l'homme l'existence telle que Dieu l'a faite pour son bonheur : débarrassé des lâches convoitises, des coupables aspirations et des méprisables spéculations de la vie mesquine, étriquée et égoïste des villes, où chacun essaie d'établir sa fortune sur la ruine de son voisin ou le déshonneur d'un ami.

Olivier, suivant la coutume des coureurs des bois et des chasseurs, avait, aussitôt qu'il s'était séparé des Comanches-Bisons, quitté son nom, pour prendre un pseudonyme de guerre adapté au métier auquel il se livrait; en cela il avait non-seulement le désir de se conformer aux usages de la Prairie, où chacun, soit pour une raison, soit pour une autre, se pare de noms de fantaisie, mais surtout dans le but de dérouter les recherches de ses amis, si la pensée leur venait par hasard de s'enquérir de lui, et d'essayer de suivre sa piste à travers les savanes et les forêts vierges. Bien d'autres chasseurs n'avaient pas des raisons aussi innocentes pour se couvrir d'un incognito rigoureux.

Quant à Olivier, il était connu, depuis les frontières mexicaines jusqu'à l'Orégon, sous le nom assez singulier et fort peu euphonique de la *Chaudière-Noire*, sobriquet caractéristique que lui avaient donné les chasseurs canadiens, à cause du chaudron que le jeune homme portait toujours attaché sur la croupe de son mustang; ustensile fort précieux dans les savanes, mais dont peu de chasseurs avaient songé, à cette époque déjà éloignée de nous, à se charger.

Quant aux Peaux-Rouges, ils le connaissaient sous le nom de la *Panthère-Bondissante*.

Ainsi déguisé sous ces deux appellations étranges, Olivier se supposait, avec quelque apparence de raison, à l'abri de toute curiosité désagréable, de quelque côté qu'elle vînt; d'autant plus que, se conformant toujours aux coutumes de la Prairie dans ses conversations avec les autres chasseurs, il ne faisait, ni de près ni de loin, allusion à aucuns faits de sa vie passée; sa nationalité était même inconnue; chacun était libre de le supposer Français, Espagnol, Anglais ou même Portugais, car il parlait avec la même facilité ces diverses langues.

Mais au désert, chacun ayant, pour une raison ou pour une autre, un grand intérêt à cacher certaines circonstances de sa vie passée, personne ne se formalisait de la réserve du jeune homme.

Lui-même avait dit une fois en riant à un naturaliste français, auquel, pendant quelque temps, il avait consenti à servir de guide, et qui lui demandait certains renseignements sur la population blanche et errante des savanes :

— Cher monsieur, les déserts américains sont peuplés par des déclassés, tués moralement par la civilisation des puissants États du vieux monde, et qui renaissent physiquement dans la vie sauvage des savanes.

Le savant avait compris ; il se l'était tenu pour dit et n'avait plus interrogé son guide.

Parmi les chasseurs avec lesquels Olivier s'était lié plus étroitement qu'avec d'autres, il en était un pour lequel il éprouvait une prédilection et une affection particulière.

Ce chasseur était un Canadien Bois-Brûlé de la rivière Rouge ; il se nommait Belhumeur.

C'était un jeune homme de vingt-quatre ou vingt-cinq ans, haut de plus de six pieds anglais, vigoureux à l'avenant, bien fait et d'une physionomie douce, loyale et essentiellement sympathique.

La façon dont Olivier et Belhumeur avaient fait connaissance était singulière et surtout caractéristique.

Mais ce chapitre est trop avancé pour que nous racontions ici cette rencontre.

CHAPITRE VIII.

DE QUELLE FAÇON EXCENTRIQUE OLIVIER ET BEL-HUMEUR SE RENCONTRÈRENT.

Depuis plusieurs jours, Olivier, ainsi que cela arrive souvent aux chasseurs, et les fervents imitateurs de saint Hubert dans le noble art de vénerie nous comprendront, Olivier, disons-nous, s'était laissé emporter à la poursuite d'un magnifique jaguar qui, de remise en remise, et rusant sur ses passées, lui avait fait faire plus de trente lieues à travers, nous ne dirons pas des chemins, il n'en existe pas dans les savanes, mais des terrains défoncés, marécageux et encombrés de toutes espèces de détritus; ces parages ayant été à une époque, pas encore très-éloignée, occupés par des castors.

Enfin, après quatre jours d'une chasse obstinée, l'entêtement de l'homme l'avait emporté sur la ruse de l'animal: le jaguar avait été tué raide d'une balle entre les deux yeux, à trois cents pas, ce qui, certes, est un beau coup.

Olivier, après avoir enlevé la peau de l'animal et l'avoir frottée avec de la cendre et *crochetée* sur le sol, afin de la laisser sécher au brûlant soleil de midi, s'était assis à l'ombre d'un immense mahogany, avait ouvert sa gibecière et se préparait à déjeuner, la rude course qu'il avait faite le matin à la piste du fauve lui ayant donné de l'appétit, lorsque tout à coup son attention fut attirée par plusieurs coups de fusil tirés à courte distance de l'endroit où il se trouvait, et comme si l'on tirait à la cible ; chaque coup de feu était accompagné d'exclamations, de cris et de rires joyeux.

Olivier, sans autrement s'émouvoir, regarda autour de lui, ce que, jusqu'alors, préoccupé qu'il était par la chasse, il n'avait pas songé à faire.

Il se trouvait dans une immense clairière marécageuse qui avait jadis été un lac, mais que le soleil avait complétement desséché ou à peu près, à la suite de quelque perturbation du sol, ainsi qu'on en rencontre tant encore aujourd'hui dans les forêts vierges de l'Amérique du Nord ; autour du chasseur et à une distance de plusieurs lieues de tous les côtés, s'étendaient les majestueuses frondaisons d'un vert sombre d'arbres d'une hauteur et d'une grosseur énormes, serrés les uns contre les autres et dont la plupart étaient âgés de plusieurs siècles.

Il ne fallut que quelques instants à Olivier pour se rendre compte de la topographie de la contrée environnante, et par conséquent se reconnaître.

A quatre ou cinq cents pas au plus de l'endroit où il avait établi son campement provisoire, un peu sur la droite, et blotti au milieu des fourrés, devait se trouver un atepetl, ou village d'hiver, de l'une des plus féroces tribus des Indiens du sang ou Pieds-Noirs, celle des Kenn'as-Serpents.

Le chasseur avait eu, à différentes reprises,

des rapports amicaux avec ces farouches Indiens ; bien qu'il n'éprouvât pour eux qu'une médiocre sympathie, en somme ses relations avec cette tribu n'étaient nullement hostiles, d'autant plus que ses chefs n'ignoraient pas ses relations avec une autre tribu de leur nation, celle des Kenn'as-Castors.

Olivier savait donc de longue date que les Indiens dans le voisinage desquels il se trouvait étaient une des tribus les plus farouches, les plus cruelles et les plus belliqueuses de la grande nation des Piekanns.

Ce point éclairci, il se sentit saisi d'une inquiétude vague. Les Peaux-Rouges sont d'ordinaire très-avares de leur poudre, qu'ils achètent fort cher aux traitants ; ils n'en font un usage aussi immodéré que celui qu'ils en faisaient en ce moment que dans des circonstances graves.

Le chasseur, sans hésiter davantage, résolut de s'assurer au plus vite de ce que signifiaient ces coups de fusil, répétés à des intervalles presque égaux, et qui duraient depuis près d'une demi-heure.

Renonçant provisoirement à déjeuner, il replaça ses provisions dans sa gibecière, et, trouvant inutile de monter à cheval, il saisit ses armes et s'élança au pas gymnastique dans les fourrés.

Quelques minutes lui suffirent pour atteindre le village, dans lequel il pénétra.

Mais à sa grande surprise, il ne rencontra personne près de qui il pût se renseigner.

Tous les callis étaient déserts.

Femmes, enfants, vieillards, guerriers, toute la population était réunie sur la place du village, en face du Calli-Medecine et de l'*Arche du premier homme.*

Dès qu'Olivier eut réussi à s'introduire sur la place, tout lui fut expliqué.

Les Indiens procédaient sans doute à l'exécution d'un ennemi.

Un malheureux quelconque était attaché au poteau de torture, et avant de le brûler vif, selon leur coutume, les Indiens se divertissaient à le martyriser.

Olivier se fraya un passage au moyen de solides bourrades distribuées généreusement autour de lui; il se glissa comme un serpent à travers la foule compacte qui encombrait la place, et, grâce à la vigueur de ses poignets, il réussit à arriver au premier rang des curieux.

Alors un spectacle horrible frappa ses regards.

Un jeune homme, un blanc Bois-Brûlé, était étroitement lié au poteau de torture et servait de cible vivante aux Peaux-Rouges, qui tiraient sur lui, de manière cependant à ne pas le blesser, tout en faisant siffler leurs balles le plus près possible de sa tête.

Cet exercice barbare durait depuis plus d'une heure déjà.

Le prisonnier avait véritablement une grande beauté virile et fière : ses longs cheveux blonds tombaient en épaisses boucles sur ses épaules, son teint était animé, sa physionomie intrépide ; ses regards lançaient des éclairs de défi, et un sourire railleur relevait ses lèvres rouges et laissait voir ses dents d'une éblouissante blancheur; une barbe fauve et molle couvrait le bas de son énergique visage.

En un mot, c'était un homme de cœur !

Aussi les Indiens, exaspérés par son silence et son mépris, ne lui ménageaient pas les insultes, et, pour en finir avec lui, ils se préparaient à lui infliger les plus atroces tortures, pour essayer d'ébranler cet indomptable et railleur courage.

Olivier, nous l'avons dit plus haut, était dans de bons rapports avec ces Indiens ; s'ils ne l'aimaient point, tout au moins ils le respectaient et le traitaient avec considération, lorsque le hasard le conduisait chez eux.

Sans réfléchir davantage, le jeune homme s'élança en avant, et d'un bond il se plaça bravement devant le prisonnier, qu'il couvrit de son corps, en s'écriant d'une voix forte :

— *Skenonha!* — arrêtez — (1) !

Olivier jouait sa vie en ce moment, il le savait ; mais que lui importait !

Le principal chef de la tribu fit un geste.

Un silence profond s'établit aussitôt.

Les Sachems s'approchèrent alors du chasseur, qu'ils saluèrent affectueusement.

— Pourquoi mon frère a-t-il fait cela ? demanda courtoisement le plus âgé des Sachems.

— J'ai eu tort, chef, je le reconnais, répondit Olivier ; mais j'ai cédé à un premier mouvement irréfléchi.

— Bon ! répondit le Sachem en souriant ; mon frère est sage, il avoue qu'il s'est trompé ; il est le bienvenu chez ses amis rouges ; les Piekanns

---

(1) Ce mot a plusieurs significations : tout beau ! doucement ! arrêtez !

l'aiment, il n'y a pas de peau sur le cœur entre eux et lui.

— Je vous remercie de ces affectueuses paroles, chef, reprit le chasseur, mais je me permettrai de vous faire observer que vous ne m'avez pas compris.

— Ehaa! Le chasseur s'expliquera, il n'a pas la langue fourchue; ses amis essaieront de le comprendre.

— Je le désire, chef; je viens vous demander une grâce.

— Une grâce? dit le chef en fronçant légèrement le sourcil; le chasseur est l'ami des Piekanns, il a fait beaucoup pour eux; ses amis le reconnaissent.

— Je sais que vous m'aimez, chef; moi aussi je vous aime, je vous l'ai prouvé.

— Mon frère l'a prouvé; que demande-t-il?

Olivier eut quelques secondes d'hésitation; il craignait que sa demande fût mal accueillie par ces Indiens féroces, chez lesquels la haine des blancs est presque honorée à l'égal d'une vertu; mais il n'était pas homme à biaiser et à faire de la diplomatie, il préféra aller droit au but.

— Chef, dit-il avec tristesse, ce Visage-Pâle est mon ami; mon cœur est blessé de le voir ainsi souffrir. Qu'il soit libre, et je dirai : Les Piekanns sont non-seulement des grands braves, des guerriers invincibles, mais encore ce sont des hommes sages et justes; ils écoutent les prières d'un ami, ils enlèvent la peau qui couvre leur cœur, pour lui être agréable et voir son cœur s'épanouir de bonheur.

Ces paroles furent suivies d'un assez long silence.

Les Sachems échangeaient entre eux des regards sombres.

La foule regardait attentive.

Le jeune prisonnier, ne comprenant rien à ce qui se passait, demeurait impassible en apparence, mais, dans son for intérieur, il était en proie à une secrète et vive inquiétude.

Enfin, le principal Sachem fit un geste, et s'avançant majestueusement jusqu'au centre de la place, suivi par Olivier et les autres chefs de la tribu :

— Écoutez tous, dit-il en étendant le bras pour réclamer le silence. Les Piekanns, chéris du Wacondah, sont issus de la grande Tortue sacrée ; le monde repose sur leur écaille ; ils sont braves, ils sont sages, ils sont justes entre toutes les nations rouges ; mais les Piekanns sont hommes, et par cela même sujets à l'erreur : un voile était devant leurs yeux. Ils ont pris un jaguar pour un lâche coyote, un ami pour un ennemi, un espion ! mais le voile qui couvrait leurs yeux et les rendait aveugles s'est déchiré. La Panthère-Bondissante, le chasseur pâle, le frère et l'ami des Piekanns, a révélé la vérité aux Sachems de la nation ; le prisonnier est trop brave pour être un misérable espion ; d'ailleurs il est l'ami de la Panthère-Bondissante, et par conséquent c'est un guerrier loyal ; et lui aussi il est l'ami des Piekanns. La Panthère-Bondissante réclame son frère : ce frère doit lui être rendu ! Qu'il soit donc libre, que ses armes lui soient restituées ; la justice l'exige, l'honneur des guerriers de ma nation le veut. Ce guerrier est maintenant l'ami et l'hôte des Indiens Piekanns ; traitons-le donc comme tel. Ai-je bien parlé, hommes puissants ?

— Oui! oui! que le prisonnier soit libre! l'ami de la Panthère-Bondissante ne sera jamais un ennemi pour les Piekanns!

Ces paroles furent criées avec enthousiasme par la foule, variable comme toujours, et que le discours passablement embrouillé du Sachem avait d'autant plus électrisée et convaincue, que, comme toujours encore, elle n'en avait pas compris un seul mot.

Dans tous les pays, la diplomatie est la même, à cette différence près que les diplomates sauvages sont beaucoup plus forts que les nôtres, et entendent bien mieux que ces derniers l'art, aussi vieux que le monde, de jeter de la poudre aux yeux, et prouver aux masses que deux et deux font trois.

Le Sachem fit un geste.

Olivier se hâta de s'élancer vers le poteau de torture, et, sur un dernier signe du Sachem, il coupa avec son poignard les liens du prisonnier.

Puis il se tourna vers les chefs, et, d'une voix haute, sonore et légèrement émue:

— Merci à vous, Sachems, dit-il, vous êtes des hommes sages et aimant la justice; merci à vous aussi, guerriers, vous me payez généreusement aujourd'hui, en une seule fois, des quelques services que, dans différentes occasions, j'ai été assez heureux pour vous rendre. Vous êtes quittes envers moi; mais je ne me considère pas comme quitte envers vous : vous me donnez mon ami; mon cœur déborde de joie; quoi qu'il arrive, je resterai toujours le frère dévoué des Piekanns!

La foule accueillit naturellement ces paroles chaleureuses avec de frénétiques acclamations.

Le jeune prisonnier, soutenu par Olivier, car

ses liens avaient été si rudement serrés que la circulation du sang n'était pas encore rétablie dans ses membres, et qu'il ne se tenait que très-difficilement debout, prit à son tour la parole.

Du reste, la foule s'attendait à ce qu'il parlât; c'était presque un devoir pour lui.

Le prisonnier le savait, il jugea donc convenable de s'exécuter de bonne grâce.

— Sachems, et vous, guerriers, dit-il d'une voix haute et ferme, vous m'avez rendu la liberté; je puis donc maintenant le déclarer loyalement et sans déshonneur, je ne suis et je n'ai jamais été un espion; en aucunes circonstances, les Piekanns ne m'ont causé ni mal ni dommage : je ne puis donc être votre ennemi. Les hasards de la chasse m'ont conduit malgré moi, et sans que je m'en doutasse, dans le voisinage de votre atepetl d'hiver, dont j'ignorais complétement la position, ces parages m'étant assez mal connus ; vous m'avez soupçonné d'espionnage, cela devait être, les apparences étaient contre moi ; maintenant je suis votre hôte, je vous remercie de votre acte de justice. Désormais les Piekanns auront toujours en moi un ami fidèle ; chaque fois que l'occasion s'en présentera, je vous le prouverai par mes actes ; j'ai dit.

Ces paroles furent chaleureusement applaudies ; on restitua au chasseur canadien ses armes et tout ce qu'on lui avait pris ; cela fait, les deux blancs furent conduits en grande cérémonie dans le Calli-Médecine, où l'hospitalité la plus large et la plus généreuse leur fut offerte.

Ils restèrent jusqu'au soir dans le village ; puis ils prirent congé de leurs hôtes, avec force assurances d'amitié, car les Peaux-Rouges sont très-complimenteurs; et ils se rendirent au campement provisoire choisi d'abord par Olivier dans la forêt, près de l'ancien étang des Castors.

Pendant tout le temps que les chasseurs étaient demeurés dans le village, constamment épiés et surveillés par les Indiens, ils n'avaient pu échanger entre eux que quelques paroles froides, cérémonieuses, et toujours sur des sujets futiles : les Peaux-Rouges se tenaient sur leurs gardes, le moindre mot aurait suffi pour leur donner l'éveil et les porter à supposer que les deux chasseurs les avaient pris pour dupes ; mais lorsque, après une longue traite faite au galop de leurs excellents mustangs, ils se furent assez éloignés pour se croire à l'abri de tout espionnage, et qu'ils se trouvèrent le soir, assis près d'un bon souper, devant leur feu de bivouac, le calumet à la bouche, leurs langues se délièrent enfin, et ils causèrent entre eux à cœur ouvert.

— Je vous dois la vie, dit rondement le Canadien, je ne l'oublierai pas ; je suis à vous depuis la plante des pieds jusqu'à la pointe des cheveux. Je suis un Canadien *Bois-Brulé* de la rivière Rouge ; je me nomme Belhumeur, souvenez-vous de ce nom, la Panthère-Bondissante : quand vous aurez besoin d'un homme qui se dévoue pour vous, j'ai une peau à votre service, ne la ménagez pas, car cette peau est la mienne.

— Vous êtes un brave cœur, Belhumeur ; cela me plaît! A mon tour de vous dire mon nom : les Peaux-Rouges seuls m'appellent la Panthère-Bondissante ; les chasseurs de notre couleur m'ont surnommé la *Chaudière-Noire*, sobriquet sous lequel je suis généralement connu dans les Prairies, parce que je porte derrière mon sac cette marmite de fer assez noire, comme vous pouvez le voir, ajouta-t-il en riant.

— A votre aise, répondit-il gaiement ; va pour la Chaudière-Noire, quoique ce soit un singulier nom pour un franc coureur des bois comme vous ! Touchez là, je vous prie, ajouta-t-il en lui tendant la main.

— Avec le plus grand plaisir, Belhumeur, s'écria Olivier en riant. Il paraît que je suis arrivé à temps, hein ?

— Sacrebleu ! je le crois ; je frissonne encore rien que d'y penser ! Dix minutes plus tard, ils allaient me mettre des esquilles de pins sous les ongles : aussi je suis votre ami, la Chaudière ; sans vous tout serait fini pour moi à présent, et ce serait dommage, car je suis jeune, mon ami, et, je vous l'avoue franchement, la vie m'est douce.

— Je le crois ! A votre âge on n'a pas encore de sujet de tristesse, on voit tout en bleu ! Moi aussi je suis votre ami, Belhumeur ; votre caractère joyeux et franc me plaît, plus que je ne saurais vous le dire ; je suis heureux de vous avoir sauvé. Je suis Français, c'est-à-dire presque votre compatriote, puisque les Canadiens sont les Français de l'Amérique ; j'ai un nom que je ne vous ai pas dit : ne m'en veuillez donc pas de ne point vous le dire, je l'ai presque oublié moi-même.

— Bon, très-bien ! je n'ai rien à vous demander sur vos affaires. Vous vous nommez la Chaudière-Noire ; les autres noms que vous croyez me devoir cacher me sont parfaitement indifférents ; j'aime mieux ne rien savoir, mon cher compatriote : de cette façon, je ne commettrai ni sottises ni indiscrétions. Il y a longtemps que j'ai entendu parler de vous : votre réputation est grande dans le désert ; tout le monde vous aime et vous respecte... Depuis un temps assez long, je désire vous connaître. J'étais loin de m'attendre à ce que nous serions mis ainsi en face l'un de l'autre. Après cela, de cette façon ou d'une autre, peu importe, sacrebleu ! je suis content d'être votre ami ! Quels démons que ces Piekanns !

— Oui, ils ne sont pas tendres ! répondit Olivier en riant ; et cependant vous voyez que, parfois, ils ont du bon !

— Hum ! je ne sais trop... Ce qui est certain pour moi, c'est que personne autre que vous n'aurait aussi bien réussi à me sortir ainsi de leurs griffes !

La conversation continua encore longtemps sur ce ton.

A compter de ce jour, Olivier eut un compagnon fidèle.

Belhumeur et lui chassaient presque continuellement ensemble ; ils avaient formé une espèce d'association, fort lucrative à cause de leur adresse à se servir de leurs armes.

Quand ils avaient réuni une certaine quantité de fourrures, le Canadien se chargeait de les aller échanger au plus prochain comptoir de traite : le Canadien prenait du plomb, de la poudre, du tabac, parfois des étoffes ou des couvertures ; le surplus de l'argent provenant de la vente, ils le laissaient en compte entre les mains du directeur du comptoir.

Les choses durèrent longtemps ainsi ; plusieurs années s'écoulèrent sans amener de changements notables dans l'existence que menait Olivier.

Ses blessures morales étaient sinon guéries, du moins complétement cicatrisées ; une rêveuse mélancolie avait peu à peu remplacé la violence de sa douleur première.

En somme, Olivier était heureux, autant du moins que le comportent les imperfections inhérentes à notre misérable organisation humaine.

Jamais Olivier ne s'informait à Belhumeur de ce qu'il voyait ou de ce qu'il faisait dans les comptoirs de traite où il allait échanger leurs fourrures : le chasseur s'était bien définitivement désintéressé des choses de la civilisation et n'y attachait plus qu'une très-médiocre importance.

Vers la fin de 182., les deux coureurs des bois avaient chassé dans les prairies du haut Missouri. Leurs chasses avaient été très-fructueuses ; ils possédaient un nombre considérable de fourrures précieuses, dont il importait de se débarrasser au plus vite.

Il fut convenu entre les deux amis que les peaux seraient embarquées dans une pirogue sur le Missouri ; que Belhumeur descendrait la rivière, entrerait dans le Mississipi et irait vendre les fourrures à Little-Rock, qui était le plus prochain comptoir de traite.

Olivier attendrait, en chassant, son retour à l'endroit même où ils campaient en ce moment.

Un canot fut aussitôt construit à la mode indienne ; les peaux furent chargées dessus, et Belhumeur descendit le courant du Missouri.

Son absence dura six semaines.

Il arriva un soir, après le coucher du soleil. Olivier l'attendait en fumant, assis devant le feu du bivouac.

Après avoir copieusement soupé, Belhumeur fit le récit de ce qui lui était arrivé pendant sa longue absence, récit assez dénué d'intérêt pour Olivier, qui l'écoutait plutôt par complaisance que par tout autre motif ; cependant tout à coup il se redressa, parut écouter attentivement les aventures assez embrouillées que lui débitait son ami, et soudain il l'arrêta net en lui disant :

— Pourquoi ne pas vous informer de ce que pouvaient être ces hommes, et dans quel but ils ont entrepris cette dangereuse excursion dans les prairies de l'Ouest ?

— C'est ce que j'ai fait, mon ami ; mais les renseignements qui m'ont été donnés m'ont semblé un peu vagues, et surtout très-peu satisfaisants.

— Voyons un peu ces renseignements, reprit Olivier.

— Les voici en quelques mots, mon ami.

— D'abord dites-moi si vous les tenez d'une personne digne de foi, ce qu'il est important de savoir.

— C'est vrai. Je les tiens de master Groslow lui-même.

— N'est-ce pas le directeur du comptoir de traite ?

— Lui-même, mon ami ; il semble même, autant que j'ai pu m'en assurer, s'intéresser beaucoup à ces voyageurs.

— Voilà qui est singulier.

— C'est master Groslow qui s'est personnellement chargé d'organiser leur expédition.

— Bon! Ces étrangers sont sans doute quelques savants, envoyés par la France ou l'Angleterre pour se livrer à des recherches scientifiques dans les Prairies. Vous savez que, plusieurs fois, nous avons rencontré des naturalistes ou des...

— Je sais, interrompit Belhumeur, ce que vous voulez dire; mais les gens dont je parle ne sont pas des savants. D'après ce que m'a assuré master Groslow, ce seraient plutôt des gens chargés d'une mission mystérieuse et sur laquelle, naturellement, ils gardent le plus profond secret. Ils n'ont que peu de bagages et aucune de ces machines bizarres que les savants traînent partout avec eux, on ne sait pourquoi; de plus, pendant tout le temps qu'ils sont restés à Little-Rock pour organiser leur expédition, ils interrogeaient beaucoup les Indiens et les coureurs des bois, non pas en hommes qui essaient de s'instruire sur les pays qu'ils se proposent de parcourir, afin de se prémunir contre les dangers qu'ils pourraient rencontrer, mais bien plutôt en gens qui se soucient fort peu des choses, mais s'intéressent particulièrement aux individus.

— Voilà qui est bizarre.

— Très-bizarre, en effet. Master Groslow, qui les a beaucoup vus et s'est souvent entretenu avec eux pendant leur séjour à Little-Rock, est très-intrigué et, en somme, il ne sait quel jugement porter sur eux.

— Ces inconnus sont-ils nombreux?

— Sept en tout: un homme d'un certain âge,

qui semble le maître des autres et auquel ceux-ci obéissent ; deux autres plus jeunes, semblant être des marins, et quatre domestiques, dont l'un est un enfant de seize ou dix-sept ans tout au plus. Ils ont remonté le Mississipi jusqu'à Little-Rock sur un beau brick, que master Groslow m'a fait voir, et qui est amarré bord à quai, près du comptoir, en attendant le retour des excursionnistes.

— Mais il me semble que rien n'est plus facile que d'interroger l'équipage de ce brick : les matelots sont généralement assez causeurs.

— C'est vrai, mais ceux-là font exception à la règle ; on les a vingt fois interrogés, en s'y prenant de toutes les façons, on n'a rien obtenu d'eux ; ils causent tant qu'on veut et de tout ce que l'on veut avec la plus grande facilité, excepté de ce dont on voudrait les faire parler : ou ils feignent de ne pas comprendre, ou ils arrêtent brusquement les questions qu'on leur adresse, en répondant sèchement qu'ils ne savent rien et que les affaires de leurs officiers ne les regardent pas.

— Ces inconnus sont donc leurs officiers ?
— Il paraîtrait.
— Ont-ils engagé beaucoup de monde pour leur excursion dans les prairies de l'Ouest ?
— Deux chasseurs canadiens, pas davantage.
— Hum ! c'est peu pour un tel voyage ! Ces chasseurs sont-ils au moins des hommes auxquels on puisse se fier ? les connaissez-vous ?
— Certes, et vous aussi. Ce sont de braves gens ; c'est master Groslow qui les a engagés lui-même.
— Leurs noms ? Vous les avez retenus, sans doute ?

— Pardieu ! ce sont deux cousins à moi : Charbonneau et Poil-de-Vache ; mais leurs noms de guerre sont : Sans-Piste et l'Éclair-Sombre.

— Ce sont deux hommes solides, honnêtes et sur lesquels on peut compter ? Depuis combien de temps ont-ils quitté Litle-Rock ?

— Seize mois. Depuis on n'a reçu que deux fois de leurs nouvelles, et cela par hasard ; les dernières nouvelles ont six mois de date ; les voyageurs se trouvaient alors dans les prairies californiennes.

— Pourquoi master Groslow paraît-il si inquiet sur leur compte ?

— Quant à cela, je l'ignore ; je suppose seulement que cela provient de ce que les Sioux et les Piekanns se sont alliés, depuis quelques mois, et font une guerre horrible aux blancs des frontières, aussi bien du côté du Mexique que de celui des États-Unis.

— Oh ! oh ! voilà qui est grave.

Puis il ajouta, avec une insouciance trop grande pour ne pas être un peu forcée :

— Pourquoi n'irions-nous pas chasser un peu de ce côté, quand ce ne serait que pour nous renseigner sur le plus ou moins de vérité de ces nouvelles ?

— Et casser la tête à quelques-uns de ces démons de Sioux ! Je ne demande pas mieux, pour ma part ! Autant chasser de ce côté, pendant la prochaine saison, hommes et fauves ; nous trouverons abondance de gibier.

— Eh bien ! c'est dit ! s'écria Olivier en réprimant un vif mouvement de satisfaction ; nos affaires sont terminées par ici ; demain, au lever du jour, nous nous mettrons en route.

Olivier, sans en comprendre les motifs, avait été fortement intéressé par ces nouvelles, que son compagnon lui avait données un peu à bâtons rompus et sans y attacher aucune importance réelle.

Le chasseur, au contraire, avait été frappé par un de ces pressentiments que l'on éprouve, sans savoir d'où ils viennent, à l'approche d'une grande joie, d'une grande douleur ou d'un danger terrible.

Lui, d'ordinaire si indifférent à tout ce qui avait trait à la vie civilisée, se sentait ému malgré lui ; il voulait se mettre à la recherche de ces étrangers, les retrouver et même les défendre au besoin.

Une seule phrase, bien courte, prononcée peut-être au hasard par Belhumeur, avait suffi pour opérer une révolution complète dans l'esprit d'Olivier.

— Ces voyageurs singuliers sont des marins, avait-il dit.

Ces mots avaient ouvert un horizon immense au jeune homme ; ces inconnus étaient subitement devenus ses amis, presque des frères pour lui ; malgré tous ses efforts pour reprendre son indifférence passée, il se sentait irrésistiblement attiré vers eux, et souvent un nom montait de son cœur à ses lèvres, et il se surprenait à le prononcer tout bas, sans même y songer.

Ce nom était celui de son matelot Ivon Lebris : ce cœur si dévoué, cette âme si loyale, ce dévouement si profond, que rien n'arrêtait jamais !

Et au fond de son cœur, une voix répétait à Olivier : C'est lui ! c'est Ivon ! il te cherche ! t'obstineras-tu donc à ne pas le revoir, quand il brave tant de périls pour te rejoindre et t'embrasser ?

Alors une douce mélancolie s'emparait du jeune homme, un sourire triste errait sur ses lèvres, et il murmurait tout bas, si bas que c'est à peine s'il s'entendait lui-même :

— Quoi qu'il arrive, je veux revoir Ivon, mon matelot, mon ami le plus cher !

Cependant, ainsi que cela avait été convenu entre les deux compagnons, le lendemain de leur fameuse conversation ils s'étaient mis en route pour aller chasser dans les immenses prairies du Rio-Gila, où se trouvent de vastes et giboyeux territoires de chasse, constamment disputés les armes à la main entre les quatre plus puissantes nations indiennes de ces contrées, autant par leur nombre que par le courage indomptable de leurs guerriers :

Les Comanches, les Pawnies, les Apaches et les Sioux ou Dacotahs ou Tetons, car ils sont connus sous ces trois noms différents.

Les Comanches et les Pawnies sont les deux plus braves et les deux plus loyales nations du désert américain ; leur civilisation est très-avancée. Les Comanches et les Pawnies ne boivent pas de liqueurs fortes ; ils sont généreux, et, bien que haïssant cordialement les blancs, ils ne leur font jamais une guerre de trahison ni d'embûches, et en aucune circonstance ils ne leur refusent l'hospitalité dans leurs villages.

Quant aux Apaches et aux Sioux, ce sont des Indiens ivrognes, pillards, astucieux et d'une cruauté affreuse ; en un mot, ce sont les Bédouins des savanes américaines, sans pitié comme sans foi.

Au milieu de ces quatre nations se glissent et fourmillent les bandits blancs ou métis, chassés des villes par leurs méfaits : venant là pêcher en eau trouble, et s'associant tantôt avec une nation, tantôt avec une autre.

Entre les Indiens et les bandits, les chasseurs et les coureurs des bois qui se risquaient dans cette contrée, qui pour eux était un véritable coupe-gorge, se trouvaient fort empêchés ; ils avaient besoin non-seulement d'un courage à toute épreuve, mais encore d'une extrême prudence et d'une connaissance approfondie de toutes les ruses qui forment le fond de la tactique indienne, pour échapper sains et saufs aux piéges et aux embûches incessamment dressés sous leurs pas.

Depuis cinquante-sept jours, Olivier et Belhumeur étaient en marche ; ils avaient franchi des distances immenses, bravé des périls de toutes sortes, et supporté des fatigues auxquelles seuls pouvaient résister des hommes aussi vigoureusement charpentés et aussi accoutumés à la vie du désert, que l'étaient nos deux chasseurs. Ils apercevaient à l'horizon les ruines, encore visibles et s'émiettant peu à peu au soleil, d'une ville fondée bien des siècles auparavant par les Chichimèques, pendant une de leurs mystérieuses migrations vers la terre d'*Anahnac*, qu'ils allaient civiliser.

Aux derniers rayons du soleil couchant, les chasseurs voyaient briller les eaux jaunâtres et bourbeuses du rio Gila, à son confluent avec le rio Puerco ; au milieu d'une immense plaine couverte de sable d'un gris sale, mêlé de débris de poteries de toutes sortes, ils voyaient se dresser, comme une sentinelle solitaire, veillant sur la ville morte, la masse lourde, massive, mais encore presque intacte du bâtiment étrange auquel on a donné le nom caractéristique de maison de *Moctecuzoma*. Puis, tout au fond, sur la gauche, verdissaient les sombres frondaisons d'une immense et presque impénétrable forêt de chênes noirs.

Les chasseurs, fatigués d'une longue course, établirent leur campement provisoire sur le bord même du Gila, que provisoirement ils ne voulurent pas traverser ; ils allumèrent leur feu de veille, préparèrent leur souper, et donnèrent à leurs chevaux leurs soins minutieux de chaque jour.

Belhumeur avait choisi avec beaucoup de discernement l'endroit où le campement devait être établi : du côté de la forêt dont les chasseurs avaient émergé au coucher du soleil, le bivouac était complétement masqué par un épais et inextricable fourré d'arbres épineux, cactus vierges, aloès géants et autres ; du côté de la rivière, un chaos de hauts rochers sans ordre, mais à travers lesquels on pouvait facilement circuler, leur offrait un abri impénétrable à la curiosité féline des espions indiens ; les chevaux avaient été placés dans un enfoncement assez profond, où ils étaient parfaitement en sûreté sous l'œil de leurs maîtres ; le feu avait été allumé dans un autre enfoncement, derrière quelques quartiers de roches, et se trouvait ainsi complétement invisible.

En somme, grâce à leurs précautions si bien prises, les deux chasseurs étaient dans une forteresse presque inabordable de tous les côtés, et dans laquelle il était impossible de soupçonner leur présence, à moins de les savoir positivement là.

Le souper fut triste ét silencieux; les deux hommes étaient inquiets et préoccupés; cependant ils mangeaient de bon appétit, car la faim est un besoin impérieux, qu'il est important de toujours satisfaire au désert, ne serait-ce que pour conserver les forces nécessaires pour faire face aux dangers de toute sorte dont on est constamment entouré.

— Que pensez-vous de la piste que nous avons relevée ce matin ? dit enfin Belhumeur en allumant son calumet, car le souper était terminé depuis un instant déjà.

— Je pense, répondit Olivier en hochant la tête, que c'est une piste de chasseurs blancs, et qu'elle est croisée, en deux endroits, par de nombreuses traces de Sioux et d'Apaches, et j'en conclus que ces chasseurs blancs sont chaudement poursuivis.

— C'est aussi mon avis, dit Belhumeur; j'ajouterai que ces chasseurs ne doivent pas être très-éloignés de nous, et que probablement ils sont campés quelque part aux environs de notre bivouac.

— Qui vous fait supposer cela ?

— Pardieu ! la piste est toute fraîche ; ils n'ont pas dû passer plus de deux heures avant nous.

Olivier posa vivement la main sur le bras de Belhumeur, en murmurant d'une voix basse comme un souffle :

— Chut ! Regardez nos chevaux.

En effet, les deux chevaux avaient subitement cessé de manger ; leurs oreilles étaient couchées en arrière ; ils tendaient le cou et semblaient aspirer l'air autour d'eux.

— Un espion ! murmura Belhumeur en saisissant son rifle.

— Non ! répondit presque aussitôt une voix mâle, à une courte distance.

Les deux chasseurs s'étaient, d'un bond, embusqués derrière les rochers, le rifle à l'épaule.

— Ami ou ennemi, cria Olivier avec menace, montrez-vous et dites-nous ce que vous voulez.

— Me voici, répondit la même voix d'un ton ferme et calme à la fois.

CHAPITRE IX.

COMMENT LE NUAGE-BLEU VINT EN AIDE
A M. MARAVAL.

Un bruit assez fort se fit entendre dans les halliers, les branches craquèrent, repoussées par un vigoureux effort, s'écartèrent brusquement, et un homme parut.

— Me voici! dit-il seulement, en posant à terre la crosse de son rifle et en croisant les deux mains sur le canon avec une complète indifférence.

Cet homme de haute taille, aux traits énergiques, jeune encore et d'apparence très-vigoureuse, était un chasseur canadien Bois-Brûlé.

En l'apercevant, Belhumeur poussa un cri de joie, bondit hors de son embuscade, et s'élança vers lui en criant :

— Sans-Piste ! mon cousin !...

— Belhumeur ! répondit celui-ci avec surprise ; et il ajouta en apercevant Olivier qui, le rifle sous le bras, venait au devant de lui : La Chaudière-Noire ! Par ma foi ! il n'y a plus de soins ; allez, marchez, nous voici en pays de connaissance sur ce chien de territoire indien !

— Comme vous dites, cousin, et bonnes connaissances, je m'en flatte, dit avec joie Belhumeur.

— Soyez le bienvenu, Sans-Piste, reprit gaiement Olivier ; fumerons-nous le calumet de l'amitié et boirons-nous un coup de bonne eau-de-vie de France, en réjouissance de cette heureuse rencontre ?

— Avec le plus grand plaisir, répondit Sans-Piste sur le même ton ; cela d'autant plus que je ne m'attendais guère à si bien tomber!

— Venez donc vous asseoir à notre feu de bivouac ; alors, tout en fumant et buvant à petits coups, nous causerons de nos affaires, car je ne pense pas que vous soyez venu ici au hasard et seulement par goût pour la promenade.

— Non pas, sur ma foi de Dieu ! s'écria le chasseur ; je viens au contraire causer de choses sérieuses.

— Mais, alors, vous saviez donc nous trouver ici ? s'écria Olivier.

Les trois hommes s'étaient accroupis autour du feu de veille ; les calumets avaient été allumés, l'eau-de-vie de France débouchée ; on fumait et on buvait, tout en conservant les yeux ouverts et l'oreille alerte.

A la question du jeune chasseur, le Canadien sourit d'un air narquois, et, après avoir vidé son gobelet rubis sur l'ongle :

— Précisons, dit-il : je vous guettais à distance depuis plus de trois heures ; je savais avoir devant moi des chasseurs blancs, voilà tout ; j'étais contraint de vous surveiller de trop loin pour vous reconnaître ; s'il en eût été autrement, je n'aurais pas perdu un temps précieux à vous épier, je me serais montré tout de suite, et depuis plus de deux heures tout serait, j'en suis convaincu, convenu entre nous. Malheureusement, vous connaissez trop bien le désert pour vous laisser ainsi approcher ; j'ai dû attendre ; lutter de ruse avec vous et vous suivre comme des fauves au remisage, avant de me risquer à vous aborder.

— Mais ce qui est fait est fait, cousin, répondit Belhumeur ; il est inutile d'y revenir. Seulement il résulte, à mon avis, de vos paroles, que, pour agir ainsi que vous l'avez fait, vous aviez un grand intérêt.

— Un énorme ! s'écria Sans-Piste.

— Lequel ? expliquez-vous ? demanda doucement Olivier.

— Sur ma foi de Dieu ! la Chaudière-Noire, dit rondement Sans-Piste, je ne ferai pas plus de diplomatie avec vous qu'avec mon cousin Belhumeur ; vous êtes d'honnêtes et loyaux chasseurs, des hommes sûrs, auxquels il faut parler franchement ; c'est ce que je vais faire.

— Vous aurez raison, dit Olivier, et, si vous le désirez, nous vous donnerons l'exemple de la franchise. Nous en savons sur votre compte plus que vous ne le supposez, Sans-Piste...

— Oui, cousin, ajouta en riant Belhumeur ; nous pouvons même assurer que, si vous nous épiez depuis trois heures, nous vous suivons, nous, depuis près de trois mois.

— Vous nous suivez depuis trois mois ! s'écria Bois-Brûlé au comble de la surprise.

— En disant que nous vous suivons, dit Olivier, mon ami Belhumeur a peut-être un peu forcé l'expression ; la vérité est que, depuis trois mois, nous vous cherchons, mais que c'est ce matin seulement que nous avons définitivement trouvé votre piste.

— Coupée par deux pistes indiennes, fit Belhumeur ; vous devez même, si je ne me trompe, avoir établi votre campement de nuit à une courte distance du nôtre.

— A une portée de fusil tout au plus ; mais vous me confondez ! ceci tient de la sorcellerie ; je vous avoue que je ne comprends plus du tout.

— Quelques mots suffiront pour vous mettre au courant de ce fait qui vous semble si extraordinaire, dit Olivier en souriant : en allant vendre des fourrures au comptoir d'échange de Little-Rock, Belhumeur a appris par hasard que vous et notre ami Poil-de-Vache, l'Éclair-Sombre, vous vous étiez engagés en qualité de guides et de batteurs d'estrade au service de quelques marins désireux de faire une excursion dans les *prairies* de l'Ouest.

— C'est la vérité pure, mais je ne vois pas...

— Attendez, interrompit Olivier : pour des raisons particulières, et qui ne touchent que moi seul, à tort ou à raison je me suis intéressé à ces marins explorateurs ; je me suis mis dans la tête de les trouver et peut-être de causer avec eux, lorsque je saurai pourquoi, eux marins, ils ont voulu pousser une pointe si avancée dans les grands déserts américains ; j'ai proposé à Belhumeur de venir chasser de ce côté : il y a consenti ; alors nous nous sommes mis en route pour le rio Gila, que nous avons atteint aujourd'hui seulement, au coucher du soleil ; voilà tout.

— Absolument tout, cousin, appuya gaiement Belhumeur.

— Je ne doute pas des paroles de la Chaudière-Noire, Dieu m'en garde! dit Sans-Piste devenu subitement pensif; seulement je trouve là une coïncidence bizarre.

— A mon tour, je ne vous comprends pas, Sans-Piste.

— C'est cependant bien facile à comprendre, reprit-il, vous allez voir.

— Nous ne demandons pas mieux, Belhumeur et moi, reprit Olivier en souriant.

— Ces marins sont au nombre de sept, trois officiers et quatre matelots; tous sept sont des gaillards résolus, je vous en réponds, je les ai vus à l'œuvre; mais neuf hommes, en comptant Poil-de-Vache et moi, si résolus qu'ils soient, n'offrent pas une grande résistance dans l'Apacheria, par les bandits, les Apaches et les Sioux qui rôdent sans cesse dans ce bienheureux désert, à la recherche d'une proie quelconque.

— C'est vrai, appuya Belhumeur en hochant la tête.

— Ces voyageurs ne sont ni des savants ni des trafiquants; ce qu'ils viennent faire ici, nul ne le sait, excepté eux, tant leur secret est bien gardé. Poil-de-Vache qui, comme vous le savez, est un malin, toujours prêt à rire de tout, prétend qu'ils ne savent pas eux-mêmes pourquoi ils ont tenté cette folle expédition. Bref, les métis, les Outlaws, les Apaches et les Sioux se sont, à tort ou à raison, imaginé que ce sont des Américains du Nord, envoyés par le congrès de Washington pour reconnaître le pays, s'assurer de ses ressources ; en un ' mot, tout préparer pour une annexion prochaine aux États-Unis, qui chasseraient les Indiens, les refouleraient bien loin dans le nord, s'empareraient de toute l'Apacheria et la feraient immédiatement coloniser. Tout cela est absurde, et ne soutiendrait pas la discussion avec des gens sensés ; mais allez donc raisonner avec des assassins et des pillards de toutes les couleurs, qui ne vivent que de meurtres et de vols, et qui se croient sérieusement menacés dans leurs repaires ! Donc, ils ont juré la mort de ces braves voyageurs, qui n'en peuvent mais, et qui ne comprennent rien à la haine implacable à laquelle ils sont en butte, et que rien ne justifie ; car je sais pour ma part qu'ils se soucient aussi peu du gouvernement des États-Unis, que je me soucie, moi, du premier brocard que j'ai abattu il y a vingt ans.

— Ont-ils donc été sérieusement menacés ? demanda Olivier avec intérêt.

— Si sérieusement, répondit Sans-Piste, que c'est par miracle que nous avons pu échapper à la mort ; mais aujourd'hui les choses ont subitement changé de face, et cette fois nous sommes bien définitivement perdus.

— Que voulez-vous dire ? Belhumeur et moi nous vous sommes tout acquis.

— Je le sais, aussi vous dirai-je tout ; d'ailleurs, alors que je ne vous avais pas encore reconnus, je m'étais bravement mis en marche pour venir vous demander votre aide, quoique deux hommes de plus ne signifient pas grand'chose, quand il s'agit de lutter contre plus de quatre-vingts bandits !

— Hum ! vous avez raison, dit Olivier devenu subitement pensif. Onze hommes, si braves qu'ils soient, ne peuvent tout au plus que retarder leur mort de quelques heures ; mais comment êtes-vous aujourd'hui menacés par une troupe aussi considérable ?

— La raison en est simple : jusqu'à présent nous n'avons été attaqués que par des détachements isolés et assez faibles, dont nous avons eu facilement raison ; furieux d'être sans cesse repoussés avec perte, les démons se sont ravisés ; les Apaches, les bandits métis se sont alliés pour nous attaquer en commun : ils espèrent ainsi nous détruire définitivement. Aussi, ajouta-t-il avec un sombre sourire, quand je vous ai dit quatre-vingts, j'ai plutôt diminué qu'augmenté le nombre de ces démons, afin de ne pas trop vous décourager.

— Sommes-nous donc les seuls chasseurs auxquels vous puissiez vous adresser ?

— Les seuls, oui ; les autres sont beaucoup trop éloignés ; d'ailleurs, vous connaissez la loi du désert : chacun pour soi. Ils auraient craint de se joindre à nous contre des ennemis aussi redoutables ; et puis, je sais de source certaine que l'attaque combinée des bandits doit avoir lieu deux heures avant le lever du soleil : le temps m'aurait manqué pour les avertir.

— C'est juste.

— Notre situation est tellement critique qu'un moment j'ai eu la pensée de m'adresser à une tribu Comanche qui, depuis deux jours, est campée à une lieue d'ici, un peu au-dessus du confluent des deux rivières.

— Pourquoi ne l'avez-vous pas fait? Les Comanches sont braves, loyaux et surtout ennemis implacables des Apaches et des Sioux...

— Oui, mais ils détestent les blancs ; d'ailleurs j'ai pensé que les faucons n'arrachent pas les yeux aux faucons, et que, par conséquent, les Peaux-Rouges ne consentiraient jamais à combattre d'autres Peaux-Rouges, surtout pour défendre et protéger des blancs, dont ils sont les ennemis, et qu'ils ne connaissent pas.

— Ce n'est malheureusement que trop vrai, dit tristement Olivier. Dans tous les cas, comptez sur Belhumeur et sur moi ; avant deux heures, nous serons embusqués aux environs de votre campement ; dès que le combat sera engagé, nous fusillerons vos ennemis par derrière, et tout ce que deux hommes peuvent faire, nous le ferons, soyez tranquilles.

— Je le sais et je vous remercie du fond du cœur ; nous avons établi notre campement dans la maison même de *Moctecuzoma* ; la position est forte et de facile défense ; nous y tiendrons longtemps.

— En effet, vous ne pouviez mieux vous embusquer ; qui sait ? peut-être cette fois encore échapperez-vous ?

— Dieu le veuille, mais je ne l'espère pas ; dans tous les cas, chacun fera bravement son devoir. Maintenant, merci encore, et permettez-moi de me retirer ; j'ai hâte d'annoncer à nos amis le succès de mon ambassade. A bientôt.

— A bientôt. A propos, savez-vous le nom de cette tribu Comanche dont vous m'avez parlé tout à l'heure ?

— Très-bien, d'autant plus que le hasard m'a fait rencontrer son principal Sachem; c'est même lui qui m'a averti de ce qui se tramait contre nous, tout en paraissant regretter fort de ne pouvoir intervenir en notre faveur.

— C'était agir en brave homme.

— Pour cela, oui, et je lui en ai su gré ; d'ailleurs, je connais depuis longtemps le Nuage-Bleu et je sais que c'est un homme d'honneur, quoi qu'il soit Indien.

— Vous avez dit le Nuage-Bleu ?

— Oui ; le connaissez-vous ?

— Peut-être ! Ainsi cette tribu serait celle des Bisons-Comanches ?

— Précisément ; pourquoi diable me demandez-vous cela ?

Olivier sourit finement.

— Un simple renseignement, dit-il. Au revoir, ami Sans-Piste ; rejoignez au plus vite vos compagnons, et recommandez-leur de tenir bon, quand même. Si j'en crois mes pressentiments, vos ennemis pourraient bien cette nuit, comme dit le proverbe espagnol, en allant chercher de la laine chez vous, revenir tondus. Allez, et à bientôt, ajouta-t-il en lui prenant la main, qu'il serra vigoureusement dans la sienne.

— Notre camarade la Chaudière-Noire a raison, dit Belhumeur ; on ne tue pas tout le gibier que l'on vise ; peut-être rirons-nous bien demain. Au revoir, cher cousin, et espérez.

— Espérez, ajouta Olivier.

— Le ciel vous entende ! murmura Sans-Piste. Et il partit.

Olivier prêta l'oreille, l'écoutant s'éloigner avec

la plus sérieuse attention ; puis, lorsque le bruit des pas du chasseur eut cessé de se faire entendre, Olivier se frotta joyeusement les mains.

— A présent, à cheval ! dit-il à Belhumeur.

— Comment ! à cheval ? s'écria le Canadien ahuri. Pour quoi faire ?

— Pour aller rendre visite à nos amis les Comanches-Bisons.

— Bah ! vous les connaissez donc, alors ?

— Parbleu ! dit Olivier en riant, je suis un fils adoptif de la tribu.

— Ah bah ! Alors, vive la France ! tout est sauvé !

— Je l'espère, dit Olivier.

Cinq minutes plus tard, les deux chasseurs partaient au galop ; la lieue qui les séparait des Comanches fut bientôt franchie ; après quelques instants, ils pénétraient dans le campement, où Olivier était accueilli par des cris de joie et de vives démonstrations d'amitié.

Laissant Belhumeur à la garde des chevaux, Olivier s'approcha d'un feu autour duquel étaient accroupis et fumaient les principaux chefs de la tribu, au milieu desquels il reconnut le Nuage-Bleu.

Le chasseur salua silencieusement les chefs et s'assit en face du Sachem.

Les chefs continuèrent à fumer. Après un instant, le Nuage-Bleu tendit son calumet à Olivier avec un sourire cordial.

— Mon fils est le bienvenu, dit-il.

Il y eut un nouveau silence, que le chasseur se garda bien de rompre ; après avoir fumé pendant quelques minutes, il rendit le calumet au Sachem.

— Je remercie mon père, dit-il.

Olivier connaissait trop les mœurs des Peaux-Rouges et la sévérité de leur étiquette, pour se hasarder à prendre la parole sans y être invité, si sérieux que fussent les motifs qui l'amenaient au campement.

Enfin le Sachem fit tomber avec sa *baguette médecine* la cendre restée dans son calumet, et le repassa à sa ceinture.

— Mon fils est le bienvenu, répéta-t-il ; pourquoi a-t-il tant tardé à revenir près de ses frères rouges ?

— J'ai longtemps chassé sur les bords du Meschacebé et du Missouri, répondit Olivier ; aujourd'hui seulement, au coucher du soleil, je suis arrivé dans la savane du *Calli-en-Pierre* ; c'est par hasard, il y a quelques minutes seulement, que j'ai appris, par un chasseur, que mes frères les Bisons-Comanches étaient campés près du Gila, sur leur territoire de chasse.

— Mon fils a vu Sans-Piste ?

— Je l'ai vu, dit Olivier en baissant tristement la tête.

— Et ce que j'ai refusé à Sans-Piste, mon fils la Panthère-Bondissante me le demande ?

— Telle était, en effet, mon intention en venant ici.

— Alors, mon fils a réfléchi ?

— Oui, malgré tout le désir que j'éprouve de sauver ces pauvres gens ; j'ai pensé qu'un aussi grand Sachem que le Nuage-Bleu, dont mieux que personne je connais la bonté et la sagesse, a dû avoir de sérieux motifs pour refuser de venir en aide à des malheureux qui n'espèrent qu'en lui, et j'ai renoncé à le prier de leur porter secours.

— Mon fils parle bien ; ces hommes me sont inconnus ; de plus ce sont des blancs, et l'on dit de mauvaises choses sur eux.

— Les Sioux, les Apaches et les chiens métis sont tous des voleurs et des pillards, dont la langue menteuse devrait être arrachée et jetée aux coyotes, parce que tout ce qu'ils disent est faux. Je connais ces Visages-Pâles, ce sont mes amis ; ils n'ont jamais fait de mal aux Peaux-Rouges et ne leur en feront jamais ; c'est afin de les voir que j'ai quitté le Haut-Missouri, où je chassais, et que je suis venu sur le Gila.

Il y eut un nouveau silence.

Le visage d'Olivier était impassible, mais son anxiété était grande ; son cœur battait à rompre sa poitrine ; un mot pouvait assurer son succès ou lui faire perdre la partie si habilement engagée.

Le Sachem songeait.

— Que fera mon fils? demanda-t-il après un instant.

— Ma parole est engagée à Sans-Piste ; j'irai mourir avec mes amis.

— Mon fils ira seul ?

— Non, j'ai un ami, un Bois-Brûlé, il m'accompagnera.

— Mon fils n'est pas fou ? que peuvent deux hommes ?

— Mourir en combattant, pour la justice, contre des assassins.

— Cela ne sera pas ; mon fils restera près de moi.

— Je suis le fils adoptif du Nuage-Bleu, un

guerrier des Bisons-Comanches ; mon père ne voudra pas me déshonorer en me faisant manquer à ma parole, parce que ma honte retomberait sur ma tribu. Je dois mourir pour dégager ma parole ; le Sachem ne saurait m'en empêcher, car c'est lui-même qui m'a appris qu'un guerrier Comanche ne doit jamais faillir.

Le Nuage-Bleu sourit, les traits durs et impassibles des chefs se détendirent, et ils fixèrent avec complaisance leurs regards sur le chasseur.

— Mon fils a bien parlé, dit le Sachem ; ce qu'il a dit, il le fera, c'est bien ; mais le Nuage-Bleu est son père, il ne le laissera pas aller seul contre les coyotes et les loups de la prairie : deux cents guerriers, commandés par le Sachem, accompagneront la Panthère-Bondissante. Mon fils est-il satisfait ? croit-il qu'il est aimé de ses frères les Comanches ?

— Je n'ai jamais douté de l'amitié de mes frères les Bisons-Comanches ; je sais combien je suis aimé du Nuage-Bleu, mon père ; les mots me manquent pour lui exprimer la reconnaissance qui gonfle mon cœur.

— C'est bien ; mon fils a versé son sang pour ses frères, ils verseront aujourd'hui le leur pour lui.

Une heure plus tard, deux cents guerriers d'élite, en tête desquels marchaient le Nuage-Bleu, Olivier et Belhumeur, quittèrent le campement en file indienne, et glissèrent silencieux, comme de sinistres fantômes, dans la direction de la maison de Moctecuzoma, autour de laquelle ils s'embusquèrent, sans que le plus léger bruit eût dénoncé leur présence aux cruels ennemis qu'ils se proposaient de surprendre.

La nuit était sans lune, sombre et glacée; on n'entendait d'autres bruits que les cris glapissants des coyotes, qui troublaient par intervalles le silence, ou les miaulements saccadés et stridents des jaguars à l'abreuvoir.

Certes, pour des étrangers complétement ignorants des mœurs indiennes, comme ceux par exemple qui, en ce moment, étaient réfugiés dans la maison de Moctecuzoma, cette immense solitude, à peine traversée pendant le jour par quelques troupes errantes, devait, par cette nuit lugubre, être complétement déserte; pourtant il n'en était pas ainsi, et bientôt ils s'en aperçurent.

Tout à coup, sans qu'une feuille eût été froissée, un grain de sable écrasé sous un pas lourd ou maladroit, une volée de flèches incendiaires furent tirées sur la maison, avec un crépitement de grêle, des torches brillèrent dans la nuit, et la fusillade éclata avec fureur.

Les confédérés, métis, Apaches et Sioux, confiants dans leurs forces, et connaissant le petit nombre de leurs ennemis, contrairement à leurs habitudes de prudence, avaient commencé en apparence l'attaque à découvert, mais en réalité il n'en était pas ainsi. Chacun d'eux était embusqué et parfaitement à l'abri, les uns dans un pli de terrain, quelques-uns derrière des monticules de sable, beaucoup derrière des fascines apportées par eux-mêmes, dans cette intention.

Les confédérés étaient cent vingt en tout, y compris douze Outlaws métis, fort redoutables, non pas seulement à cause de leur férocité, mais surtout pour leur adresse comme tireurs; les Peaux-Rouges possédaient à peine une quarantaine de fusils, et encore ils s'en servaient fort mal.

Le plan des Indiens était d'une simplicité terrible.

Le voici en deux mots :

Les Outlaws s'étaient embusqués de façon à surveiller toutes les ouvertures de la maison, fenêtres et œils-de-bœuf, contre lesquels ils faisaient un feu incessant et si bien dirigé, qu'il était impossible aux assiégés de se montrer et, par conséquent, de viser leurs ennemis avec quelque chance de succès.

Pendant ce temps-là, les Indiens s'étaient divisés en deux troupes, dont l'une essayait de défoncer les portes solidement barricadées, tandis que l'autre tentait de se cramponner après les saillies des murailles et de les escalader pour s'emparer du toit.

Malgré leurs énergiques efforts, les assiégés ne réussirent pas à empêcher l'envahissement de la maison, la défense leur étant rendue presque impossible par le tir des Outlaws contre les fenêtres. Après une heure d'efforts incessants, la porte principale vola en éclats, les Indiens se précipitèrent dans l'intérieur en brandissant leurs armes et poussant d'horribles clameurs.

Alors une mêlée terrible s'engagea corps à corps dans la première pièce de la maison, entre ces ennemis que la rage aveuglait.

Soudain, au plus fort de ce combat acharné, le cri de guerre des Comanches fut poussé avec une énergie formidable et domina le tumulte ; une décharge faite à bout portant sur les Outlaws les renversa tous sur le sol, tués ou affreusement blessés, et se tordant avec d'horribles blasphèmes dans les affres de l'agonie.

Deux cents démons, épouvantables à voir, se ruèrent alors sur les confédérés, qu'ils attaquèrent par derrière ; ceux-ci, surpris, épouvantés par cette attaque à laquelle ils étaient si loin de s'attendre, furent, malgré une résistance désespérée, tués, mis hors de combat ou réduits à chercher leur salut dans la fuite ; mais tous furent impitoyablement massacrés par leurs féroces ennemis.

Le combat, ou plutôt la boucherie, avait duré une heure et demie ; bandits et Indiens avaient tous succombé.

Les Comanches firent une ample moisson de chevelures sur les morts et les blessés, qu'ils scalpèrent, sans même daigner les achever, et qu'ils laissèrent froidement mourir sans leur jeter un regard de pitié.

Les étrangers, eux aussi, avaient beaucoup souffert ; trois étaient morts, quatre autres étaient blessés ; deux seulement étaient sans blessures, leur chef et Sans-Piste ; quant à Poil-de-Vache, il avait été tué et scalpé par un Sioux, que Sans-Piste avait tué à son tour pour venger son ami.

Belhumeur et son cousin Sans-Piste, fort experts en blessures, avaient, aussitôt le combat terminé, installé une espèce d'infirmerie, ou plutôt d'ambulance, dans la maison ; ils avaient porté de prompts secours aux blessés, jusqu'à ce que les femmes Comanches, prévenues par le Sachem, fussent venues les rejoindre et les aider dans le pansement des malheureux blessés.

De leur côté, les Comanches avaient eu cinq guerriers tués et neuf plus ou moins grièvement blessés ; vu leur nombre, leurs pertes n'étaient pas considérables.

Olivier, comme toujours, avait été blessé : il avait reçu un coup de couteau à scalper dans le côté droit, un peu au-dessus de la hanche.

Il avait été, par ordre du Sachem, transporté au campement, couché dans une hutte, et confié à une vieille Indienne, renommée dans la tribu pour ses connaissances en médecine ; la brave femme partageait également ses soins entre le fils adoptif du Sachem et les blessés étrangers, laissés dans la maison de Moctecuzoma.

Le chasseur avait recommandé à Belhumeur et surtout à Sans-Piste, que cette prière chagrina beaucoup, de parler le moins possible de lui aux étrangers et surtout de leur laisser ignorer la part importante qu'il avait prise à leur délivrance ; se réservant de leur révéler lui-même plus tard le rôle important qu'il avait joué dans toute cette affaire ; ce que les deux hommes promirent en gromelant et fort à contre-cœur, il faut en convenir.

Belhumeur venait chaque jour passer plusieurs heures auprès de son ami, auquel il donnait des nouvelles des blessés ; le Canadien était tout joyeux de ce que la blessure de son associé n'était qu'une égratignure ; en effet, en moins de quatre jours le jeune homme, dont la blessure était cicatrisée, entrait en pleine convalescence.

Les Apaches et les Sioux avaient d'abord montré quelques velléités de venger leur défaite ; mais les Comanches étaient nombreux, les Pawnies s'étaient alliés avec eux ; les vaincus réfléchirent, et, pour ne pas s'exposer à une seconde défaite, ils jugèrent prudent d'aller s'établir sur d'autres territoires de chasse, résolution qu'ils exécutèrent aussitôt avec cette rapidité de mouvements particulière à ces hordes errantes et vagabondes.

Dès qu'il se sentit à peu près guéri, Olivier résolut d'aller faire visite aux blessés étrangers et de lier connaissance avec eux.

Les recommandations faites par le jeune homme aux deux Canadiens avaient été rigoureusement suivies ; les étrangers n'avaient entendu parler de lui que sous le nom de la Chaudière-Noire, et encore ne leur avait-on dit que très-peu de choses sur son compte ; ils ne songeaient donc nullement à lui ; avaient même presque oublié son existence, d'autant plus qu'ils avaient de très-graves sujets de préoccupations.

Deux des étrangers avaient reçu des blessures affreuses. Le premier s'en allait mourant, sans qu'il fût possible de le sauver. Quant au second, la vieille Indienne, qui le soignait avec un dévouement véritablement maternel, n'osait encore se prononcer positivement à son sujet et répondre de sa guérison ; les deux autres entraient en convalescence.

Tel était l'état des choses à la maison de Moctecuzoma, lorsqu'un matin Olivier y arriva en compagnie du Sachem et de Belhumeur.

Le Canadien avait pris les devants afin d'annoncer sa présence au chef des étrangers, le seul qui n'eût reçu aucune blessure.

Tout à coup Olivier poussa un cri de joie auquel un autre répondit aussitôt : dans l'homme qui sortait de la maison et s'avançait au-devant lui, Olivier avait reconnu M. Maraval.

Les deux amis tombèrent dans les bras l'un de l'autre et se tinrent longtemps embrassés.

— Vous! Vous ici! s'écria le chasseur que le bonheur suffoquait. Oh! je le savais, je l'avais deviné, mon cœur me l'avait dit.

— Cher! bien cher Olivier! je vous retrouve donc enfin! reprit le banquier avec une joie impossible à rendre; depuis deux ans je vous cherche!

— Voici près de trois mois que, de mon côté, je suis sur votre piste.

— Vous?

— Oui. Je vous expliquerai cela. Mais parlons espagnol, je vous prie, afin d'être compris des amis qui nous entourent. Vous n'êtes pas seul ici? Ivon!...

Le front de M. Maraval se rembrunit aussitôt; un nuage de tristesse se répandit sur tout son visage.

— Ivon Lebris est ici, murmura-t-il.

— Cher Ivon! Je le savais bien, qu'il ne m'oublierait pas. Où est-il? Conduisez-moi vers lui, mon ami; je veux l'embrasser.

Et il s'élança. Le banquier l'arrêta.

— Hélas! dit-il.

— Mon Dieu! vous tremblez, vous avez des larmes plein les yeux; oh! je pressens un malheur!

— Calmez-vous, mon ami. Ivon n'est que blessé, bien que très-dangereusement.

— Blessé, mon matelot! Je veux le voir! s'écria-t-il avec agitation.

— C'est impossible, mon ami; je vous en prie, n'insistez pas! Il est trop faible encore; la joie de vous voir lui causerait une émotion qui, dans l'état de faiblesse où il est, lui serait peut-être funeste.

— C'est vrai! murmura le jeune homme avec douleur, sans songer à essuyer les larmes qui coulaient lentement le long de ses joues ; vous avez raison, mon ami, j'attendrai.

— Que mon fils soit homme, dit le Sachem ; il est aimé du Wacondah, son ami vivra.

— Merci! chef, vous me rendez à moi-même ; retournons au campement, j'ai besoin d'être seul pour me livrer librement à ma douleur.

— Ma présence est inutile ici en ce moment, reprit M. Maraval; si vous y consentez, je vous accompagnerai, mon ami?

Olivier le regarda, comme s'il eût voulu lire ses plus secrètes pensées au fond de son cœur.

M. Maraval baissa lentement la tête.

— Soit, répondit Olivier au bout d'un instant; après tout, mieux vaut nous expliquer tout de suite; venez donc, mon ami.

Les deux Européens regagnèrent le campement des Peaux-Rouges, en compagnie du Sachem. Pendant le trajet, ils n'échangèrent pas un mot.

Ils pénétrèrent dans le calli du chasseur. Par suite de cette délicatesse innée chez les Peaux-Rouges, le Sachem, ne voulant pas quitter son fils adoptif dans l'état de surexcitation nerveuse où il le voyait, mais ne voulant pas non plus le gêner dans son entretien avec son ami, s'était accroupi un peu à l'écart.

Il y eut un assez long silence ; sans doute les deux hommes redoutaient également d'entamer l'entretien.

Cependant Olivier, frappé déjà douloureusement par la nouvelle que le banquier lui avait donnée quelques instants auparavant, et trouvant, sans doute comme tous les cœurs blessés, une amère volupté à lutter contre la souffrance morale et à s'assurer quel point culminant elle peut atteindre sans briser tous les ressorts de l'âme, se décida enfin à prendre le premier la parole.

— Oh! s'écria-t-il d'une voix navrante, oh! mon ami, pourquoi faut-il que votre présence me désespère! un pressentiment que je ne puis définir me dit que vous m'apportez le malheur!

— Mon ami, répondit M. Maraval d'une voix affectueuse qu'il réussit à rendre ferme, je vous apporte le devoir.

Le Sachem fit malgré lui un mouvement de surprise à ce mot, dont il devina toute la portée.

— Approchez-vous, chef, lui dit doucement Olivier, ne suis-je pas votre fils, encore plus par le cœur que par l'adoption? Tout ce qui va se dire ici, vous devez l'entendre.

Le chef alla s'asseoir tout pensif près du feu, en face des deux amis.

— Mon cher Jose, reprit Olivier, il faut que ce que vous avez à me dire soit d'une bien haute importance pour que vous ayez tout quitté pour me venir chercher au fond de ces déserts!

— Depuis deux ans, mon ami, Lebris et moi nous sommes à votre recherche; nous commencions à désespérer de vous rencontrer jamais, lorsque le hasard, ou plutôt la Providence, nous a mis il y a un instant face à face, à l'improviste.

— Vous avez raison, mon ami, le hasard n'est pour rien dans cette rencontre, dit Olivier en hochant tristement la tête ; c'est la Providence qui, dans ses voies impénétrables, a voulu qu'il en fût ainsi. Maintenant, mon ami, j'attends qu'il vous plaise de vous expliquer, et de m'informer, avec votre loyale franchise, de ce que vous attendez de moi.

— Je n'ai rien à vous expliquer ni à vous dire, mon ami.

— Alors pourquoi, malgré toutes les raisons qui auraient dû vous retenir, vous êtes-vous mis à ma recherche?

— Parce que je suis chargé d'une lettre pour vous et que j'ai juré de ne la remettre qu'à vous seul.

— Une lettre à moi! et apportée par vous! c'est étrange! Qui peut avoir intérêt à m'écrire?

— Vous le saurez, mon ami, si vous consentez à ouvrir cette lettre.

Et il la lui présenta.

Olivier hésita à la prendre; il fixa son regard avec une expression singulière sur celui de M. Maraval; mais le banquier demeura froid et impassible.

Le chasseur passa avec effort la main sur son front; il était pâle et agité par une violente émotion qu'il essayait vainement de dissimuler.

— Du courage! dit le Sachem; prenez ce *collier*, mon fils, dût-il recéler la mort.

Le chasseur tressaillit, et, se redressant sous ce coup d'éperon :

— Donnez! dit-il enfin, mieux vaut en finir.

Il décacheta la lettre d'une main fébrile, sans même remarquer le large cachet armorié qui lui servait de scel.

La nuit était venue, elle était sombre; le Nuage-Bleu retira un tison enflammé du feu.

Olivier se pencha pour mieux voir.

Voici ce qu'il lut avec un frisson nerveux qui secouait tout son corps et le faisait trembler comme s'il eût été sous le coup d'une fièvre violente :

« Mon fils,

» Je suis seul, désespéré; il ne me reste que vous. Dieu m'a châtié cruellement; je veux réparer mes torts envers vous ; je vous attends; venez au plus vite, si vous voulez me retrouver vivant.

» Votre père, qui sera heureux de vous dire lui-même son nom et le *vôtre*.

» Madrid, 17 juin 182.. »

C'était tout, mais c'était terrible!

Le chasseur pâlit affreusement; il se dressa debout, battit l'air de ses bras, poussa une plainte inarticulée et tomba à la renverse dans les bras du Sachem, qui s'était élancé pour le recevoir et l'empêcher de se tuer dans sa chute.

— Mon Dieu! il est mort! s'écria M. Maraval; maudite soit cette lettre fatale! j'ai tué mon ami le plus cher!

— Rassurez-vous, ce n'est rien, un évanouissement passager! bientôt il rouvrira les yeux, dit presque durement le Sachem.

Il prit de l'eau, mouilla les tempes du jeune homme, les poignets et le creux de l'estomac.

— Pauvre Olivier! murmurait le banquier, pourquoi faut-il que ce soit moi qui lui apporte une douleur nouvelle!

Le chasseur fit deux ou trois mouvements convulsifs et ouvrit les yeux.

— J'avais espéré mourir! murmura-t-il d'une voix faible.

— Est-ce un guerrier qui parle? dit le Sachem d'un ton de reproche.

— Courage, mon ami! s'écria M. Maraval, le coup est porté, maintenant; vous l'avez bravement supporté, vous revenez à la vie.

— Oui, dit-il avec amertume, je recommence à vivre, car je souffre!

Et cachant sa tête dans ses mains, il éclata en sanglots et fondit en larmes.

C'était un spectacle navrant que de voir pleurer comme un enfant cet homme si fort, ce cœur si vaillant.

Le banquier et le Sachem étaient en proie à une douloureuse émotion; ils comprenaient combien Olivier devait souffrir pour être devenu subitement si faible!

La nuit tout entière s'écoula sans que le sommeil fermât un seul instant les paupières des trois hommes.

Vers le matin, le chef et M. Maraval eurent à voix basse une longue conversation.

Olivier n'avait pas changé de position: les coudes sur les genoux, la tête dans les mains, il demeurait immobile comme s'il eût été changé en statue de pierre; quelques soubresauts convulsifs témoignaient seuls que la vie persistait chez lui.

Lorsque le soleil se leva à l'horizon, le chasseur releva sa tête alourdie, il se passa la main sur le front.

— Mon fils est un guerrier au cœur fort et vaillant, dit le Sachem d'une voix profonde ; la sagesse est en lui : il sait qu'un père ne saurait jamais être coupable aux yeux de son fils, parce que pour lui il représente le Wacondah ! Mon fils pardonnera à son père qui se révèle enfin à lui, et ce qu'il veut, mon fils le fera, sans hésitation et sans regrets.

Un sourire d'une expression étrange crispa les commissures des lèvres pâlies du chasseur.

— Mon père a bien parlé, dit-il d'une voix rauque, mais ferme, je le remercie, il sera obéi, le sacrifice est fait !

— Bien ! dit le Sachem, mon fils est un homme.

— Cher Olivier ! murmura M. Maraval avec une tristesse navrante.

— Nous partirons, reprit le jeune homme, dès que mon matelot et vos autres compagnons seront en état de nous suivre. Y consentez-vous, mon cher José ?

— Je ferai tout ce que vous désirerez, ami.

— Merci ! Laissez-moi donc profiter à ma guise des quelques jours de liberté qui me restent encore.

Sans ajouter un mot, il sortit du calli, bondit à cheval et s'élança ventre à terre dans la campagne, où il ne tarda pas à disparaître au milieu des tourbillons de poussière soulevés autour de lui par sa course rapide.

— Pauvre Olivier ! il était si heureux ici ! murmura tristement don Jose en le suivant des yeux.

— Le bonheur ne passe qu'après le devoir, dit sentencieusement le Sachem. C'est un cœur puissant ; cette fois encore, il terrassera la douleur !

CHAPITRE X

OÙ OLIVIER S'OBSTINE À MANQUER D'ENTHOUSIASME, MALGRÉ TOUTES LES OBSERVATIONS DE M. MARAVAL.

Un mois s'écoula. Olivier, à part les visites que chaque jour il faisait à son matelot et aux autres blessés, passait tout son temps en longues courses à travers le désert, comme s'il eût voulu dire adieu à la nature grandiose au milieu de laquelle il avait espéré mourir, et qu'il lui fallait abandonner pour toujours !

La vue de son matelot avait produit une crise heureuse chez Ivon Lebris; le digne marin était si joyeux d'avoir retrouvé son ami, que la souffrance physique n'avait plus de prise sur lui; si on l'eût écouté, il aurait sauté sur ses jambes et aurait accompagné son matelot dans ses longues courses à travers la savane.

Au bout d'un mois, tous les blessés étant complétement rétablis, rien ne retenait plus les voyageurs sur le rio Gila.

Un matin, M. Maraval dit avec hésitation à Olivier :

— Quand partons-nous ?

— Quand vous voudrez, répondit le jeune homme.

— Demain, au lever du soleil, dit le Sachem en entrant dans le calli : quand on a pris une résolution, il faut l'exécuter vite. Je vous accompagnerai. Où allez-vous ?

— A Little-Rock, dit M. Maraval.

— Soit. A demain, au lever du soleil.

— C'est convenu, répondit Olivier.

Le Sachem sortit.

— C'est à Little-Rock que j'ai laissé votre navire, dit don Jose quand ils furent seuls; vous aurez besoin de changer de costume. Du reste, que cela ne vous inquiète pas, j'ai des lettres de crédit.

Olivier sourit avec amertume.

— Je n'ai jamais usé d'une seule des lettres de crédit dont vous m'aviez chargé à mon premier départ de Cadix, après mon évasion du vaisseau le *Formidable*, dit-il : je ne commencerai pas aujourd'hui; il est bon que l'on sache bien que je n'ai besoin de l'aide ni des secours de personne pour vivre à ma guise, mon ami.

— Mais comment ferez-vous ?

— Mon cher Jose, vous savez, n'est-ce pas, mieux que personne, que j'ai remboursé intégralement les frais d'achat et d'armement du *Hasard*, qui, m'avez-vous dit, se nomme aujourd'hui le *Lafayette*.

— Je le sais, mon ami, mais c'est une raison de plus pour que...

— Attendez, interrompit-il doucement : en débarquant à Santa-Buenaventura, je me suis muni de cent-cinquante onces d'or; elles sont encore dans ma valise, et, ajouta-t-il en entr'ouvrant sa chemise et montrant un sachet en peau de rat musqué, suspendu à son cou par une chaînette d'acier, il y a dans ce sac pour plus de trois cent mille francs de diamants, sans compter une quarantaine de mille dollars que mon échangiste de Little-Rock a entre les mains. Ces sommes réunies me composent, si je ne me trompe, une fortune modeste, mais plus que suffisante pour moi, avec les goûts que vous me connaissez. Que dites-vous de cela, mon ami ?

— Je dis que je vous admire, cher Olivier, et que ce que vous faites est bien beau, reprit-il avec émotion.

— Pourquoi donc cela, cher ami? Je vous obéis; je fais mon devoir, voilà tout.

Il étouffa un soupir et laissa retomber sa tête sur sa poitrine.

Le lendemain, les voyageurs se mirent en route à l'heure dite, sous l'escorte de cent guerriers choisis de la tribu des Bisons-Comanches, en tête desquels galopait fièrement le Nuage-Bleu.

Le voyage jusqu'à Little-Rock fut une véritable promenade, qui, par ses agréments, réconcilia complétement les marins avec le désert américain.

A deux lieues de la ville on fit halte pour les derniers adieux; ils furent touchants des deux parts; Olivier aimait beaucoup les Comanches, qui l'adoraient et lui avaient donné tant de preuves de dévouement.

M. Maraval leur fit cadeau de plusieurs fusils, de poudre, de plomb, de couteaux à scalper, et il leur distribua une grande quantité de couvertures de laine, ce qui porta leur joie au comble.

Olivier mit pied à terre ; il caressa son cheval,

l'embrassa à plusieurs reprises sur les naseaux, et, se tournant vers Belhumeur :

— Vous savez combien je l'aimais, lui dit-il d'une voix attendrie, je vous le donne, soyez bon pour lui; conservez aussi ces pistolets, dont vous connaissez la justesse, et ce couteau de chasse : ils vous rappelleront notre amitié.

Belhumeur baissa la tête pour cacher les larmes qui, malgré lui, inondaient son visage, et il tomba en sanglotant dans les bras que lui tendait Olivier.

L'étreinte des deux hommes fut longue et passionnée, puis Olivier se dégagea doucement, et s'approcha du Sachem.

— Père, lui dit-il avec émotion, votre fils prend congé de vous; peut-être ne vous reverra-t-il jamais : aimez-le toujours, car toujours il vous aimera, il aurait voulu ne pas se séparer de vous.

— Obéissez au Wacondah, mon fils! allez retrouver votre autre père qui vous attend en pleurant de l'autre côté du lac sans fin. Vous avez été éprouvé par de grandes souffrances; mais la douleur n'abat que les faibles, et vous êtes fort; souvenez-vous seulement, si un nouveau et plus terrible malheur vous touchait de son aile sinistre de chauve-souris, que vous laissez ici un père qui vous aime et une tribu où votre place ne sera jamais prise.

Olivier lui donna, à titre de souvenir, bien que le Sachem se défendît de les recevoir, ses armes, sa gibecière et sa valise avec ce qu'elle contenait, excepté les onces d'or, qui auraient été inutiles au chef.

Puis, élevant la voix, le chasseur cria à deux reprises, avec une douleur navrante :

— Adieu! adieu!

Les Comanches répondirent par de lugubres gémissements, et ils restèrent immobiles et les yeux fixés sur les voyageurs jusqu'à ce que ceux-ci eussent enfin disparu dans les méandres de la sente conduisant au comptoir de traite.

Je ne décrirai pas Little-Rock, j'ai déjà eu occasion de faire connaître cette ville à mes lecteurs dans mes précédents ouvrages.

La première visite de M. Maraval et d'Olivier, en arrivant à Little-Rock, fut pour master Groslow Wilson and C°, le premier et le plus riche comptoir d'échange de la ville.

Master Groslow accueillit admirablement le chasseur, et ne fit aucune difficulté pour régler son compte. La balance en faveur d'Olivier se trouva être de 57,483 dollars, somme considérable qui représente en monnaie française 287,415 fr., et à laquelle Olivier était loin de s'attendre; du reste, il n'avait jamais fait de prix, et, dans toutes ses transactions, il s'en était constamment rapporté à la bonne foi de master Groslow : on voit que sa confiance était bien placée.

Sur sa demande, master Groslow lui remit une traite payable à présentation chez MM. Maraval et Mallet, de Cadix, sans soupçonner un instant que le chef de cette riche maison était en ce moment devant lui.

— Suis-je assez riche? demanda Olivier avec amertume à son ami. Supposera-t-on encore que l'espoir d'une fortune subite m'a engagé à obéir aux ordres de mon père, que je ne connais pas?

— Vous regretterez plus tard ces paroles, mon ami, lui dit affectueusement le banquier, adressées à une personne que vous-même déclarez ne pas connaître.

— C'est vrai, mon ami, vous avez raison, pardonnez-moi ; je ne reviendrai plus sur cette question pénible.

Et en effet il tint parole, il ne fit plus d'allusions amères sur ce sujet délicat ; cependant il lui tenait au cœur.

Quelques jours après avoir acheté des habits à peu près convenables, Olivier monta enfin sur son brick, où il fut accueilli par l'équipage avec des cris de joie.

Cependant il ne voulut pas reprendre le commandement du navire, qu'il obligea son matelot à conserver.

Le lendemain, le *Lafayette* partit pour la Nouvelle-Orléans.

Là, Olivier se munit de tout ce dont il avait besoin et se nippa complétement.

La métamorphose était radicale.

Le coureur des bois avait fait place au gentleman, à l'homme du meilleur monde.

Si par hasard Belhumeur était venu à la Nouvelle-Orléans, il aurait rencontré son ami sans le reconnaître.

Les voyageurs ne firent qu'un très-court séjour à la Nouvelle-Orléans ; rien ne les y retenait.

D'ailleurs, Olivier avait hâte que son sort se décidât.

En secret, il nourrissait l'espoir d'être bientôt rendu à ses chères forêts vierges, à cette vie libre des savanes qu'il aimait tant.

Olivier ne se faisait aucune illusion sur lui-même ; il savait ce qu'il valait.

Aussi lui semblait-il impossible que son père, cet homme si fier, d'un rang si élevé et d'un nom si justement célèbre, consentît, lorsqu'il l'aurait vu et surtout lorsqu'il l'aurait entendu, à le reconnaître publiquement pour son fils et à lui donner son nom.

En cela il se trompait complétement et prouvait que, quelle que fût son expérience des hommes et des choses, certains replis secrets du cœur humain avaient échappé à son investigation.

Leurs achats terminés, les voyageurs remontèrent à bord. Deux heures plus tard, le brick levait l'ancre et descendait majestueusement le Mississipi toutes voiles dehors, avec une bonne brise du nord-ouest.

La traversée s'accomplit sans aucun incident digne de remarque. M. Maraval, pendant leurs longues causeries, avait expliqué à son ami les changements opérés dans sa position et la cession de sa maison à son gendre ; de son côté, Olivier avait réussi à persuader à Ivon Lebris qu'il devait considérer le brick comme lui appartenant bien réellement : encore fallut-il l'intervention de M. Maraval pour obtenir ce résultat.

Enfin tout était réglé dans les meilleures conditions, lorsque le brick le *Lafayette* laissa tomber, par une belle matinée de mai, son ancre dans la baie de Cadix.

Olivier poussa un soupir en posant le pied sur le quai. Neuf ans auparavant, il était venu à Cadix, en compagnie de Dolorès : il était heureux alors, tout lui souriait dans l'avenir ; maintenant Dolorès était morte : son bonheur était enseveli avec elle dans la tombe qui la renfermait pour toujours !

Le banquier comprit la douleur de son ami : il la respecta.

Olivier retrouva doña Carmen charmante, affectueuse, dévouée, telle enfin que toujours il l'avait connue ; elle compatit à sa tristesse et le consola en lui parlant de Dolorès.

Les femmes ont toutes les délicatesses du cœur ; lorsqu'elles sont méchantes, ce qui est beaucoup plus rare qu'on ne le suppose généralement, c'est de parti pris : elles jouent un rôle, elles mentent à leur nature, ou sont, pour des causes inconnues et que seules elles peuvent apprécier, jetées dans une voie mauvaise, qui répugne à tous leurs instincts essentiellement tendres et dévoués.

Olivier et M. Maraval avaient un impérieux besoin de repos, après le long voyage qu'ils avaient accompli depuis le rio Gila jusqu'à Cadix ; ils résolurent de séjourner pendant quelque temps à Cadix, et d'attendre une lettre qui les appelât à Madrid.

Sur la prière de son ami, M. Maraval n'écrivit à Madrid, pour annoncer le succès de ses recherches et son retour en Espagne, que dix jours après leur débarquement commun.

— C'est toujours autant de gagné ! murmura Olivier à part lui.

En effet, cette première entrevue avec son père, qu'il ne connaissait pas, causait au jeune homme une indicible répugnance ; elle lui faisait peur.

Il se demandait pourquoi, après l'avoir abandonné si complétement pendant plus de trente années, son père se ravisait tout à coup et témoignait un aussi vif désir de le voir et de le connaître; et il cherchait consciencieusement dans son esprit les motifs de ce changement, tout au moins extraordinaire.

De même que tout ce qui se fait en Espagne, le service de la poste marche cahin-caha; il va comme il peut, personne n'y trouve à redire; on est si bien habitué, dans ce bienheureux pays, à ce que tout aille par à peu près, que le contraire effraierait et semblerait une innovation dangereuse.

Vingt-cinq jours s'écoulèrent avant que M. Maraval reçût une réponse à la lettre qu'il avait écrite.

Olivier profita de ce délai que lui procurait l'incurie chronique de l'administration espagnole, pour envisager sa situation sous toutes les faces et se dresser un plan de conduite.

Un matin, enfin, vingt-sept jours après avoir écrit, au moment où il achevait de déjeuner avec sa famille, un domestique annonça à M. Maraval l'arrivée d'un courrier se disant chargé d'un message pressé.

Précisément, ce jour-là, Olivier s'était absenté pour aller rendre quelques visites aux environs de Puerto-Santa-Maria.

Le banquier se leva de table et passa dans son cabinet, où il ordonna d'introduire le courrier.

Cet homme parut presque aussitôt; il était vêtu d'une riche livrée, et portait les armoiries de son maître brodées sur le haut de sa manche gauche.

— Señor, dit-il, je précède de quelques heures une escorte de douze cavaliers que mon maître a l'honneur de vous envoyer, pour vous accompagner pendant votre voyage à Madrid. J'ai, de plus, l'ordre de vous remettre cette lettre.

— C'est bien! répondit M. Maraval en repliant la lettre après l'avoir parcourue rapidement des yeux; les ordres de votre maître seront ponctuellement exécutés, quant à ce qui me touche personnellement.

Le courrier s'inclina.

— Je suis porteur, dit-il, d'un second pli pour Sa Seigneurie le seigneur don Carlos.

— Don Carlos est absent, répondit le banquier, il ne rentrera pas avant ce soir.

— J'attendrai, dit le courrier en saluant.

— Soit! señor. A quelle heure arriveront vos compagnons?

— Ils seront ici à quatre heures et demie de la *tarde*, señor; ils conduisent deux chevaux berbères, destinés à Sa Seigneurie le señor don Carlos et à vous.

— Je rends grâces à votre maître de cette courtoisie, répondit le banquier. Vous amènerez vos compagnons ici; nous avons des écuries pour vingt chevaux, et des chambres en nombre suffisant pour les hommes. Sans pouvoir vous l'affirmer, je crois cependant qu'à quatre heures don Carlos sera de retour.

Il sonna un domestique.

— Suivez cet homme, ajouta M. Maraval, il vous fera servir les rafraîchissements dont vous avez besoin, avant de retourner vers vos compagnons.

Le courrier salua et sortit derrière le domestique.

M. Maraval rejoignit sa femme.

Disons-le nettement, le banquier était fort perplexe; mieux que personne, il connaissait le caractère d'Olivier, sa simplicité, son horreur innée pour tout ce qui ressemble au faste, sa susceptibilité soupçonneuse et ses idées avancées sur certaines matières. Cet étalage d'escorte, de chevaux barbes, etc., déplairait certainement à Olivier, et le pousserait peut-être à rompre brusquement en visière à son père : chose qu'à tout prix il fallait éviter, à cause des conséquences fâcheuses qui en découleraient.

M. Maraval raconta tout à sa femme; il lui confia ses craintes, et lui demanda conseil : ce qu'il faisait toujours dans les circonstances graves, parce que chaque fois il s'en était bien trouvé.

Il est certain que les femmes sont douées d'une prescience rare pour juger les situations et y apporter remède; après un entretien assez long, le banquier ordonna que le courrier ne repartît pas sans l'avoir vu.

Au bout de quelques minutes, cet homme fut annoncé.

— Mon ami, lui dit le banquier, votre maître vous a mis, n'est-ce pas, à mon entière disposition?

— J'ai ordre de vous obéir comme à Son Excellence même, señor.

— Très-bien. J'ai réfléchi; voici ce que vous allez faire.

— J'écoute, señor.

— Vous rejoindrez vos compagnons au plus vite; cela fait, vous leur ordonnerez de retourner à Madrid, par le plus court chemin.

— Mais les deux chevaux barbes, Seigneurie?

— En emmenant les deux chevaux barbes, ajouta le banquier.

— Que dira monseigneur ? s'écria le courrier, au comble de l'étonnement.

— Je me charge de lui expliquer les choses à son entière satisfaction. Dès que vos compagnons seront repartis, vous reviendrez, afin de remettre à don Carlos la lettre dont vous êtes chargé pour lui ; puis vous retournerez vous aussi à Madrid, en emportant la réponse de don Carlos et la mienne ; surtout, faites bien attention à cette dernière recommandation, elle est importante.

— Quelle recommandation, señor ?

— Celle-ci : vous prendrez bien garde, en parlant à don Carlos, de ne le traiter ni de Seigneurie, ni d'Excellence, vous m'entendez ?

— Très-bien, oui, señor ; mais je vous avoue que je ne vous comprends pas.

— Il est inutile que vous compreniez ; il importe seulement que vous obéissiez ponctuellement.

— C'est ce que je ferai, señor.

— J'y compte ; persuadez-vous bien que don Carlos et moi nous sommes des hommes simples, peu au fait des us et coutumes de la noblesse, et n'ayant jamais fréquenté les grands d'Espagne : me comprenez-vous bien, cette fois ?

— Parfaitement, oui, señor, et je me souviendrai.

— Allez, et à ce soir.

Le courrier s'inclina respectueusement et se retira.

M. Maraval se frotta joyeusement les mains.

— Je crois que tout est arrangé, et qu'il n'y aura pas d'accrocs maintenant, murmura-t-il.

Olivier rentra vers trois heures et demie ; il était d'assez mauvaise humeur : il n'avait rencontré aucune des personnes qu'il voulait visiter, contre-temps qui l'avait fort mal disposé.

Le banquier s'applaudit intérieurement des mesures qu'il avait prises.

Il apprit à son ami l'arrivée du courrier, et lui annonça que cet homme était porteur d'une lettre pour lui.

— Où est cet homme? demanda Olivier.

— En votre absence, je l'ai autorisé à faire un tour par la ville; il ne tardera pas à rentrer.

— Tant mieux! dit Olivier avec mauvaise humeur; j'ai hâte d'en finir, cette longue attente me fatigue.

— Bon! le plus fort est fait! nous partirons quand il vous plaira, cher ami, dit le banquier.

— Je vous remercie de ne pas m'abandonner, je ne sais si j'aurais eu le courage de faire seul cette démarche.

— Vous vous créez des monstres à plaisir, mon ami; votre père a un vif désir de vous voir et de vous embrasser.

— Ce désir lui est venu tard, fit-il amèrement; au diable toutes ces démonstrations menteuses! Il m'avait oublié pendant trente-deux ans, ne pouvait-il continuer pendant trente autres encore? Certes, je n'aurais pas réclamé contre cet oubli, j'étais heureux là-bas!

— Mon ami, souvenez-vous de ce que vous m'avez promis, et ce que vous vous êtes promis à vous-même!

— Eh! je ne m'en souviens que trop, mon ami! sans cela, il y a longtemps que je vous aurais planté là et que je serais retourné tout courant dans mes forêts, où j'étais si heureux! J'ai eu tort de venir ici, je le reconnais trop tard.

— Olivier! murmura-t-il avec reproche.

— Eh, mon ami! s'écria-t-il d'une voix nerveuse, à mon âge on ne recommence pas sa vie : la mienne est brisée sans retour! mais, vous avez raison, je dois aller jusqu'au bout; il faut en finir d'une façon ou d'une autre.

— Vous m'effrayez, mon ami! qu'entendez-vous par ces mots : d'une façon ou d'une autre?

— Laissons cela, mon ami; parlons de notre départ prochain. Je ne veux pas me présenter à mon père comme un mendiant; il est bon qu'il sache bien que je n'ai en aucune façon besoin de sa fortune.

— C'est juste, mon ami.

— Ce courrier est arrivé seul?

— Tout seul. Pourquoi cette question?

— C'est que je redoutais... mais il n'en est rien, tant mieux; s'il en avait été autrement!... mais je me suis trompé : j'en suis charmé, cela me rend moins pénible cette entrevue.

Plus que jamais le banquier se félicita de ses mesures prudentes.

— Nous sommes ainsi placés sur un pied d'égalité qui me plait, continua Olivier; les générosités fastueuses de mon père m'auraient blessé, je l'avoue franchement; il nous faut des chevaux pour nous et des mules pour nos bagages. Chargez-vous, je vous prie, de ce soin, mon ami, je m'entends assez mal à toutes ces choses.

— Rapportez-vous-en à moi pour que tout soit fait convenablement. Quand partons-nous?

— Le plus tôt possible.

— Je vous approuve. Demain, cela ne se peut pas, nous ne serions pas prêts; voulez-vous après-demain?

— Après-demain, soit, mon ami ; mais sans remise.

— Je vous le promets.

— Combien compte-t-on de lieues de Cadix à Madrid ?

— Environ cent vingt-cinq lieues, mon ami, par des chemins exécrables ; c'est un long voyage.

— Bah ! à quinze lieues par jour, c'est huit ou neuf jours tout au plus.

— Il nous serait même facile d'aller plus vite, mais les mules ne nous suivraient pas ; elles resteraient forcément en arrière.

— C'est juste ; nous nous en tiendrons à dix lieues.

— C'est tout ce que pourront faire les mules.

— Surtout, je vous en prie, ne donnez pas la date fixe de notre arrivée.

— Pourquoi donc cela ?

— Parce que je désire arriver à l'improviste, incognito, sans être attendu ; ainsi je jugerai mieux les choses par la réception qui me sera faite, mon ami.

— Soit. Vous êtes un peu souffrant ; malgré votre vif désir de voir enfin votre père, il vous est impossible de partir pour Madrid avant dix ou quinze jours. Est-ce bien cela ?

— Mon cher Jose, vous avez admirablement compris ma pensée ; j'arriverai ainsi avant même qu'on me croie parti.

La porte s'ouvrit, un domestique annonça le courrier.

— Qu'il entre, ordonna le banquier.

Le courrier entra et salua respectueusement.

— Je suis don Carlos, dit Olivier ; vous avez une lettre à me remettre ?

— Oui, señor, répondit-il en saluant.

Et il présenta respectueusement la lettre.

Olivier la prit et se retira dans l'embrasure d'une fenêtre pour la lire.

Après un instant, il se rapprocha, et s'adressant au courrier :

— Je regrette qu'une foulure à la main droite m'empêche de répondre à cette lettre comme je le voudrais, dit-il, et surtout comme je le devrais ; le señor don Jose Maraval se charge de répondre pour lui et pour moi ; je suis très-souffrant ; les médecins m'ordonnent un repos absolu ; il me sera donc impossible, à mon grand regret, de quitter Cadix avant quelques jours.

Le courrier s'inclina sans répondre.

M. Maraval, après avoir cacheté la lettre qu'il achevait d'écrire, la remit au courrier, qui la serra soigneusement dans une espèce de poche de cuir, aux armes de son maître, qu'il portait en bandoulière.

— Nous ne serons pas à Madrid avant le 12 ou le 14 du mois prochain, dit le banquier ; assurez votre maître de tous nos respects ; si rien ne vous presse, vous pouvez passer la nuit ici et ne partir que demain.

— J'ai ordre de faire la plus grande diligence, señor ; mon maître m'attend avec la plus vive impatience ; d'ailleurs, je ne me sens aucunement fatigué ; si vous le permettez, je me remettrai en route dans une heure.

— S'il en est ainsi, je ne vous retiens pas ; bon voyage, mon ami.

— Je vous remercie, señores caballeros, j'ai l'honneur de vous saluer très-respectueusement.

Il s'inclina à plusieurs reprises et se retira.

Cinq minutes plus tard il était en selle et s'éloignait à franc étrier.

Les deux amis demeurèrent seuls.

— J'ai fait ce que vous avez voulu, dit le banquier.

— Je vous remercie sincèrement, mon ami; il s'agit maintenant de ne pas perdre de temps.

— Je crains que votre père ne soit blessé de ce retard.

— Bon! ce retard n'est que fictif, puisque, en réalité, nous arriverons beaucoup plus tôt qu'il ne l'espère; il sera au contraire charmé, mon ami, et moi aussi par contre-coup.

— Bon! Comment cela?

— Parce que, répondit Olivier en riant, ne m'attendant pas aussi promptement, il n'aura fait aucuns préparatifs pour me recevoir.

— Oh!

— Ce qui m'évitera d'être ébloui par sa magnificence.

— Olivier, vous devenez méchant.

— Eh! non! mon ami, je suis furieux, voilà tout.

— Furieux? contre qui?

— Pardieu! contre vous, contre moi, contre ce père qui me tombe des nues, sans dire gare, au moment où j'y songe le moins. Je suis furieux contre tout le monde, enfin!

Le banquier éclata de rire à cette singulière boutade.

— Oui, riez, mauvais cœur, moquez-vous de moi. Je voudrais bien vous voir à ma place. J'avais enfin pris mon parti de mon abandon, j'avais complétement oublié que j'avais une famille, lorsque tout à coup... Le diable m'emporte ! se reprit-il, il n'y a qu'à moi que de pareilles choses arrivent! Ma vie n'est, en réalité, qu'un roman insensé et qui n'a ni queue ni tête. Ce serait à en devenir fou, si je ne prenais pas le parti d'en rire !

Et il éclata d'un rire nerveux ressemblant à un sanglot.

Le banquier était atterré.

La porte du cabinet s'ouvrit, doña Carmen parut.

Elle s'approcha d'Olivier, et lui posant doucement la main sur l'épaule :

— Ami, lui dit-elle de sa voix mélodieuse et sympathique, chacun porte sa croix en ce monde ; la vôtre est d'autant plus lourde que vous êtes fort parmi les forts ! Redressez-vous, soyez homme ! On ne regrette jamais, quoi qu'il arrive, d'avoir fait son devoir, quand on sent battre dans sa poitrine un cœur généreux et grand !

Olivier releva la tête, un sourire triste courut sur ses lèvres.

— Soyez bénie, madame, dit-il d'une voix douce et affectueuse, vos paroles ont pénétré jusqu'à mon cœur, vous m'avez rappelé à moi-même ; oui, vous avez raison : j'ai un devoir à remplir. Rassurez-vous maintenant, c'est fini, bien fini, je vous le jure ! Ce devoir, je le remplirai, sans hésitation comme sans faiblesse ; dût mon cœur se briser, vous n'entendrez plus à l'avenir une seule plainte sortir de mes lèvres ; comme le gladiateur antique, je tomberai peut-être pantelant sur l'arène, mais je tomberai en homme de cœur et en souriant à la mort !

— Bien, mon ami, j'aime à vous entendre parler ainsi, reprit doña Carmen; à présent je vous retrouve tout entier, tel que je vous ai toujours connu; le sacrifice est fait, il est complet : vous vous êtes vaincu vous-même !

Elle lui tendit la main avec un délicieux sourire; Olivier s'inclina sur cette main exquise de formes, sur laquelle il laissa tomber deux larmes, en la touchant respectueusement de ses lèvres.

En effet, le sacrifice était complet; Olivier semblait transfiguré.

Doña Carmen souriait avec complaisance à son triomphe en regardant à la dérobée le jeune homme avec la tendresse d'une mère.

— Laissez maintenant mon mari tout préparer pour votre voyage, reprit-elle : votre départ doit être prompt; il importe que votre père vous reçoive non comme un étranger, mais comme un fils qu'il aime; pour cela, vous devez le surprendre.

— On croirait, à vous entendre, vous et Jose, parler de mon père, que vous le connaissez, madame, dit Olivier avec un pâle sourire, tant vous semblez lui porter un vif intérêt ?

— Nous le connaissons, en effet, mon cher Olivier, dit-elle en s'asseyant près de lui; c'est par nous, par ce que nous lui avons révélé de votre existence passée, que nous lui avons appris à vous apprécier comme vous méritez de l'être.

— Vous aurez un tendre père, je vous l'affirme, Olivier, ajouta le banquier.

— Je l'espère, quoique ce soit bien tard.

— Il vous aimera pour tout le temps qu'il a perdu.

Il y eut un silence; M. Maraval en profita pour quitter le cabinet et sortir.

— Et moi, pourrai-je l'aimer? murmura Olivier avec un soupir pensif, après un instant.

— Vous l'aimez déjà, mon ami, puisque vous vous adressez cette question, répondit-elle avec un charmant sourire.

— J'en conviens, je me sens attiré irrésistiblement vers cet homme, que, pourtant, je ne connais pas encore : c'est en vain que j'essaie de réagir contre ce sentiment qui m'entraîne, et cependant j'ai tant de raisons pour le haïr !

— On ne hait pas son père, Olivier; on le plaint dans son cœur, et on l'excuse, dit doucement doña Carmen.

— Ah! vous êtes un ange! madame; je me sens devenir bon en vous écoutant... Pourquoi ne vous ai-je pas toujours près de moi?...

— Vous vous calomniez, Olivier; vous êtes un noble cœur, et vous le savez bien!

— Moi, madame?

— Eh! oui, mon ami; repassez dans votre mémoire les incidents étranges de votre existence vagabonde; combien peu d'autres, abandonnés comme vous l'avez été, jetés dans les hasards d'une vie désordonnée, mêlés souvent aux sociétés les plus abjectes, aux hommes les plus pervers, contraints de vivre avec les gens les plus corrompus à chaque heure, à chaque seconde, et cela non pas pendant quelques jours, mais durant des mois, des années entières; combien peu auraient résisté, et, subissant l'influence dissolvante de ce milieu détestable, auraient succombé! Vous, au contraire, vous avez vaillamment résisté à tous ces contacts malsains, vous êtes sorti pur de toutes les épreuves, et, sans autre guide que votre cœur, vous avez su, à force de volonté, vous conquérir une position enviable à tous les points de vue.

— Ne m'en sachez aucun gré, madame, répondit-il en hochant la tête, je n'ai fait aucun effort pour cela : j'ai obéi à mon instinct, à des dispositions innées que j'ignorais moi-même posséder. Il paraît que je suis né bon, comme d'autres naissent méchants, voilà tout. Le hasard de mon organisation a tout fait; quant à moi, je vous le répète, je n'y ai été pour rien absolument.

— Vous ne savez ce que vous dites! s'écria-t-elle en riant; mais, heureusement, ceux qui vous connaissent ont de vous une meilleure opinion que celle que vous en avez vous-même.

M. Maraval rentra alors; il semblait radieux.

— Tout est terminé, dit-il joyeusement : chevaux, mules, arrieros, tout est acheté, loué, arrêté; j'espère que je n'ai pas perdu de temps, hein?

— C'est affaire à vous, mon ami, répondit Olivier; ainsi?...

— Nous partirons demain après déjeuner; l'arriero viendra charger à huit heures du matin.

— Déjà! murmura-t-il avec regret.

— Encore? lui dit doña Carmen en le menaçant du doigt.

— C'est vrai, j'ai tort; pardonnez-moi, madame, ce mot sera mon dernier cri de révolte.

Le lendemain, à onze heures du matin, les deux amis quittèrent Cadix, en route pour Madrid.

CHAPITRE XI.

DE LA GRANDE SURPRISE D'OLIVIER EN RECONNAISSANT SON PÈRE.

Nous précéderons les deux voyageurs à Madrid, et nous conduirons notre lecteur calle de Alcala, non loin de la Puerta del Sol, et, le prenant par la main, nous le ferons pénétrer dans un magnifique palais dont nous avons, au Prologue de cette trop véridique histoire, décrit la façade, sans pourtant pénétrer dans l'intérieur.
Cette fois, nous franchirons les portes de cette magnifique demeure; nous traverserons ses patios moresques, ses bâtiments sarrasins, dont l'architecture élégante et essentiellement orientale rappelle l'Alhambra de Grenade par la pureté de ses sculptures et de ses capricieuses dentelles de pierre découpées avec ce fini et cette science perdus aujourd'hui, et dont les Arabes ont emporté le secret avec eux quand ils ont quitté l'Espagne; nous entrerons dans un immense corps de logis, et, après avoir rapidement traversé plusieurs pièces encombrées de serviteurs et meublées avec un luxe princier, nous soulèverons une portière en tapisserie de Flandre du quatorzième siècle, cachant une porte en bois de cèdre à double battant dont les ferrures sont en argent massif.

Après avoir ouvert cette porte, nous serons enfin dans une chambre éclairée par trois hautes fenêtres, avec un plafond à coffre et poutres saillantes curieusement sculptées, et peintes trois siècles auparavant par un artiste de la Renaissance; les fenêtres, de forme ogivale, sont garnies de vitres enchâssées dans du plomb, peintes de différentes couleurs et couvertes de lourds rideaux de velours vert, avec crépines et bordures d'or; d'immenses bibliothèques, montant jusqu'au plafond, tiennent toute une face de cette vaste pièce et l'espace laissé libre entre les fenêtres.

Une cheminée monumentale occupe tout un côté de cette chambre. Cette cheminée, en marbre de Paros et admirablement sculptée, est surmontée d'un large écusson couvert d'armoiries; ces armoiries sont celles de cette noble maison, une des plus illustres de la péninsule ibérique, portant au griffon de sable, à la queue fourchée, lampassé et couronné de gueules, avec cette fière devise : *Cuidado alli viene !*

Ces armoiries sont répétées au-dessus des fenêtres et des portes; les murs sont tendus en cuir de Cordoue, gaufré et doré.

Un magnifique portrait en pied est placé en face de la cheminée.

Ce portrait, un peu plus grand que nature, représente, peint dans la manière un peu sèche de Cimabue, et avec ses lignes noires, et portant la date de 1265, un guerrier armé de toutes pièces, comme l'étaient les chevaliers contemporains du Cid Campeador, tout couvert de mailles, brandissant une hache pesante à double tranchant, escaladant une muraille défendue avec acharnement par des soldats sarrasins, en même temps qu'à demi tourné vers ses compagnons, il les invite à les suivre d'un geste héroïque.

Au-dessous de ce portrait d'apparence si farouche et saisissante, sur un écusson incrusté dans la bordure du cadre et portant les armoiries précédemment décrites, ces mots sont écrits en lettres gothiques :

<blockquote>
Don Enrique Pacheco-Tellez
rico-hombre
1085
</blockquote>

Trois portes cachées sous de lourdes portières de velours vert s'ouvrent dans trois directions différentes ; un petate de paille de riz d'une finesse microscopique couvre tout le plancher. L'ameublement très-sévère de cette pièce appartient à l'époque de Charles-Quint ; il se compose de fauteuils à hauts dossiers armoriés, recouverts en cuir gaufré, de chaises du même style ; un piédouche en ébène supporte une magnifique pendule de la Renaissance. Sur un des côtés de la pièce est un prie-Dieu en cèdre du Liban incrusté de bois de rose, surmonté d'un grand christ byzantin rapporté de Constantinople par un des ancêtres du chef actuel de cette noble famille.

Devant la cheminée est placée une immense table de chêne massive sculptée et fouillée admirablement ; elle est encombrée de livres et de papiers de toutes sortes, et si pesante que dix hommes d'une force ordinaire ne réussiraient pas à la soulever du sol sur lequel elle repose.

Derrière la table, il y a un large fauteuil à haut dossier armorié.

Un énorme brasero en argent, dans lequel se consument des noyaux d'olives d'Andalousie, en produisant des cendres d'un blanc mat, entretient une chaleur douce dans cette immense pièce.

Nous sommes dans le cabinet de travail du maître de cette splendide demeure.

Au moment où nous avons pénétré dans ce cabinet, il n'était pas solitaire.

Sur le fauteuil placé derrière la table était assis un homme, un vieillard, la tête dans la main, le coude appuyé sur la table, et semblant plongé dans de profondes et tristes réflexions.

Cet homme était don Garcia-Horacio Pacheco-Tellez, caballero *cubierto*, grand d'Espagne de première classe, rico-hombre de Lugo, Vigo et Orense, en Galice, seigneur de Santiago de Compostelle et du Ferrol, marquis de Soria, comte de Luna, duc de Salaberry y Pasta, duc de Bivar, et prince des Alpuxarras, un des cousins du roi, ancien vice-roi du Mexique, ancien ambassadeur en France et en Angleterre, ministre des affaires étrangères, chevalier de la Toison-d'Or, grand officier de la Légion-d'Honneur, chevalier de la Jarretière, etc., etc., plus noble que le roi, et, sans contredit, le plus riche propriétaire de toutes les Espagnes.

Don Horacio Pacheco avait un peu plus de soixante ans ; il était de taille moyenne ; il avait le port noble, le geste empreint d'une grâce suprême, la démarche fière sans hauteur, la physionomie belle, éclairée par un regard clair, droit et un peu chercheur ; la parole vive, spirituelle, la voix douce, harmonieuse et insinuante ; ses cheveux étaient blancs, ils tombaient en boucles de neige sur ses épaules. Il avait été d'une beauté remarquable dans sa jeunesse; il était encore fort bien, avait des dents magnifiques et une expression d'indicible bonté répandue sur le visage ; il ne portait pas de barbe ; tout vêtu de velours noir comme il l'était en ce moment, un peu pâle et mélancolique plutôt que triste, il ressemblait, à s'y méprendre, à un de ces magnifiques portraits échappés au pinceau magistral du Titien, descendu pour un instant de son cadre.

Une demie sonna à la lourde pendule posée sur le piédouche ; à peine le timbre eut-il fini de vibrer, qu'un léger grattement se fit entendre à une porte; mais le duc, plongé dans ses réflexions, ne sembla pas entendre.

Alors une portière fut soulevée avec précaution, et un serviteur vêtu de noir, en habit à la française, à collet droit et basques carrées, culotte courte, bas de soie, souliers à boucles d'argent, les cheveux poudrés et le visage glabre, entra dans le cabinet, s'approcha de la table et se tint immobile, attendant respectueusement que le regard de son maître tombât sur lui.

Après quelques instants, le duc releva machinalement la tête : il aperçut le valet toujours immobile.

— Qu'est-ce ? demanda-t-il nonchalamment.

— Son Excellence monseigneur le marquis de Palmarès Frias y Soto demande à présenter ses hommages à Monseigneur, avant son départ pour son château de Balmarina, répondit le valet en s'inclinant respectueusement.

Les sourcils du duc se froncèrent légèrement, mais son visage se rasséréna presque aussitôt.

— Je consens à recevoir le marquis de Palmarès, dit-il en faisant un geste de la main.

Le valet se retira à reculons et disparut derrière la portière.

Après un instant la portière fut relevée.

— Son Excellence le marquis de Palmarès Frias y Soto, annonça le valet.

Le marquis entra, fit quelques pas et salua le duc avec un affectueux respect; derrière lui, la portière retomba et la porte fut refermée.

— Soyez le bienvenu, marquis, dit le duc en lui indiquant un fauteuil. Vous quittez Madrid?

— Pour quelques jours seulement, monsieur le duc : Mme de Palmarès désire me voir.

— Est-il donc nécessaire que ma fille vous écrive, marquis, pour que vous vous décidiez à vous rendre près d'elle ?

— Bien loin de là, monsieur le duc, mon plus vif désir serait de passer ma vie à Balmarina, auprès de doña Santa de Salaberry, mon épouse bien-aimée.

— En êtes-vous bien sûr, monsieur le marquis? reprit le duc avec une ironie triste ; il me semble à moi que cet amour, dont vous faites un si grand bruit, n'est pas aussi profond que vous voudriez me le faire croire.

— Je regrette que telle soit votre pensée, monsieur le duc ; j'aime sincèrement la marquise, je n'aime qu'elle.

— Dieu le veuille, marquis ; malheureusement on raconte bien des choses sur vous, à la cour et même à la ville ! On prétend que vous n'avez pas complétement perdu vos vieilles habitudes de galanterie.

Le marquis de Palmarès Frias y Soto n'avait pas encore quarante ans, il en paraissait à peine trente-deux ; c'était un beau cavalier, dans toute l'acception que comporte ce mot. Il avait eu, avant son mariage, une grande réputation de galanterie et passait pour avoir été très-aimé par certaines dames des plus illustres de la cour, comme nom et comme beauté.

Un sourire amer plissa ses lèvres.

— Puis-je imposer silence aux sots et aux envieux ? dit-il.

— Peut-être jusqu'à un certain point. Votre femme est un ange, vous savez combien elle vous aime ; elle est jalouse : elle souffre de ces bruits, qui arrivent jusqu'à elle.

— C'est vrai, monsieur le duc ; moi-même j'en ai souffert. Je suis chevalier d'honneur de l'infante ; mes charges me retiennent à la cour ; je m'échappe aussi souvent que je le puis ; le bonheur est pour moi à Balmarina, près de la marquise.

— Je vous crois, je veux vous croire, marquis ; je vous sais bon, vous ne voudriez pas rendre malheureuse votre femme, ma bien-aimée fille.

— Dieu m'en garde, monseigneur et père !

— Bien, mon gendre ; il me plaît de vous entendre parler ainsi. Quand partez-vous ?

— A l'instant même, monsieur le duc : je désire arriver à Balmarina avant la chaleur de midi ; mes équipages sont prêts.

— Allez donc, marquis, je ne veux pas vous retenir plus longtemps ; rappelez-moi au souvenir de ma chère Santa. Si la politique me laisse quelque répit, j'irai passer deux ou trois jours avec vous à Balmarina.

— Cela nous rendra bien heureux, la marquise et moi, monsieur le duc ; mais n'attendez-vous pas l'arrivée prochaine d'une certaine personne ? Pardonnez-moi d'oser vous faire cette question.

— Je ne compte pas la voir arriver avant quinze ou dix-huit jours.

— Alors je m'arrangerai pour être de retour avec la marquise pour cette époque.

— Je vous en serai reconnaissant, marquis. Aussitôt après son arrivée, je désire vous présenter cette personne ; vous l'aimerez, j'en ai la conviction, parce que c'est un beau caractère et un noble cœur.

— Je l'aime déjà, monsieur le duc ; votre fils a droit à toute mon affection : n'est-il pas le frère de ma chère Santa ?

— Merci, marquis ; je vous connais trop pour avoir un seul instant douté de vous.

— Vous me rendez justice, monsieur le duc ; nul, plus que moi, ne s'intéressera jamais à ce qui vous touche de près ou de loin.

— Allons, allons, marquis, reprit le duc dont toute la bonne humeur était revenue, vous faites de moi tout ce que vous voulez ; vous êtes un abominable enjôleur, comme disent les Français, mais vous savez que je vous aime, et je crois que vous aussi vous m'aimez un peu. Allez, et rendez ma fille heureuse, je ne vous demande pas davantage.

— J'y mettrai tous mes soins, je vous le promets, monsieur le duc.

Là-dessus, le marquis de Palmarès prit congé du duc et se retira.

Demeuré seul, don Horacio Pacheco se laissa

retomber sur son fauteuil; peu à peu, son visage redevint sombre; il s'absorba de nouveau dans ses pensées, en murmurant d'une voix presque indistincte :

— Encore quinze jours à attendre; un siècle !

Un profond soupir gonfla sa poitrine.

Deux heures s'écoulèrent ainsi.

A onze heures, un valet servit sur un guéridon une *jicara* de *chocolate*, une carafe d'eau, un verre et des *azucarillos* dans une soucoupe.

Le duc but le chocolat, un demi-verre d'eau, ne toucha pas aux azucarillos et ordonna d'enlever le tout; puis, après avoir fait quelques tours de promenade dans le cabinet, il se rassit en disant entre ses dents :

— Il faut pourtant travailler.

Mais il n'en fit rien; sa tête retomba sur sa poitrine, et de nouveau il se plongea dans ses réflexions; sa préoccupation était trop grande pour qu'il lui fût possible de se livrer à un travail quelconque.

Soudain, il se redressa : il écrivit quelques mots sur une feuille de papier, qu'il plia et cacheta, puis il frappa sur un gong.

— Mieux vaut que je n'aille pas au conseil aujourd'hui, murmura-t-il : qu'y ferais-je ?

Un valet parut.

— Cette lettre tout de suite au président du Conseil privé; je n'y suis pour personne; allez.

Le valet prit la lettre, salua et sortit.

— Mais pourquoi ce retard incompréhensible ? murmura le duc dès qu'il fut seul; serait-il véritablement malade ? ou est-ce une fin de non-recevoir, un refus? Non, je suis fou! c'est impossible!

Après quelques instants, il reprit :

— Au fond de ce retard, il y a quelque chose que je ne comprends pas; j'aurais dû me rendre moi-même à Cadix; pourquoi les chevaux ont-ils été refusés?

On gratta de nouveau à la porte; un valet entra.

— Qu'y a-t-il encore? demanda le duc en fronçant le sourcil : n'ai-je pas dit que je voulais être seul?

— Votre Seigneurie me pardonnera, monseigneur, répondit respectueusement le valet : on a dit aux personnes qui se sont présentées que Votre Excellence ne recevait pas.

— Eh bien?

— Elles ont insisté pour entrer, monseigneur; l'une d'elles a fait passer cette carte à la livrée, en affirmant que, dès que Votre Excellence aurait lu son nom, elle donnerait immédiatement l'ordre de l'introduire auprès d'elle.

Le duc sourit avec dédain.

— Et cette carte, où est-elle? dit-il.

— La voici, monseigneur, répondit le valet en la présentant sur un plateau d'or ciselé.

Le duc prit la carte et jeta nonchalamment les yeux dessus.

Mais tout à coup il tressaillit; une pâleur livide envahit son visage; un tremblement convulsif secoua tous ses membres.

— Qui vous a remis cette carte? demanda-t-il d'une voix altérée.

— Monseigneur, un des valets de pied de la grande écurie.

— Le valet la tenait?...

— De l'une des deux personnes qui insistent pour être introduites près de Votre Seigneurie.

— Ah ! il y a deux personnes ?

— Oui, monseigneur; elles arrivent, disent-elles, de Cadix.

Le duc avait baissé la tête sur sa poitrine, il songeait; un flot de pensées lui montait au cœur, il n'écoutait plus.

Le valet demeurait immobile, respectueusement courbé devant lui.

Le duc releva la tête, il l'aperçut, la mémoire lui revint.

— Que faites-vous là ? dit-il.

— J'attends les ordres de Votre Excellence, monseigneur, au sujet de ces deux caballeros.

— Ah ! en effet, j'avais oublié. Où sont-ils ?

— On les a fait entrer dans le salon d'Abdérame, monseigneur.

— C'est bien, conduisez-moi.

Le valet souleva la portière et ouvrit la porte.

Le duc passa.

Après avoir traversé plusieurs pièces et corridors, le valet s'arrêta devant une porte, qu'il se prépara à ouvrir.

Le duc l'arrêta d'un geste.

— Je n'ai plus besoin de vous, dit-il, retirez-vous.

Le valet s'inclina silencieusement et sortit.

Le duc serra ses mains sur la poitrine pour modérer les mouvements de son cœur, qui battait à se rompre.

— Enfin ! murmura-t-il.

Et après une courte pose, il ajouta :

— Il le faut !

Alors il se redressa; par un effort suprême de volonté, il rendit le calme à son visage, empêcha ses artères de battre; un sourire vint errer sur ses lèvres un peu blêmies, et posant sa main, ferme désormais, sur le bouton de la porte, il le tourna.

La porte s'ouvrit; il entra.

M. Maraval et Olivier avaient fait une grande diligence.

Laissant les arrieros marcher à leur guise avec les gros bagages, suivis par un seul domestique portant une assez lourde valise sur la croupe de son cheval, ils avaient galopé grand train, n'emportant avec eux que le strict nécessaire.

Grâce à l'excellence de leurs chevaux, bêtes de grand prix, choisis avec soin par le banquier, ils avaient fait vingt-cinq lieues par jour, sans trop se fatiguer, de sorte qu'en cinq jours ils avaient franchi les cent douze lieues qui séparent Cadix de Madrid; ils étaient entrés dans la capitale de la monarchie espagnole juste vingt-quatre heures seulement après le courrier porteur de la lettre pour le duc.

Entrés à Madrid vers dix heures du matin, ils s'étaient arrêtés calle de Atocha, dans un hôtel français; ils avaient fait leur toilette; puis après le déjeuner, que, sous différents prétextes, Olivier avait prolongé le plus possible — plus le moment de l'entrevue approchait, plus il sentait son courage faiblir — ils étaient enfin sortis et s'étaient dirigés vers la Puerta del Sol.

Olivier avait éprouvé, malgré lui, une vive émotion à la vue du palais grandiose habité par sa famille; ce n'avait pas été sans un violent battement de cœur qu'il en avait enfin franchi le seuil.

Son émotion avait augmenté quand il avait traversé les immenses cours entourées de cloîtres mauresques et rafraîchies par les gerbes d'eau des bassins de marbre qui en occupaient le centre; cette émotion devint plus vive encore lorsqu'il vit les difficultés que l'on opposait à son entrée dans le palais ; il éprouva alors un vif ressentiment intérieur, se persuadant presque que les ordres donnés par le duc l'avaient été expressément pour lui; le banquier fut contraint de l'entraîner de force à sa suite, et ce fut presque avec répulsion qu'il passa à travers cette foule de serviteurs, et qu'il se résigna à attendre dans un salon la réponse définitive du duc, à qui le banquier avait ordonné que sa carte fût immédiatement remise.

Olivier, malgré les observations de son ami, s'obstinait à voir, dans le retard mis à l'introduire, un parti pris de l'humilier, sans réfléchir que le duc le supposait encore à Cadix, et par conséquent ne devait pas l'attendre; qu'il n'y avait dans tout cela qu'un malentendu, dont lui-même était la cause première, et qui ne tarderait pas à s'éclaircir à son entière satisfaction.

— Non, répétait-il en secouant la tête et fronçant le sourcil, vous me direz tout ce qui vous plaira, mon ami, mais vous ne me persuaderez jamais qu'il n'y a pas au fond de tout cela un affront froidement médité. Venez, retirons-nous, nous ne sommes que trop longtemps demeurés dans cette maison, où moi surtout je n'aurais jamais dû consentir à mettre les pieds.

— Vous êtes fou, mon ami, répondit le banquier

en essayant de le calmer; sur mon honneur, je ne vous reconnais plus !

— C'est vrai ! je ne me reconnais pas moi-même, répondit-il avec une violence contenue : le malheur rend ombrageux, et vous savez ce que j'ai souffert depuis ma naissance ! Venez, je vous en prie, retirons-nous.

En ce moment une des portes du salon s'ouvrit, la portière fut soulevée et un homme parut.

Au bruit, les deux hommes se retournèrent vivement.

— Don Carlos de Santona ! s'écria Olivier avec surprise, en s'élançant vers le nouveau venu ; c'est le ciel qui vous envoie à mon aide !

— Ces premières paroles que vous m'adressez me rendent bien heureux, capitaine, dit don Carlos en faisant quelques pas à sa rencontre, le sourire sur les lèvres et la main tendue ; vous ne m'avez donc pas oublié depuis tant d'années ?

— Vous oublier ? moi, don Carlos ! s'écria Olivier avec effusion en lui serrant la main, oh ! non, bien au contraire, j'ai précieusement conservé votre souvenir dans mon cœur ; j'avais été trop touché de l'affection que vous m'aviez témoignée pendant les trop courts instants que j'ai eu le plaisir de passer en votre compagnie pour qu'il en fût autrement.

— Merci, mon cher capitaine, répondit le vieillard avec émotion ; vous ne sauriez vous imaginer combien vous me faites du bien en me parlant ainsi.

— Tant mieux ! je suis tout heureux de vous voir. Ah çà, comment se fait-il que je vous rencontre dans cette maison ?

— Tout simplement parce que je l'habite, mon cher capitaine.

— Tant mieux encore, cela fait que nous nous verrons plus souvent.

— Tant que vous voudrez.

— Je comprends : vous avez entendu dire que j'étais ici avec don Jose, et vous êtes accouru.

— C'est cela même, mon ami.

— Ah! pardieu! voilà une charmante rencontre et qui me réjouit fort! Voulez-vous que je vous embrasse, don Carlos?

— Si je le veux! s'écria-t-il en lui ouvrant les bras.

Les deux hommes, en proie à une vive émotion, se tinrent assez longtemps enlacés, ni l'un ni l'autre ne songeant à dissimuler ce qu'il éprouvait et s'y laissait, au contraire, aller avec bonheur.

Le banquier, auquel on ne prenait pas garde, s'était mis un peu à l'écart; il suivait cette scène avec un intérêt profond.

— Là! reprit gaiement Olivier, causons un peu maintenant, puisqu'on nous en laisse le temps.

— Causons, soit, cher capitaine.

— Vous devez être étonné de me voir dans cette maison?

— Oui, je ne vous attendais pas aussi tôt.

— Comment? Saviez-vous donc que je devais y venir?

— Mais oui.

— Il serait possible! Mais alors vous connaissez donc mon père? vous êtes sans doute un de ses amis?

Le vieillard sourit avec bonté; il prit dans la

sienne la main d'Olivier, et, l'amenant devant une grande glace de Venise :

— Regardez-moi et regardez-vous, mon ami, lui dit-il de sa voix la plus affectueuse : vous lirez ma réponse dans cette glace.

Le jeune homme fit un geste de surprise.

— Regardez, insista doucement le vieillard.

Olivier obéit; ses yeux se fixèrent sur la glace.

Il y eut un instant d'anxiété poignante, les trois acteurs de cette scène étrange étaient immobiles, muets, haletants, en proie à une indicible émotion.

Olivier, après une minute de sombre examen, passa sa main sur son front blêmi : un sourire étrange se dessina sur ses lèvres; puis, mettant un genou en terre, courbant la tête devant le vieillard aussi pâle et aussi défait que lui :

— J'ai regardé, j'ai vu et j'ai compris, mon père, dit-il d'une voix que malgré lui l'émotion brisait, me voici à vos ordres, prêt à vous obéir. Que voulez-vous de moi, mon père?

— Don Carlos, répondit le duc, les yeux pleins de larmes, et aidant le jeune homme à se relever, je veux que vous m'aimiez comme je vous aime.

— Je tâcherai, mon père, répondit-il simplement. Dieu m'est témoin que tous mes efforts tendront à ce but.

— Merci, mon fils, répondit le duc en lui ouvrant ses bras, dans lesquels Olivier se laissa tomber, dompté et attendri par tant de charmante bonté.

— J'ai été coupable envers vous, mon fils, bien coupable, reprit le duc après un instant; mais si, ostensiblement, j'ai semblé vous oublier, en secret mes regards ne vous ont jamais perdu de vue, autant que cela m'a été possible.

— Le passé est mort, mon père ; à quoi bon essayer de le ressusciter ? D'ailleurs, dans aucun cas, un fils n'a le droit d'adresser des reproches à son père; brisons donc là, je vous prie. C'est d'aujourd'hui seulement que notre vie commence, le passé n'est et ne doit plus être qu'un mauvais rêve, que vous et moi nous essaierons d'oublier pour ne plus songer qu'à réparer dans l'avenir ce que nous n'avons pu faire dans le passé, et nous aimer pour tout le temps que nous avons perdu.

— Bien, mon fils, je suis fier et heureux de vous entendre parler ainsi; c'est bien mon sang qui coule dans vos veines; mais il est telles choses que vous ignorez et que vous devez savoir.

— Parlez, mon père, je vous écoute.

— J'avais deux fils et une fille, don Carlos ; mes deux fils sont morts, comme meurent ceux de notre race, sur le champ de bataille; ma fille est mariée au marquis de Palmarès Frias y Soto ; vous la verrez bientôt et vous l'aimerez, c'est un ange !

— C'est ma sœur, mon père.

— Dès aujourd'hui, vous êtes marquis de Soria; avant huit jours, vous serez muni d'une charge à la cour, digne du sang dont vous sortez et du nom que vous portez. La loi m'empêche de vous reconnaître, mais elle me permet de vous adopter, ce que j'ai fait. Donc, pour tous, excepté pour moi, vous êtes mon fils adoptif.

— Permettez-moi de vous interrompre, mon père.

— Soit; parlez, marquis ; je vous écoute.

Olivier sourit avec amertume en entendant son père lui donner ce titre.

— Je ne veux ni récriminer, ni vous adresser le plus léger reproche, mon père, dit-il d'une voix émue ; mais il importe que vous me connaissiez bien, avant d'aller plus loin, afin de ne pas me rendre trop lourd le fardeau que vous me posez sur les épaules.

Le duc fit un geste.

— Je sais, continua le jeune homme avec une certaine amertune, que ce que moi je nomme fardeau semblerait à tout autre le comble du bonheur. Mais, permettez-moi de vous le demander, mon père : avant de me créer marquis de Soria, de me faire donner une charge à la cour, ne vous êtes-vous pas laissé emporter par votre amour paternel, et n'avez-vous pas un peu légèrement établi vos plans d'avenir?

— Vous n'êtes pas le premier venu, mon fils ; vous êtes fait, au contraire, pour honorer et remplir dignement le rang, quel qu'il soit, où je vous ferai monter.

— Oui, peut-être à la surface, mon père, je puis, je le crois, jouer tout aussi bien qu'un autre un rôle quelconque sans craindre d'être outrageusement sifflé par la galerie; je suis intelligent; l'habitude du commandement m'a donné tout l'aplomb et toute l'audace nécessaires pour me présenter et ne pas être ridicule dans le monde où vous voulez m'introduire : mais il est une chose à laquelle vous n'avez pas songé, mon père.

— Laquelle? interrompit le duc avec inquiétude.

— Livré à moi-même dès mon entrée dans le monde, oh! ceci n'est pas un reproche, je vous le répète, mon père; obligé pour vivre de faire tous les métiers, de fréquenter toutes les sociétés, même les plus basses et les plus mauvaises; contraint à soutenir une lutte ingrate et incessante pour gagner le pain de chaque jour, que souvent je n'avais pas; mêlé avec le peuple, dont je partageais les misères, les joies, les douleurs et les plaisirs; m'accoutumant ainsi peu à peu, sans même m'en douter, à penser et à sentir comme lui; n'ayant aucun lien qui me rattachât à la société, dans les bas-fonds de laquelle je me débattais misérablement, j'ai fini par devenir peuple, moi aussi; à m'identifier comme pensée et comme aspiration à ceux qui m'entouraient, et à haïr ce qu'ils haïssent; vivant en prolétaire, à devenir prolétaire moi-même. Cette noblesse, dont, à juste titre, vous êtes si fier, vous, mon père, moi je la répudie et je la déteste au fond de mon cœur; je me révolte contre le joug qu'elle prétend nous imposer, à nous autres misérables; je n'accepte pas les lois absurdes de cette société sénile et avilie qui proclame l'inégalité des rangs et fait gouverner les moutons par les loups. Noble, je ne le suis pas, je ne peux pas l'être. Une seule noblesse existe, et celle-là vient de Dieu, c'est la noblesse du cœur; une inégalité, celle de l'intelligence. Les honneurs dont votre amour paternel me comble sont pour moi un supplice; le monde dans lequel vous me lancez, une honte! Jamais, je le sens, je ne pourrai y vivre; tous mes instincts m'en éloignent, toutes mes aspirations s'y opposent. Si j'avais été élevé dans votre palais, sous vos yeux, probablement, avec les constants exemples que j'aurais eus devant les yeux, j'aurais porté avec autant d'orgueil qu'un autre ces titres que je répudie aujourd'hui. Il est trop tard, mon père. J'ai trente-deux ans, je suis homme fait : il ne me sera plus possible de modifier mon caractère, ni de changer mes opinions ; elles sont d'autant plus profondément gravées dans mon cœur, qu'elles l'ont été par le fer rouge de la misère et de la douleur ; et, vous le savez, mon père, quoi qu'on fasse, les impressions bonnes ou mauvaises de la première jeunesse ne s'effacent jamais.

— Mon fils, répondit le duc d'une voix douce, je ne discuterai pas avec vous ; vous m'avez parlé avec franchise, sans détours, en honnête homme, je vous en remercie ; il y a beaucoup de vrai dans ce que vous m'avez dit, à côté de grandes exagérations. Il ne s'agit pas ici seulement de vous, mais surtout de l'honneur de notre nom, menacé de s'éteindre, faute d'héritier mâle ; ce que j'exige de vous, c'est un sacrifice, une abnégation complète de vos goûts et de vos aspirations. Vous voyez que je vous parle franchement, moi aussi ; je dirai plus, c'est une grâce que je vous supplie de m'accorder, pour qu'un peu de calme rentre dans mon cœur, et qu'un faible rayon de bonheur illumine mes derniers jours.

— C'en est assez, mon père, vous n'avez à attendre de moi que respect et obéissance, tous mes efforts tendront à vous satisfaire, je vous le jure. Tant que Dieu vous conservera à mon amour, mon père, vous n'aurez pas à m'adresser un seul reproche.

— Mais, après ? dit-il avec un sourire contraint.

— Après, mon père, Dieu, je l'espère, m'indiquera la route que je devrai suivre.

— Soit, je retiens votre parole, mon fils, je ne veux pas être trop exigeant ; bientôt, je l'espère, vos idées se modifieront : l'ambition est un puissant aiguillon, mon fils.

Olivier sourit sans répondre.

— Donc, nous nous entendons, mon fils ? reprit le duc.

— Oui, mon père ; dans les termes convenus entre nous, et dont, pour ma part, je ne m'écarterai jamais.

Tel fut le premier entretien d'Olivier avec son père ; dès le premier moment, et peut-être à leur insu, une lutte sourde commençait entre eux.

Ils étaient trop loin l'un de l'autre, comme éducation et expérience des hommes et des choses, pour jamais se comprendre, tout en s'aimant chaque jour davantage.

Le père incarnait en lui la noblesse, avec ses grandeurs factices et ses préjugés rétrogrades.

Le fils était, lui, l'expression vraie du peuple révolté contre toutes les servitudes, réclamant l'égalité des rangs et surtout des droits, en même temps que la part de bonheur que devait lui assurer le pacte social, dont il est la cheville ouvrière.

Deux mots résumeront complétement ce premier entretien.

— Que pensez-vous de ce que vous avez entendu ? demanda le duc à M. Maraval, lorsqu'il se trouva seul avec lui.

— Je suppose, monsieur le duc, répondit le banquier, que, quinze ans plus tôt, vous auriez peut-être réussi, mais aujourd'hui il est trop tard; jamais vous ne parviendrez à obtenir le résultat que vous espériez. Je connais Olivier, mieux que vous : vous pourrez l'étouffer sous les titres les plus ronflants, vous m'en ferez jamais un gentilhomme; il était né avec tous les instincts aristocratiques de la noblesse de race, il lui a fallu des efforts gigantesques pour les détruire en lui. A présent, il est peuple jusqu'aux moelles; chaque fois que vous croirez le tenir, il vous échappera ; d'ailleurs il vous l'a dit lui-même, à son âge on ne refait ni son caractère ni ses penchants.

Le duc baissa tristement la tête.

— Que la volonté de Dieu soit faite, dit-il avec une sombre résolution, j'irai jusqu'au bout; je ne veux pas que mon nom s'éteigne!

CHAPITRE XII.

NOTRE HÉROS NE S'ENDORT PAS, MAIS IL SOMMEILLE DANS LES DÉLICES DE BALMARINA.

Le duc de Salaberry avait tout préparé longtemps à l'avance, pour que, dès son arrivée à Madrid, son fils fût convenablement installé.

Pour complaire à son père, et ne pas froisser davantage, à propos de niaiseries, ses idées arrêtées, Olivier avait consenti à porter le titre de marquis de Soria.

Quelques heures après la conversation rapportée dans le précédent chapitre, le duc proposa à son fils de le conduire en personne et de l'installer dans la nouvelle demeure préparée à le recevoir; Olivier accepta.

Ils montèrent en voiture, en compagnie de M. Maraval, et partirent.

Calle de Carretas, à quatre ou cinq cents pas au plus de l'hôtel Salaberry, le duc avait acheté un charmant hôtel de la Renaissance, meublé avec un luxe princier et dont, par ses ordres, les tapissiers avaient fait une véritable bonbonnière.

Le duc, se méprenant, peut-être de parti pris, sur les sentiments de son fils, jouissait avec délices de la surprise qu'il voyait se refléter sur son visage; véritablement, les choses avaient été admirablement faites.

Serviteurs dans les antichambres, chevaux dans les écuries — et quels chevaux ! — voitures sous les remises, rien ne manquait.

Lorsque le duc eut fait visiter à son fils l'hôtel du haut en bas, et qu'ils furent revenus s'asseoir dans un charmant cabinet de travail, ouvrant sur un jardin d'hiver précédant une *huerta* de médiocre étendue, à la vérité, mais bien dessinée et remplie d'ombre, le duc dit à son fils :

— Vous devez habiter chez vous, et être libre de vos actions, voilà pourquoi je vous ai donné cette maison. J'avais un instant pensé à vous céder une aile de mon hôtel; mais j'ai réfléchi que depuis longtemps vous étiez hors de page, et que mieux valait vous laisser régler votre vie à votre guise. Ai-je bien fait ?

— Je ne sais comment vous remercier, mon père : vous me comblez ; c'est trop, beaucoup trop, je me perdrai dans cette maison.

— Eh bien! vous viendrez me voir, vous me retrouverez toujours.

— Vous êtes bon, mon père; cependant je vous avoue que tout ce luxe m'effraie, je n'y suis pas accoutumé.

— Bon! vous vous y habituerez bien vite. N'oubliez pas, mon fils, que vous êtes marquis de Soria et que vous devez tenir votre rang : noblesse oblige, surtout lorsque comme vous on est un Pacheco.

Olivier soupira et s'inclina sans répondre.

En ce moment, un valet souleva une portière.

— Excellence, dit-il respectueusement à Olivier, le señor don Juan de Dios Elizondo demande s'il peut présenter ses hommages à Votre Seigneurie ?

Olivier regarda son père avec surprise.

— Faites entrer, dit le duc en souriant ; c'est mon notaire et le vôtre, ajouta-t-il bas à son fils.

Don Juan de Dios Elizondo entra et salua gravement.

Ce notaire était un homme frisant la soixantaine, long, anguleux, sec comme un échalas, à mine de fouine, au regard fuyant et à la physionomie douceâtre, obséquieuse et essentiellement antipathique.

— Marquis, dit le duc, je vous présente le señor don Juan de Dios Elizondo, notaire royal, un des plus dévoués amis de notre famille. Señor don Juan, le marquis de Soria, mon fils.

Olivier et le notaire se saluèrent.

— Avez-vous préparé ce que je vous ai demandé ? reprit le duc en lui indiquant un siége.

— Oui, monseigneur, répondit le notaire en s'asseyant et ouvrant une chemise de cuir qu'il portait sous son bras. Voici les actes ; tous sont parfaitement en règle, signés, légalisés et enregistrés à la grande chancellerie.

— Voyons un peu ces actes.

— Voici d'abord l'adoption, à laquelle il ne manque plus que la signature de Son Excellence le marquis de Soria.

— Donnez, dit le duc.

Et le présentant à Olivier :

— Signez, je vous prie, mon fils.

Olivier parcourut l'acte des yeux, puis il prit une plume et signa.

— Parfait, reprit le notaire ; dans cette liasse

sont renfermés tous les titres de propriété de cet hôtel, acheté par Sa Seigneurie le marquis de Soria, et payé comptant, en son nom, par Son Excellence le duc de Salaberry, la somme de cent dix mille piastres, tel qu'il se comporte.

— C'est pour rien, dit le duc en souriant : le marquis a fait une excellente affaire ; passons.

— Voici les quittances des tapissiers, marchands de...

— Très-bien ; passons, passons, interrompit le duc.

— Voici enfin, reprit le notaire, l'acte de donation consenti par Son Excellence le duc de Salaberry en faveur de Sa Seigneurie le marquis de Soria, et des comtés de Vigo et de Lugo consentis dans les mêmes conditions par Son Excellence le duc de Salaberry à son fils : le marquisat de Soria et les deux comtés de Vigo et de Lugo rapportant ensemble un revenu annuel de deux cent cinquante-deux mille piastres trois réaux et deux maravédis ; ci-joint la quittance de la première année, encaissée par moi, notaire royal, et déposée aujourd'hui, en bonnes onces d'or, dans la caisse placée en ce cabinet, et dont j'ai l'honneur de remettre les clefs à Son Excellence le marquis de Soria.

— Tout cela est parfait ! dit vivement le duc en imposant d'un geste silence à Olivier. Marquis, hâtez-vous de signer cette quittance et de renfermer tous ces affreux papiers dans votre caisse.

— Pas si affreux ! dit en souriant béatement le notaire.

Après un moment d'hésitation, Olivier se leva, signa la quittance, et plaça les papiers dans la caisse, dont l'intérieur était rempli de sacs d'argent.

Le notaire referma gravement sa serviette, la replaça sous son bras, salua respectueusement et sortit.

— Pas d'enfantillages, marquis, dit le duc à Olivier, dès que la porte se fut refermée sur le notaire ; vous ne connaissez pas la fortune de notre maison ; cette somme, qui vous semble si considérable, n'est rien pour moi. J'entends que vous portiez dignement votre nom. J'ai donné dix millions de dot à votre sœur, chacun de vos frères avait des revenus doubles du vôtre ; vous êtes un Pacheco, et les Pacheco sont des *ricos-hombres*, ajouta-t-il en souriant ; donc, ne songeons plus à cette misère.

— J'ai promis de vous obéir, mon père.

— Je ne vous en demande pas davantage. Maintenant, écoutez ces quelques mots, je vous prie.

— Parlez, monsieur le duc.

— Toute la haute noblesse, à laquelle nous sommes alliés, vous fera bon accueil ; elle est bien disposée pour vous. Souvenez-vous que vous avez été élevé en France, que vous avez été au service de cette nation en qualité d'officier de marine. Vous êtes le fils de l'un de mes meilleurs amis, mort en me sauvant la vie. J'avais juré à votre père de veiller sur vous, ce que j'ai fait tout en vous laissant libre de suivre telle carrière qu'il vous plairait. Je vous ai toujours beaucoup aimé. Ayant eu le malheur de perdre mes deux fils, tués à la prise du Callao, j'ai résolu de vous adopter, ce que j'ai fait. Ah ! j'oubliais..., comme il faut toujours citer des noms, votre père se nommait Olivier; il était Français et général de cavalerie. Du reste, j'ai réellement eu pour ami un général français de ce nom, lequel, s'il ne m'a pas positivement sauvé la vie, m'a du moins rendu de très-grands services. Cette histoire est simple et facile à retenir.

— Très-simple et très-facile à retenir, en effet, mon père; nos parents et nos amis y ont ajouté foi ?

— Complète, mon fils; beaucoup d'entre eux ont connu le général Olivier; ils se souviennent de lui; de plus, il avait un fils que personne n'a jamais vu, mais dont il parlait souvent.

— Ainsi, ce nom que je porte...

— Est celui de mon ami; j'ai tenu à vous le faire porter.

— Mais permettez-moi une question encore, mon père ?

— Laquelle ?

— Si quelque jour, cela peut arriver, il prenait envie à ce jeune homme de venir à Madrid ?

— Il ne viendra pas, mon fils, dit le duc avec émotion.

— Pourquoi donc cela ?

— Parce que, il y a cinq ans, voyageant en touriste en Italie, il a été assassiné dans les Calabres.

— Son nom a sans doute été prononcé; cette mort doit être connue ?

— Non; son père avait été fait comte de Chamblay; son fils était donc vicomte de Chamblay, et n'a jamais porté d'autre nom. Avez-vous autre chose à me demander ?

— Rien, mon père; vous avez réponse à tout; je dois convenir que vos précautions sont admirablement prises, et que, à moins d'un miracle...

— Qui ne se fera pas, mon fils, vous pouvez être tranquille. A présent, je rentre chez moi ; je vous laisse avec M. Maraval ; souvenez-vous que je vous attends tous deux à six heures et demie pour dîner.

Sans attendre de réponse, le duc sortit.

— Eh bien ? dit en souriant le banquier, dès que les deux amis se retrouvèrent seuls.

— Eh bien ! mon ami, que vous dirai-je ? C'est un rêve des *Mille et une Nuits* ; je joue en ce moment le rôle du fameux Aladin ; je viens de m'éveiller et je redoute de me rendormir.

— Chassez ces mauvaises pensées, mon ami ; votre père vous aime.

— Trop, voilà ce qui me fait peur ; je me demande même si c'est moi qu'il aime...

— Comment ! que voulez-vous dire ?

— Laissez-moi donc finir : si c'est moi qu'il aime, dis-je, ou si ce n'est pas plutôt l'héritier de son nom, destiné dans sa pensée à perpétuer sa race, menacée de s'éteindre par la mort de ses deux fils.

— Hum ! il y a probablement du vrai dans ce que vous dites là ; cependant je crois que vous allez trop loin.

— C'est possible, mais je ne sais pourquoi j'ai de sombres pressentiments. Je ne m'aveugle pas, mon ami ; cette fortune incroyable ne m'éblouit point ; vous le savez, je n'ai jamais eu de bonheur durable : je crains quelque affreuse catastrophe dans l'avenir.

— Allons donc, vous êtes fou ! c'est vous qui vous rendez malheureux à plaisir.

— Peut-être, mon ami ; enfin, le temps, ce grand débrouilleur de mystères, m'apprendra si j'ai tort ou raison. Dites-moi, Jose, connaissez-vous ma sœur ?

— Doña Santa de Palmarès ? j'ai cet honneur, mon ami.

— Ma sœur se nomme Santa? reprit Olivier. Quel délicieux nom !

— Il lui va admirablement : c'est un ange !

— Tant mieux ; je voudrais être aimé d'elle.

— Cela vous sera facile, elle brûle de vous connaitre ; elle est bonne autant que belle.

— Et son mari ?

— Je le connais beaucoup moins que la marquise ; je ne l'ai entrevu que deux ou trois fois ; c'est un fort beau cavalier, très-répandu et, dit-on, très-bien en cour.

— La marquise est-elle heureuse avec lui?

— A cela je ne saurais vous répondre, mon ami ; je sais seulement qu'elle aime beaucoup son mari.

— Ce n'est pas toujours une raison pour être aimée de lui, cela.

— En effet, mais je ne sais absolument rien ; d'ailleurs, la marquise a une vie très-retirée : elle passe presque toute l'année dans son magnifique château de Balmarina, éloigné de cinq ou six lieues de Madrid.

— J'ai hâte d'être présenté à ma sœur.

— Je crois que cette présentation ne se fera pas attendre : le duc de Salaberry désire beaucoup que vous vous connaissiez.

— Ce soir, peut-être, il m'en parlera...

— C'est probable.

— Prenez donc un cigare.

Il sonna : un valet parut.

— Envoyez calle de Atocha, à l'Hôtel Français, prendre les valises et les bagages de ce caballero, le señor don Jose Maraval ; vous ferez tout apporter ici, où l'on préparera un appartement pour ce caballero ; allez.

Le valet s'inclina respectueusement et sortit.

— Mon ami, reprit Olivier, pardonnez-moi de disposer ainsi de vous sans vous en prévenir ; je compte que vous me ferez l'amitié de me sacrifier quelques jours : je ne sais ce que je deviendrais si vous m'abandonniez seul dans cette ville, où tout m'est inconnu.

— Rassurez-vous, mon ami, je passerai une quinzaine de jours en votre compagnie.

— Vous êtes un homme charmant, je vous remercie, vous me rendez un véritable service.

Les deux amis continuèrent à causer ainsi pendant assez longtemps encore, puis ils se retirèrent dans leurs appartements, pour faire leur toilette ; Olivier donna l'ordre d'atteler ; ils arrivèrent à l'hôtel Salaberry dix minutes avant l'heure fixée par le duc.

Il paraît que des ordres sévères avaient été donnés à la livrée.

Au lieu de leur faire faire antichambre, comme le matin, ils furent reçus avec les marques du plus profond respect, Olivier surtout ; on les conduisit tout droit au cabinet de travail du duc. Le valet annonça avec emphase, sans même avoir demandé les noms :

— Sa Seigneurie le marquis de Soria ! Le seigneur don Jose Maraval !

Le duc accueillit les deux amis avec un charmant sourire.

— Voilà une exactitude militaire, dit-il du ton le plus affable.

Olivier était devenu, sans transition, un brillant gentilhomme, fêté et recherché par tout ce que Madrid possédait alors de plus grand et de plus noble comme nom et comme fortune.

Du reste, nous rendrons cette justice à notre héros de constater que véritablement sa haute fortune ne l'avait nullement ébloui; à voir son calme un peu hautain, sa science de l'étiquette minutieuse de la grandesse espagnole, chacun eût affirmé de la meilleure foi du monde que toujours le jeune homme avait vécu ainsi.

Olivier avait été présenté en audience particulière à la cour et accueilli avec distinction par la reine-mère régente, les infantes et les princes; mais, sur l'instante prière de son fils, le duc avait consenti à ne demander, provisoirement du moins, aucune charge pour lui.

Olivier tenait à conserver autant que possible sa liberté.

Il riait comme un fou, avec son ami Maraval, de ce titre de marquis de Soria, dont, prétendait-il, son père avait voulu l'*affubler* à son corps défendant; il soutenait, avec les plus bizarres paradoxes et les plus mordantes railleries, que, titre pour titre, celui de marquis de Mascarille lui aurait beaucoup mieux convenu sous tous les rapports, à cause de l'existence singulière que, depuis sa naissance, il avait menée.

Entre toutes les obligations ennuyeuses auxquelles il était contraint de se soumettre, il en était une qui avait surtout la faculté de l'horripiler affreusement, mais dans les rets de laquelle il était si complétement garrotté, qu'il lui était impossible de s'y soustraire.

C'était cette implacable étiquette qui se glissait partout à son insu, s'emparait de tous les actes de sa vie, et lui enlevait ainsi toute la liberté de ses mouvements.

Accoutumé à la vie au grand air, toute de fantaisie et d'imprévu, n'ayant jamais eu d'autre loi que son caprice, habitué à une entière liberté d'actions, de costumes et de langage, riant, chantant où et quand cela lui plaisait, sans que nul eût le droit d'y trouver à redire; ayant, en un mot, toujours été son maître, Olivier souffrait horriblement de la contrainte dans laquelle il était perpétuellement obligé de vivre, aussi bien dans son intérieur, sous les yeux d'argus de ses domestiques, que dans le monde, sous le feu des regards fixés sur lui, l'épiant sans cesse et prêts à saisir et à profiter du moindre oubli, de la plus minime négligence.

Souvent il se demandait sérieusement comment il était possible que des hommes doués de bon sens et d'intelligence consentissent à se rendre ainsi volontairement esclaves, sans autre dédommagement que celui d'éclabousser et d'écraser de leur luxe et de leur faste ridicule quelques pauvres diables qui les admiraient et les enviaient de confiance : sans se douter de ce qu'il y avait de honteuse et méprisable bassesse sous tous ces oripeaux si fièrement étalés.

Alors Olivier souriait avec dédain, et se mettait

à se mépriser lui-même pour sa lâche complaisance aux volontés de son père.

Lorsque M. Maraval, après un séjour de quinze jours à Madrid, prit congé de son ami Olivier pour retourner à Cadix et s'occuper enfin de ses propres affaires, que son amitié lui avait fait si longtemps négliger, tout naturellement il félicita Olivier sur sa nouvelle fortune et l'avenir brillant qui s'ouvrait devant lui; mais à tous ces compliments l'ancien marin hocha la tête avec découragement et répondit :

— Mon cher Jose, vous l'avez voulu. Vous croyiez travailler à mon bonheur : je vous ai obéi, je n'ai donc aucun reproche à vous adresser ; mais souvenez-vous de ce que je vous ai dit le premier jour : mes appréhensions sont toujours les mêmes ; le fardeau que je porte est trop lourd pour mes épaules. Croyez-moi, vous et mon père, vous vous êtes trompés : aucunes de vos prévisions ne se réaliseront ; je ne suis pas fait pour cette existence que l'on prétend m'imposer ; elle froisse à chaque pas, à chaque seconde, mes goûts et mes habitudes. Je suis accoutumé de longue date, vous le savez, aux caprices les plus bizarres de la fortune ; il en sera pour moi de cette aventure comme de toutes les autres auxquelles j'ai été mêlé : un beau jour, et Dieu veuille que ce soit bientôt, le château de cartes s'écroulera, la bulle de savon crèvera, et je redeviendrai gros Jean comme devant ; c'est du reste ce qui peut m'arriver de plus heureux. Aussi, je ne vous dis pas adieu, cher et vieil ami, mais au revoir ; j'en ai la conviction intime, nous nous reverrons avant qu'il soit longtemps.

— Je le crains, en effet, murmura à part lui M. Maraval.

— Mais laissons cela; quand quitterez-vous Cadix?

— Dans un mois; j'ai frété le *Lafayette* pour me transporter en France avec tout ce qui m'appartient.

— Bien; j'irai passer quelques jours avec vous avant votre départ; j'ai à causer avec vous de choses que je ne puis vous dire ici, et puis j'ai besoin de revoir mon brave matelot, je ne puis pas le laisser partir ainsi sans l'embrasser; comptez donc tous deux sur ma visite prochaine.

— C'est convenu, cher Olivier, nous vous attendrons.

Les deux amis s'embrassèrent; le soir même, après avoir pris congé du duc de Salaberry, M. Maraval repartit pour Cadix.

Le duc était heureux, il avait retrouvé son fils, il l'avait enfin auprès de lui, il ne désirait plus rien; il l'entourait de soins, de tendresses, de prévenances de toutes sortes dont, pour ne pas l'affliger, Olivier feignait d'éprouver la plus vive reconnaissance; d'ailleurs, en connaissant davantage son père, Olivier s'était senti attiré vers lui par une sympathie qui n'avait pas tardé à se changer en une vive et profonde amitié; ce vieillard était si véritablement bon, il s'étudiait avec tant de soin à faire oublier à son fils le mal qu'il lui avait fait, que celui-ci non-seulement lui avait déjà depuis longtemps pardonné dans son cœur, mais encore il aurait été désespéré de lui causer le plus léger ennui.

Un des premiers soins du duc avait été de conduire son fils au château de Balmarina, et de le présenter à son gendre et à sa fille.

Le marquis et la marquise furent agréablement surpris en voyant Olivier; malgré tout ce que le duc leur avait dit sur son fils, et peut-être précisément à cause de cela, sachant combien l'amour paternel est facile à s'aveugler, ils s'attendaient à voir une espèce de rustre, un marin brutal et grossier, très-honnête sans doute et probablement rempli de cœur, mais dont les manières triviales et la conversation *goudronnée* n'auraient aucun agrément, et serait pour eux une société assez désagréable, pour ne pas dire plus, quoique, à cause de leur grand amour pour leur père, ils fussent bien disposés à son égard et résolus à lui faire un excellent accueil; mais quand, à la place d'un ours mal léché qu'ils s'attendaient à voir, ils trouvèrent au contraire un beau cavalier aux traits intelligents et sympathiques, à la parole facile sans affectation, aux manières aristocratiques, enfin un homme du meilleur monde, dont rien, ni dans le costume ni dans les allures, ne sentait le parvenu, leur joie fut d'autant plus vive que leurs craintes avaient été plus grandes.

Le marquis et la marquise de Palmarès reçurent leur beau-frère de la façon la plus cordiale; le marquis lui témoigna tout de suite beaucoup d'affection; il en fut de même de la marquise, mais de sa part l'amitié fut plus franche et surtout plus réelle.

Doña Santa était née dans la Nouvelle-Espagne, dont son père avait été un des derniers vice-rois; elle était petite, mignonne et gracieuse comme une Andalouse; elle avait été fort belle et l'était encore beaucoup. Bien que mariée depuis plus de quatorze ans déjà, elle adorait son mari comme aux premiers jours de son mariage ; elle partageait sa tendresse entre lui et ses enfants, qu'elle chérissait.

Ces enfants étaient au nombre de six, quatre garçons et deux filles. L'aîné avait dix ans et demi ; le plus jeune était presque encore au berceau ; c'était un charmant chérubin blond, de deux ans à peine, une petite fille qui promettait d'être aussi belle que l'avait été sa mère, et, en attendant, était un ravissant bébé.

Doña Santa était bonne, affectueuse, douce, de manières un peu hautaines parfois, vive, spirituelle, très-pieuse, mais d'une piété éclairée, sans aucune teinte de cette dévotion outrée qui sèche le cœur et atrophie les bons sentiments en les détournant de leur pente véritable ; mais elle était jalouse, jalouse comme une lionne, de son mari, dont la réputation de galanterie l'effrayait avec raison.

La marquise cachait, sous ces dehors si charmants et si doux, une énergie indicible et une volonté de fer ; seulement elle mettait des gants de velours pour cacher ses griffes roses, acérées et tranchantes comme des griffes de tigresse. Rien de plus terrible que ces volcans souterrains, dont la lame bouillonne au fond du cratère et monte lentement à la surface. On comprenait qu'il suffirait d'une étincelle pour allumer un inextinguible incendie dans cette âme ardente, froissée, meurtrie, et l'entraîner plus loin peut-être qu'elle ne le voudrait elle-même.

Le marquis de Palmarès ne se doutait de rien de tout cela.

C'était un très-bel homme, fort recherché des femmes, dont il se laissait adorer; très-fat, médiocrement intelligent, ni bon ni mauvais, très-vaniteux et surtout très-égoïste, chez lequel le cœur n'avait jamais existé, moralement parlant; tel enfin que doit être un don Juan ou un Lovelace; d'autant plus redoutable, que chez lui la passion, toujours froidement calculée, n'était qu'une question d'amour-propre et une satisfaction des sens. Il ne s'était jamais donné la peine d'étudier le caractère de sa femme, que, du reste, il n'aurait pas compris.

Il y avait entre les deux époux cet abîme infranchissable qui sépare le matérialisme brutal du spiritualisme trop élevé.

Ces deux êtres si dissemblables devaient marcher ensemble dans leur vie commune, sans jamais se deviner ni s'apprécier à leur juste valeur.

Et au bout de tout cela, dans les secrets de l'avenir, peut-être y avait-il une horrible catastrophe dès qu'un choc décisif se produirait.

Bien que, par des motifs différents, la présentation d'Olivier à Balmarina causât une vive joie aux deux époux, c'était un élément nouveau jeté dans leur vie insipide, à leur éternel tête-à-tête.

Le marquis, en l'attirant chez lui, espérait trouver un allié inconscient, qui, par sa présence, empêcherait sa femme de s'apercevoir de ses trop fréquentes et longues absences. Doña Santa, au contraire, dont le cœur débordait et avait besoin de s'épancher, espérait trouver en son frère un confident auquel elle pourrait tout dire, un consolateur dévoué qui, au besoin, deviendrait un allié, sur l'aide duquel elle pourrait compter sans restriction.

On comprend que, les choses ainsi posées, la situation ne devait pas tarder à se dessiner nettement, d'autant plus qu'Olivier, accueilli avec cette franchise cordiale qui semble venir du cœur, se laissa facilement séduire, désireux qu'il était de se soustraire à cette étiquette qui lui faisait horreur, et autant que possible jeter un élément d'intérêt dans la vie triste et monotone à laquelle il était condamné à Madrid, dont les *tertulias* froides et collet monté n'avaient pour lui aucun charme. Il répondit donc aux chaleureuses avances de son beau-frère et de sa sœur comme ils le voulaient; il devint bientôt le commensal du château, où, par les soins de doña Santa, un appartement avait été aussitôt disposé pour lui, avec ce tact si fin et si délicat que possèdent les femmes, et dont elles savent si bien se servir lorsqu'il s'agit de satisfaire les goûts d'une personne qu'elles aiment réellement.

Balmarina était véritablement une habitation princière; il avait son histoire. Bâti au milieu d'un parc de plusieurs lieues, ressemblant à une forêt, traversé par plusieurs cours d'eau, situé dans une position des plus pittoresques, au sommet d'une colline assez élevée, entouré de plusieurs fermes importantes dépendant directement du château; le parc regorgeait de gibier de toutes sortes, que l'on pouvait, pendant des journées entières, chasser à courre sans sortir de ses domaines.

Cette splendide demeure avait été construite en 1562, par don Alonso Pacheco Tellez, rico-hombre,

XIIIe comte et IXe duc de Salaberry-Pasta, et surnommé le Fastueux, avec le produit des sommes *économisées* par lui dans les Flandres, d'où S. M. C. le roi Philippe avait daigné le nommer gouverneur général pendant l'intérim assez court qui s'écoula entre le remplacement de Marguerite de Parme et l'élévation à ce poste du fameux duc d'Albe. On voit que le duc de Salaberry avait mis le temps à profit, et que les Flandres étaient un bon pays pour la pêche en eau trouble.

Sept cents villages avaient été rasés pour planter le parc et élever le château, construit dans le style florentin de cette époque ; le domaine était presque aussi étendu, avec toutes ses dépendances, qu'un département de la France actuelle.

Doña Santa, à qui son père en avait fait don, l'avait apporté en dot à son mari.

Olivier se trouvait, dans ce château, précisément dans le milieu qui convenait le plus à ses goûts et à ses penchants naturels. Il faisait de longues promenades en forêt, soit à pied, soit à cheval ; chassant avec délices, il s'était fait le pourvoyeur de gibier du château. Souvent, par de belles nuits, il bivaquait sous bois, comme il le faisait autrefois en Amérique ; ou bien, si le temps était mauvais, il demandait l'hospitalité, pour la nuit, à quelque fermier du marquis, certain d'être toujours bien reçu par ces braves gens, charmés de ses manières simples, si différentes de celles des autres gentilshommes qu'ils étaient accoutumés à voir.

Olivier se reportait ainsi aux jours passés ; il se trouvait presque heureux de cette existence nouvelle, qui relâchait un peu pour lui les liens si lourds de l'étiquette.

Du reste, la marquise, dont l'affection pour lui augmentait chaque jour, lui laissait liberté complète de vivre à sa guise; s'informant avec intérêt des détails de ses courses en forêt, admirant de bonne foi son adresse comme chasseur et le remerciant, avec un charmant sourire, de fournir si abondamment sa table d'excellent gibier.

C'était fête au château quand il y arrivait pour y passer quelques jours. La marquise était aux petits soins pour lui; elle essayait par tous les moyens possibles de le retenir longtemps près d'elle, et, lorsqu'il repartait pour Madrid, elle lui faisait promettre de revenir bientôt, promesse qu'Olivier se hâtait de tenir, car il ne se sentait heureux que lorsqu'il était à Balmarina.

A Madrid, le marquis, dont ses charges à la cour l'empêchaient, à son grand regret, de se rendre aussi souvent qu'il l'aurait voulu auprès de sa femme, le priait d'aller lui tenir compagnie; il le chargeait de cadeaux pour doña Santa, ainsi que de lettres affectueuses, et le priait d'aller en bon frère la consoler dans sa solitude. Le duc se mettait aussi de la partie. Sachant combien son fils s'ennuyait à Madrid, il le pressait d'aller, pendant quelques jours, respirer l'air vivifiant des hautes futaies et des grands bois de Balmarina; parfois même il l'accompagnait et restait avec lui pendant quelques jours près de la marquise.

De sorte qu'Olivier, qui ne demandait pas mieux, était constamment sur la route de Madrid à Balmarina, et *vice versa*.

CHAPITRE XIII.

DU VOYAGE D'OLIVIER ET DE SA SŒUR A CADIX, ET DES CONFIDENCES DE LA MARQUISE A SON FRÈRE.

Cependant Olivier avait promis à son ami, M. Maraval, d'aller passer quelques jours à Cadix avec lui, avant son départ pour la France; cette promesse, le banquier avait plusieurs fois écrit au jeune homme pour la lui rappeler. Un matin, en déjeunant avec la marquise et son mari, qui par hasard était depuis deux jours au château, il annonça son départ pour Cadix, dont il fit sans difficulté connaitre les motifs.

— Je compte partir ce soir, ajouta-t-il.
— Si tôt? dit la marquise.
— Il le faut, ma sœur : don Jose compte définitivement partir à la fin du mois pour se rendre en France; je lui ai personnellement de trop grandes obligations...
— Nous lui en avons tous, mon frère, interrompit chaleureusement le marquis. Don Jose Maraval est l'ami le plus sûr, le plus dévoué de notre famille; ce qu'il a fait dernièrement encore.....
— Doña Carmen et sa fille, doña Asunta, sont

charmantes, j'ai une vive affection pour elles, interrompit la marquise avec intention ; je regrette vivement de ne pas les voir avant leur départ.

—Qui vous en empêche, ma sœur? dit gaiement Olivier; venez avec moi.

La marquise regarda son mari.

— C'est bien loin, dit celui-ci, une absence si longue; car votre voyage durerait au moins un mois...

— Ou six semaines au plus, ajouta Olivier toujours riant.

— Ce sont de bien bons amis..., fit timidement la marquise.

— Je le sais bien; cette visite leur prouverait en quelle estime nous les tenons. Notre père serait, j'en suis convaincu, charmé de vous voir aller leur porter en son nom, avec nos adieux, nos souhaits sincères pour leur bonheur.

— Alors, qui empêcherait que j'accompagnasse mon frère ?

— Ma chère Santa, vous savez combien je vous aime ! dit le marquis, dont le regard brilla de tendresse, et combien le temps me semblera long pendant votre absence! Cependant, comme de mon côté je vais être obligé d'accompagner la cour à Oviedo, où elle résidera près d'un mois...

— Ah! la cour se rendra à Oviedo?

— Pour un mois ou six semaines, oui, ma chère; j'allais même vous en parler; aussi, je réfléchis que pendant l'absence de votre frère et la mienne vous seriez ici bien esseulée, et, ma foi! si vous avez véritablement l'intention de faire ce voyage...

— Mais oui, interrompit-elle vivement, je le désire.

—Alors, ma chère Santa, je ne vois aucun inconvénient à ce que vous le fassiez.

—M'acceptez-vous pour compagne, mon frère?

—Je le crois bien! s'écria Olivier en riant; vous allez rendre nos amis bien heureux.

—Alors, je pars avec vous, c'est convenu. Balmarina est sur la route de Cadix, ne vous occupez de rien; je me charge de tous les préparatifs. Faites simplement préparer vos bagages par votre valet de chambre, que, sans doute, vous comptez emmener avec vous. Prenez congé de notre père et soyez de retour ici pour l'heure du dîner. Nous voyagerons à la lueur des étoiles; rien n'est délicieux comme un voyage de nuit dans ces contrées, vous verrez, mon frère. Je vais à l'instant expédier un courrier à Puerto-Real, pour que tout soit prêt quand nous arriverons et que nous soyons bien reçus.

—Vous possédez donc une campagne à Puerto-Real? demanda Olivier.

—Nous avons des maisons un peu partout, dans les villes et dans les campagnes, dit le marquis en riant.

On causa pendant quelques instants encore, puis les deux beaux-frères partirent pour Madrid.

Le soir, Olivier était de retour; à huit heures du soir, on se mit en route.

Olivier et sa sœur étaient dans une excellente berline, les caméristes et le valet de chambre dans une voiture de suite. Les deux voitures, attelées de quatre mules chacune, dévoraient l'espace; des relais avaient été préparés à l'avance de distance en distance; on n'attendait pas. Huit valets armés jusqu'aux dents et résolus escortaient les voyageurs.

Dans ce magnifique pays d'Espagne, où les brigands poussent sous chaque caillou de la route, il est bon de se mettre sur ses gardes et de ne pas trop compter sur la protection du gouvernement pour sa sûreté, les voleurs étant en général les amis et les associés des gendarmes.

Quelques jours avaient suffi à Olivier pour s'assurer que le marquis et la marquise n'étaient unis qu'à la surface, et qu'au fond leur intérieur n'était, en réalité, qu'un enfer.

Ce fut alors, dès le commencement du voyage, qu'Olivier fut initié à son rôle de confident et de consolateur.

La marquise avait besoin d'un prétexte ; la présence continuelle de ses gens la gênait : peut-être étaient-ils dans les intérêts de son mari, chargés par lui de l'épier. Elle attendait une occasion ; le départ d'Olivier pour Cadix la lui offrit, elle la saisit au vol. Pendant un voyage de plusieurs jours, assis côte à côte dans une berline enlevée à toute course par des mules enragées, causant en français et parlant à demi-voix, elle pouvait tout dire sans crainte.

Doña Santa en était venue à éprouver une si réelle et une si confiante amitié pour son frère, qu'elle ne voulait plus avoir de secrets pour lui, qu'elle sentait le besoin impérieux de lui révéler ses souffrances les plus intimes, souffrances d'autant plus cruelles que, nous l'avons dit, elle adorait son mari.

Une chose surtout l'irritait au point de la rendre furieuse : c'était ce qu'elle nommait la duplicité de son mari, qui, ne l'aimant plus, ne l'ayant jamais aimée, prétendait-elle, feignait d'être jaloux d'elle.

Le marquis, avons-nous dit, avait six enfants : deux filles, toutes deux élevées au couvent de *las Huelgas*, couvent réservé aux filles de la grandesse espagnole, et quatre fils, que, par le conseil de son père, elle avait conservés près d'elle ; des maîtres de toutes sortes, très-bien rétribués, venaient chaque jour donner des leçons à ces jeunes enfants. De plus, ils avaient un gouverneur qui ne les quittait jamais et résidait au château de Balmarina.

Ce gouverneur, nommé don Pancho de Valmoral, appartenait à une famille de bonne et vieille noblesse, ruinée par les guerres de l'invasion française, et que des liens éloignés rattachaient à la famille Pacheco. Le père de don Pancho avait été un partisan convaincu du roi Joseph ; tout naturellement, au retour de Ferdinand VII, sa fortune avait été confisquée, il s'était trouvé subitement ruiné. Contraint de s'expatrier pour éviter de passer en jugement, il s'était réfugié en France, où, deux ans plus tard, il était mort de chagrin, laissant un fils jeune, instruit, intelligent, mais réduit à la plus affreuse misère. Ce fils était don Pancho ; il était venu, traversant toute l'Espagne, Dieu sait au prix de quelles privations, se présenter, une lettre de son père à la main, au duc de Salaberry-Pasta.

Le duc, après l'avoir très-bien accueilli, l'avait assuré de sa protection ; en effet, dès que l'occasion s'en était présentée, il l'avait fait entrer chez sa fille, la marquise de Palmarès, en qualité de gouverneur de ses enfants.

Place fort belle, très-bien rétribuée, toute de confiance, et qui n'avait rien de blessant pour l'orgueil un peu chatouilleux du jeune gentilhomme.

Au moment où nous le mettons en scène, don Pancho de Valmoral était âgé de trente-cinq ans ; fort bien fait de sa personne, il avait les traits fins et distingués, mais constamment assombris par un nuage d'incurable mélancolie répandu sur sa physionomie douce et pensive.

Don Pancho avait voué à la marquise une affection respectueuse sans bornes, le dévouement le plus absolu ; il éprouvait pour elle un sentiment étrange, innommé, dont il ne se rendait pas compte lui-même, dont il n'essayait pas d'analyser l'essence, mais ressemblant beaucoup à cette adoration extatique que les fakirs de l'Inde ont pour leurs idoles.

Un mot ou seulement un regard de la marquise le bouleversaient, le faisaient rougir comme une jeune fille ; il baissait timidement la tête ; si elle lui parlait, il ne répondait qu'en balbutiant, presque sans savoir ce qu'il disait.

Doña Santa était bonne ; la timidité de cet homme, dont elle connaissait les malheurs, l'intéressait ; elle savait son dévouement à sa personne, elle lui était reconnaissante des soins intelligents qu'il donnait à ses enfants ; mais il n'en était et il ne pouvait en être rien de plus. Elle était trop hautaine pour que la pensée lui vînt seulement que ce pauvre garçon, relégué dans une position si infime, osât jamais lever les yeux sur elle ; et certes il n'y pensait pas : il avait trop bien conscience de sa situation pour qu'une telle pensée traversât son esprit, brisé depuis longtemps par tant d'humiliations imméritées.

Tel était l'homme que, au dire de la marquise, son mari avait pris pour but de sa feinte jalousie. En effet, pendant les querelles, qui se renouvelaient journellement, entre les deux époux, le marquis roulait des yeux furibonds et lançait des regards furieux au pauvre gouverneur, qui n'en pouvait mais et ne comprenait absolument rien à ce ridicule manége.

Nous sommes autorisés à supposer que le marquis riait lui-même *in petto* du désarroi dans lequel il jetait le malheureux gouverneur, dont il avait fait si méchamment le plastron de toutes les injures qu'il lui plaisait de lui jeter à la face, sans qu'il fût permis à celui-ci de lui répondre : ce que, du reste, en supposant qu'il eût compris un seul de ces mots blessants et à double entente, le gouverneur se fût bien gardé de faire ; mais tous les traits plus ou moins mordants du marquis frappaient heureusement dans le vide. Ses allusions froissantes étaient d'autant moins saisies, que l'esprit de l'homme qu'elles voulaient atteindre planait dans une sphère trop élevée pour qu'il les entendit.

Quelques mois avant l'arrivée d'Olivier à Madrid, fatiguée de cette honteuse comédie jouée sans mesures par son mari, et qui, un jour ou l'autre, pouvait avoir un denouement sinon scandaleux, mais du moins grotesque, et, dans tous les cas, fort désagréable pour elle, en portant même indirectement atteinte à sa considération, la marquise avait pris un grand parti.

Par l'entremise de son père, à qui elle avait franchement raconté ce qui se passait, elle avait obtenu, pour don Pancho de Valmoral, une place de *contador mayor* à la Havane, place fort belle qui, en assurant l'avenir du pauvre gouverneur, lui permettait de rétablir honnêtement, en quelques années, sa fortune sur des bases solides.

Don Pancho de Valmoral, malgré tous les avantages que lui assurait sa nouvelle position, ne s'était pas séparé de la marquise sans un horrible déchirement de cœur! Peut-être, au moment de quitter pour toujours cette femme dont il avait fait son idole, avait-il eu une révélation, et avait-il lu enfin dans son cœur meurtri par tant de douleurs; mais tout refus était impossible. Il prit congé, les larmes aux yeux, de sa noble protectrice, et partit, la mort dans le cœur, pour l'île de Cuba.

Les enfants de la marquise ne pouvaient pas se passer de gouverneur; la marquise se mit en devoir d'en trouver un, mais celui-ci elle le choisit avec le plus grand soin.

Ce n'était pas facile d'en trouver un tel qu'elle le désirait; enfin elle y réussit. Son choix tomba sur un certain licencié nommé don Antonio Perez de Libresco, homme d'une érudition profonde, d'une honnêteté à toute épreuve, âgé de cinquante-huit ans, très-mal conservé, portant des lunettes vertes sur ses yeux brûlés par les veilles, un peu bossu, très-bancal et doué comme visage d'une laideur irréprochable.

On l'aurait fait faire exprès que l'on ne fût pas arrivé plus juste; du reste, le licencié don Antonio Perez de Libresco, de même que tous les hommes affligés de gibbosité, était d'humeur joviale, aimait à rire et avait la repartie vive et spirituelle, et parfois mordante.

Le marquis avait froncé les sourcils la première fois qu'il avait vu ce nouveau gouverneur assis à sa table ; une raillerie amère était montée à ses lèvres ; mais il s'était contenu, avait haussé les épaules, et jamais depuis il n'avait semblé accorder la plus légère attention au pauvre licencié, lequel, fort intrigué de cette conduite, mais n'osant en demander l'explication, cherchait vainement dans son esprit comment il avait pu encourir la disgrâce de son noble maître.

La marquise avait beaucoup ri de l'aventure, et elle riait encore en la racontant à Olivier ; en somme, elle s'était vengée de son mari ; elle jouissait intérieurement de son triomphe : il n'y avait pas moyen d'être jaloux du licencié don Antonio Perez de Libresco.

Doña Santa raconta encore beaucoup d'autres choses à son frère, avouant franchement sa jalousie et l'appuyant sur la réputation trop bien établie de son mari, dont le temps, disait-elle, se passait à changer continuellement de maîtresses, sans daigner accorder un regard à sa femme, la seule de toutes qui l'aimât véritablement, et qu'il s'opiniâtrait à rendre si malheureuse par ses infidélités.

La marquise en avait gros sur le cœur ; sa confession fut complète, car elle voulut tout dire : ses confidences durèrent pendant tout le voyage.

Olivier essaya de consoler et de réconforter ce cœur blessé ; mais il n'y parvint que partiellement. La marquise était trop profondément atteinte. Aux raisons plus ou moins bonnes que lui donnait son frère, quand il lui conseillait de prendre patience, elle répondait : « Voilà quatorze ans que je dévore mes larmes en silence, sans me plaindre et sans récriminer ». S'il lui offrait de parler à son mari, de tenter de le lui ramener, elle souriait amèrement et répondait : « Mon père a essayé, il a échoué ; vous ne réussirez pas davantage, mon frère ». Puis elle secouait la tête et répondait, les dents serrées, les lèvres pâles et les regards affolés :

— Cet homme n'a pas de cœur ! il sait que je l'aime, et il se plaît à me torturer ; il me méprise ! Et elle ajoutait avec une énergie fébrile : Mais qu'ont donc de plus que moi toutes ces femmes, pour qu'il les aime ainsi, et que moi il me délaisse ? Mon frère ! mon frère ! tout cela finira mal ; ma patience est à bout ; un jour j'éclaterai, et alors...

— S'il en est ainsi, ma sœur, dit Olivier, peut-être vaudrait-il mieux demander une séparation, que, certes, on ne vous refuserait pas.

— Moi ! demander une séparation ! quitter mon mari ! ne plus le voir !... Oh ! jamais ! jamais !...

— Mais puisqu'il ne vous aime pas ?

— Mais je l'aime, moi ! s'écria-t-elle avec un cri de lionne blessée ; je ne veux pas me séparer de lui ! Non ! J'endurerai tous les tourments de l'enfer, s'il le faut, mais je resterai près de lui toujours !... jusqu'à ce que...

— Quoi ? demanda Olivier avec inquiétude, en voyant qu'elle s'arrêtait.

— Rien ! répondit-elle avec un sourire énigmatique.

Olivier baissa la tête et se tut.

Il y eut un long silence.

La marquise regardait machinalement, et sans

les voir, les arbres semblant fuir comme une armée en déroute de chaque côté de la voiture.

Olivier réfléchissait ; il était triste. L'avenir lui semblait gros de malheurs.

— Ah ! s'écria tout à coup joyeusement la marquise, voici Puerto-Real ; avant un quart d'heure nous arriverons.

En effet, les voitures avaient obliqué sur la droite, avaient pris une large route qui suivait les bords de la mer, et, laissant à gauche le chemin de Cadix, elles se dirigeaient à fond de train vers une ville à demi enfouie sous des flots de verdure, et dont on n'était pas éloigné de plus d'une lieue : cette ville était Puerto-Real.

Olivier jeta sur la baie ce regard expérimenté de marin auquel rien n'échappe ; il ne put retenir un cri de joie.

— Qu'avez-vous, mon frère ? demanda aussitôt la marquise.

Le jeune homme sourit, et, allongeant le bras dans une certaine direction :

— Regardez, Santa, ma chère sœur : apercevez-vous ce bâtiment, là, entre Cadix et Puerto-Real, et qui porte si fièrement le pavillon américain à sa corne ?

— Je le vois, oui, mon frère ; c'est un brick, je crois ?

— Oui, c'est un brick, il se nomme le *Lafayette*.

— Il est bien beau et bien élégant, mon frère. Est-ce que vous le connaissez ?

— Si je le connais ! s'écria-t-il d'une voix tremblante d'émotion, c'est mon navire, celui que j'ai si longtemps commandé lorsqu'il était corsaire et se nommait le *Hasard* ; mon cœur a bondi en le

voyant, tout mon être s'est élancé vers lui !...
Pauvre *Hasard !*

— Mon frère, vous regrettez votre belle vie d'autrefois ?

— Hélas ! murmura-t-il.

— Sans doute ce navire vous rappelle bien des souvenirs ?

— Oui, Santa, ma sœur bien-aimée, répondit-il en lui prenant doucement la main et les yeux pleins de larmes, il me rappelle bien des souvenirs de joies et de douleurs ; c'est sur ce navire que j'ai été heureux comme il ne sera jamais donné à aucun homme de l'être en ce monde ; c'est aussi sur ce navire que mon cœur s'est brisé pour toujours ! Aujourd'hui, hélas ! il n'est plus que cendres.

Olivier cacha sa tête dans ses mains, essayant, mais en vain, d'étouffer les sanglots qui lui déchiraient la gorge.

— Mon frère, Carlos, mon cher Olivier, vous souffrez affreusement, s'écria-t-elle ; remettez-vous, je vous en supplie, vous m'effrayez.

Mais, si la douleur pouvait un instant abattre cette âme si fortement trempée, elle rebondissait vite et se relevait plus forte.

Olivier passa son mouchoir sur son visage et sourit.

— C'est fini, dit-il ; pardonnez-moi, ma sœur.

— Oh ! mon frère, j'avais deviné que vous aviez une grande douleur au cœur, mais jusqu'à ce jour je n'avais pas osé vous en parler. Vous me direz tout, Olivier ; je préfère vous donner ce nom, qui est celui que vous avez si longtemps porté ; vous me direz tout, je le veux : un frère n'a pas de secrets pour sa sœur.

— A quoi bon vous faire le récit de mes douleurs, chère sœur ! votre âme n'est-elle pas assez torturée par vos propres chagrins ?

— Mon frère, je veux connaitre votre vie passée, je veux partager vos douleurs, comme vous partagez maintenant les miennes ; étant deux à souffrir, nous serons plus forts pour soutenir la lutte, ajouta-t-elle avec un délicieux sourire.

— Santa, vous êtes un ange. Oui, je vous dirai tout ; je ressusciterai par la pensée l'ange que j'ai perdu et que vous auriez tant aimé ; vous lui ressemblez, Santa, vos deux âmes étaient sœurs ; quand vous connaitrez sa triste histoire, vous l'aimerez. Lorsque vous me verrez dans mes heures sombres, vous me parlerez d'elle, vous prononcerez son nom, et le sourire reviendra sur mes lèvres à ce souvenir adoré doucement invoqué par vous.

— Oui, mon frère, nous parlerons d'elle ; nous oublierons le présent en nous réfugiant dans le passé. Merci, mon frère, de cette touchante confiance que vous mettez en moi.

En ce moment, les voitures tournèrent dans un chemin, escaladant les flancs des collines, et, laissant la ville sur la gauche, elles gravirent les pentes assez raides sans ralentir leur allure.

En Espagne les voitures galopent toujours, pour monter comme pour descendre ; les mules semblent endiablées, rien ne les arrête.

Quelques minutes plus tard, les voitures franchirent les grilles ouvertes d'une délicieuse villa, et, après avoir exécuté une courbe savante, elles vinrent s'arrêter devant un double perron de marbre, au pied duquel attendaient une foule de serviteurs en grande livrée qui se découvrirent respectueusement à la vue de leur maîtresse et de son frère, le marquis de Soria.

La marquise se retira aussitôt dans son appartement, et Olivier se fit conduire dans le sien.

— Dans une heure, avait dit la marquise, nous nous réunirons, après avoir changé de toilette.

Et elle avait disparu avec ses caméristes.

Cette villa — nous la nommons ainsi, ne sachant comment la désigner autrement — était en réalité un magnifique château, entouré d'un immense parc, rempli d'ombre et de fleurs. Ce château était de construction moresque ; il avait, disait-on, appartenu jadis à un puissant émir parent de Boabdil, roi de Grenade. Cet émir s'était, assurait la légende, tué avec toutes ses femmes plutôt que de consentir à abandonner l'Espagne pour retourner en Afrique ; on montrait la pièce où avait eu lieu cette héroïque boucherie. C'était précisément celle qui, en ce moment, servait de chambre à coucher à Olivier. De ses fenêtres on avait sous les yeux tout le magnifique panorama de cette admirable baie de Cadix, sans rivale au monde.

Pendant qu'Olivier contemplait la mer avec cet amour profond que les marins conservent toujours pour elle au fond de leur cœur, son valet de chambre, avec son consentement, lui racontait comment l'émir, après avoir vaillamment combattu pendant tout le siége de Grenade, s'était échappé de la ville pour ne pas souscrire à la honteuse capitulation consentie par Boabdil, et s'était réfugié dans son château, où, pendant plus d'un mois, il avait résisté, avec ses seuls serviteurs, à

toutes les forces envoyées contre lui par le roi
Ferdinand et la reine Isabelle; refusant toutes les
capitulations qu'on lui proposait; et, enfin, n'ayant
plus de vivres et tous ses serviteurs ayant été tués
à ses côtés, il avait résolu de donner la mort à
toutes ses femmes, au nombre de douze, toutes
belles comme des houris; il avait exécuté cette
résolution héroïque, et s'était tué ensuite; de
sorte que les chrétiens, quand ils eurent enfin
brisé les portes, ne trouvèrent plus dans le château que des cadavres.

Cette légende, que nous résumons ici en quelques mots, avait été contée bien plus longuement et avec une foule de détails intéressants par le domestique; mais ce fut peine perdue, Olivier n'en entendit pas un mot, il rêvait.

La vue de la mer lui avait rappelé un monde de souvenirs.

Une heure plus tard, le frère et la sœur se trouvaient réunis de nouveau.

— Mon frère, dit la marquise, il est onze heures du matin, vous sentez-vous appétit?

— Bon! pourquoi me demandez-vous cela, ma sœur?

— Tout simplement parce que si vous avez appétit, il vous faut attendre au moins une heure pour vous satisfaire.

— Qu'à cela ne tienne, ma sœur, répondit-il en riant; j'attendrai tout le temps qu'il vous plaira.

— Bien. Donnez-moi le bras, nous allons faire une promenade sur le bord de la mer. Je hais tout ce brouhaha qui suit une arrivée de voyage; je ne me plais dans ma maison que lorsque tout y est en ordre.

— Mais il me semble, répondit-il en lui tendant le bras, que vos serviteurs ne font pas grand bruit, et que tout est dans un ordre excellent.

La marquise sourit avec finesse.

— Venez, dit-elle.

Ils sortirent ; une voiture attelée les attendait.

Quelques minutes plus tard, la voiture s'arrêtait à Puerto-Real, sur le quai.

Un joli yacht, portant à l'arrière un pavillon aux armes de la marquise, se balançait à quelques pas du môle ; un canot attendait.

— Singulière promenade que vous me faites faire, ma sœur ! dit gaiement Olivier.

— Pourquoi donc cela ? Donnez-moi la main pour descendre dans ce canot. Bien ! Maintenant, venez.

Olivier obéit et s'assit auprès d'elle ; le canot se dirigea vers le yacht, sur lequel les voyageurs montèrent. L'embarcation fut aussitôt hissée ; le yacht leva son ancre à jet, déplia ses voiles et mit le cap sur Cadix.

— Ah çà, où sommes-nous donc ici ? demanda Olivier en faisant asseoir sa sœur sur un fauteuil placé à l'arrière du petit bâtiment.

— Mais chez nous, vous le voyez bien : ce yacht appartient à notre père.

— Très-bien ; cependant ce sont vos armes que je vois brodées sur ce pavillon ?

— C'est une galanterie du capitaine.

— Bien ; me permettez-vous de vous demander où nous allons ?

— Regardez.

— Nous avons le cap sur Cadix ; mais il me semble...

— Il vous semble mal, cher frère ; je vous ai enlevé et je vous conduis chez notre ami don José Maraval, auquel j'ai envoyé hier un courrier, et qui nous attend aujourd'hui à déjeuner, à midi.

— Ah ! voilà une délicieuse surprise que vous me faites, Santa ! s'écria-t-il avec émotion, en lui baisant tendrement la main ; ah ! les femmes seront toujours nos maîtres ! Avec quelle charmante perfidie vous avez mené cette petite trahison ! comme vous m'avez bien trompé !

— Bah ! les hommes ne doivent-ils pas toujours être trompés par nous pour être heureux ?

— C'est selon ! dit Olivier en riant ; il ne faut pas pousser cela trop loin.

Pendant qu'ils causaient ainsi, le yacht marchait. La distance entre Puerto-Real et Cadix est très-courte ; elle fut bientôt franchie. Une voiture découverte, aux armes de la marquise, attendait sur le quai ; près de la voiture, deux hommes causaient en fumant.

Le yacht vint se ranger bord à quai ; les voyageurs débarquèrent.

Les deux hommes s'étaient élancés à la rencontre des arrivants ; Olivier serra la main du premier et se jeta dans les bras du second, qu'il embrassa à plusieurs reprises.

La marquise regardait cette scène en souriant.

— Ma sœur, dit Olivier avec émotion, en lui désignant l'homme qu'il venait d'embrasser si longuement, j'ai l'honneur de vous présenter mon plus ancien et mon meilleur ami, M. Ivon Lebris.

Le jeune homme salua respectueusement ; la marquise lui rendit son salut, et, lui tendant la main avec un délicieux sourire :

— Monsieur Ivon Lebris, lui dit-elle, voulez-vous me faire l'honneur de m'aider à monter en voiture : tous les amis de mon frère sont les miens.

Le digne Breton salua de nouveau ; ne sachant comment répondre à une aussi grande dame, il se tut et lui obéit.

— Veuillez monter, monsieur, et vous asseoir en face de moi, reprit la marquise.

— Mais, madame..., répondit le Breton interloqué d'un si grand honneur.

— Ah çà, es-tu fou ? dit Olivier en riant ; n'entends-tu pas ma sœur ?

— Pardonnez-moi, monsieur le marquis, mais je n'ose...

Olivier lui coupa brusquement la parole :

— D'abord, je te défends de m'appeler ni monsieur ni marquis ! s'écria-t-il avec colère. Mauvais cœur ! est-ce que je ne suis plus ton matelot ?

— Ah ! si, toujours, matelot ! s'écria le pauvre Breton, les yeux pleins de larmes ; mais le respect...

— Le respect veut qu'on obéisse aux dames, animal ! Allons, monte en double.

— Oui, matelot, tout de suite. Ah ! que je suis content ! tu m'aimes donc toujours ?

— Ah çà ! est-ce que tu en doutais, par hasard ? répondit Olivier en le poussant par derrière, et, s'asseyant près de sa sœur : Allons, Jose, à votre tour.

M. Maraval monta, un valet ferma la portière, et la voiture partit.

Il était temps : la foule commençait à s'amasser, ne comprenant rien à cette scène singulière.

— Monsieur Ivon Lebris ? dit la marquise.

— Pardon, madame, appelez-moi Ivon tout court, ou Lebris, vous me ferez grand plaisir : c'est comme cela que me parle Olivier ; et comme vous êtes sa sœur... Il commençait à s'embrouiller dans sa phrase et ne savait plus comment la finir.

Olivier vint au secours de son matelot.

— Ma sœur t'appellera comme tu voudras, matelot, mais à la condition que tu me parleras à moi comme tu l'as toujours fait.

— A la bonne heure, matelot, j'aime mieux cela ; je croyais que cela te ferait plaisir de t'appeler marquis.

— Dites-moi, monsieur Lebris, reprit la marquise, vous aimez donc bien mon frère?

— Comme s'il était mon frère à moi, madame la marquise. Depuis quinze ans, nous ne nous sommes jamais quittés, sans compter que nous nous sommes réciproquement sauvé la vie une demi-douzaine de fois : cela cimente rudement l'amitié entre deux hommes, allez, madame !

— Eh bien ! je ne vous appellerai plus M. Lebris, vous serez un second frère pour moi ; mais vous me promettrez de ne pas relâcher une seule fois à Cadix sans venir me voir à Madrid ?

— Oh! cela, je vous le promets, madame : je serai trop heureux de revoir mon matelot, ainsi que vous, ajouta-t-il comme correctif.

— Merci, ami Lebris, dit la marquise en souriant ; surtout n'oubliez pas votre promesse.

Nous ne dirons rien de la réception qui fut faite par Mme Maraval et sa fille à la marquise et à son frère ; elle fut telle que ceux-ci pouvaient la désirer.

Pendant trois semaines ce fut une suite non

interrompue de fêtes et de promenades, tantôt à Cadix, tantôt à Puerto-Real; les deux familles s'étaient confondues en une seule.

Ainsi que l'avait désiré sa sœur, Olivier lui avait fait visiter le *Lafayette;* ils y revinrent plusieurs fois; la cabine d'Olivier était restée telle qu'il l'avait disposée pendant qu'il commandait le *Hasard.*

Ce fut dans cette cabine qu'Olivier voulut raconter à sa sœur l'histoire si touchante et si triste de la pauvre Dolorès; ce récit arracha bien des larmes à la marquise, larmes que le frère et la sœur confondirent toujours, car ils étaient aussi émus l'un que l'autre pendant cette longue histoire.

Cependant le jour du départ de M. Maraval arriva, comme tout arrive, à son heure; la veille de l'embarquement les deux familles dînèrent à bord du brick.

Olivier et sa sœur restèrent à bord jusqu'au dernier moment. Olivier eut une longue et secrète conversation avec son matelot Ivon, puis il fallut songer à se séparer. Les adieux furent tristes; Olivier ne pouvait pas s'arracher des bras de ses amis.

Cent fois le mot : Adieu ! avait été prononcé, et l'on restait toujours ensemble; le navire était sous voiles, il fallut enfin se décider à le quitter.

— Au revoir! dit Olivier à M. Maraval et à sa femme. Souviens-toi ! ajouta-t-il en s'adressant à Ivon Lebris.

— C'est là ! répondit le Breton en se frappant la poitrine.

Olivier se jeta dans le canot, où déjà sa sœur

avait pris place, et ils regagnèrent tristement Puerto-Real ; arrivé à la villa, Olivier saisit un fusil et monta en courant sur une terrasse.

Le brick était sur le point de disparaître à l'horizon.

Olivier lâcha la détente du fusil, le coup partit en l'air; presque au même instant une détonation sourde se fit entendre, et une légère fumée apparut, visible seulement avec une longue-vue, sur l'arrière du brick.

Ivon avait aperçu la fumée du fusil, il avait répondu par un coup de canon.

Quelques instants plus tard, tout s'effaça, le brick avait disparu.

Olivier se laissa tomber sur un siége en murmurant :

— Partis ! maintenant je suis seul, seul à jamais !

— Ingrat ! lui dit une voix douce à l'oreille, ne te reste-t-il pas ton père et ta sœur, qui t'aiment eux aussi ?

— Pardonnez-moi, Santa, ma sœur chérie, dit-il avec une ineffable tristesse, mais ceux-là étaient mes plus anciens et mes meilleurs amis.

— Viens, Olivier, allons retrouver notre père, il te consolera ; lui et moi, nous ne te manquerons pas !

— Oui, murmura-t-il si bas que sa sœur ne put l'entendre, mais vous aurai-je toujours ?

Et, cédant à la douce pression de la main de sa sœur, il quitta la terrasse après avoir jeté un dernier regard sur la mer, où rien n'apparaissait plus !

Le lendemain, ils repartirent pour Madrid.

CHAPITRE XIV

OÙ LA FOUDRE ÉCLATE AVEC UN HORRIBLE FRACAS.

Quatorze mois s'écoulèrent depuis le voyage à Cadix, sans offrir aucun événement saillant dans la vie habituelle de nos personnages.

Olivier connaissant mieux son père, qu'il visitait chaque jour, et avec lequel il dînait ou déjeunait quatre ou cinq fois par semaine, sentait son affection pour lui grandir de plus en plus; les manières de l'ancien marin devenaient moins farouches, il s'humanisait sans presque s'en apercevoir; il étendait ses relations, se lançait peu à peu dans le monde, dont toutes les portes lui étaient ouvertes, et où il était toujours admirablement reçu, *horresco referens!* sans encore avoir accepté aucune des charges qu'on lui proposait.

Olivier cependant devenait presque courtisan; il faisait de fréquentes apparitions à la cour, se mêlait aux autres seigneurs, et profitait de sa qualité de grand d'Espagne de première classe pour assister, au moins deux fois par semaine, au jeu de la Reine mère.

Hâtons-nous de dire que, dans son for intérieur, Olivier n'avait nullement changé : ses idées et ses opinions étaient restées absolument telles qu'elles étaient le premier jour de son arrivée à Madrid;

il n'avait modifié sa conduite que par affection pour son père, que cet apparent changement comblait de joie. Le duc, d'ailleurs, n'était pas revenu sur les graves sujets traités dans leur première entrevue ; jugeant inutile et presque dangereux de combattre de front les idées enracinées dans l'esprit de son fils, il avait pris le parti de dissimuler et de tourner la situation ; maintenant il se réjouissait de cette résolution, car la conversion de son fils lui semblait véritable. Seulement, en homme habile, il se gardait de faire aucune allusion à ce sujet scabreux.

Cependant, deux ou trois fois en causant avec son fils, le duc, sans paraître y attacher d'importance, lui avait parlé de son isolement, des fatigues et des ennuis inséparables de la vie solitaire d'un homme de son âge ; avec son nom, sa fortune, sa haute position dans le monde, rien ne serait plus facile à Olivier que de contracter une union brillante ; il rencontrerait à la cour nombre de jolies femmes portant les plus nobles noms de la monarchie espagnole, qui certes seraient fières de s'allier à la famille Pacheco ; il n'avait qu'à choisir ; mais chaque fois que le duc avait fait ainsi allusion à un mariage possible avec une riche et noble héritière, il avait vu soudain le visage de son fils se couvrir d'une telle pâleur, et prendre une si grande expression de tristesse, que malgré lui le vieillard, qui adorait ce fils depuis si peu de temps retrouvé, s'était toujours arrêté en soupirant, et avait brusquement changé de conversation, en murmurant à voix basse, tout en hochant la tête :

— Il est trop tôt encore ! attendons !

Pendant ces quatorze mois, Ivon Lebris était venu faire visite à son matelot, auquel il avait apporté des lettres de M. Maraval, pour lui, pour son père et pour sa sœur.

L'ancien banquier s'était définitivement installé en France; l'été, il habitait un magnifique château, situé en Touraine, à quelques lieues de Tours, Valenfleurs; l'hiver, il rentrait à Paris avec sa femme, et s'installait dans un charmant hôtel, situé dans le quartier des Champs-Élysées, non loin de la rue Neuve-de-Berry; il promettait à Olivier de faire un prochain voyage à Madrid, pour passer quelques jours avec lui, le menaçant, s'il ne venait pas auparavant le visiter soit à Paris, soit à Valenfleurs, de l'enlever et, bon gré mal gré, de le conduire en France, où il le garderait pendant au moins trois mois.

Ivon Lebris était resté un mois à Madrid, en proie à un étonnement et à un éblouissement perpétuels; le digne Breton ne cessait pas de s'émerveiller de cette existence et de ce luxe grandioses, dont jusqu'alors il ne s'était jamais fait une idée, même lointaine; tout ce qu'il voyait le ravissait en extase. Olivier l'avait présenté à son père, qui l'avait admirablement accueilli, puis il l'avait conduit à Balmarina, où la marquise l'avait reçu comme un vieil ami et l'avait obligé à lui tenir compagnie pendant quelques jours.

Le digne marin, complétement ahuri par un changement si radical dans son existence accoutumée, n'avait cependant pas perdu son sangfroid une seule minute; habitué, comme tous les marins, à voir et à assister aux choses les plus extraordinaires, il renfermait soigneusement ses étonnements au fond de son cœur, et cela avec tant de succès que rien n'en apparaissait à l'extérieur, et qu'il fallait toute la perspicacité et la connaissance profonde qu'Olivier possédait du caractère de son ami, pour s'apercevoir de la perturbation complète de ses idées; mais il était le seul à le remarquer.

Ivon Lebris, aux yeux de tous, conservait le plus beau sangfroid et l'indifférence la plus admirable, ce qui lui faisait grand honneur aux yeux des étrangers, et surtout des valets, toujours disposés en secret à se moquer de ceux qu'ils servent et à les railler sans pitié, plaisir qui, cette fois, leur fut refusé, grâce à l'impassibilité de Peau-Rouge conservée en toutes circonstances par le marin breton.

Enfin, après avoir, en compagnie de son matelot, visité en détail Madrid et ses environs, assisté dans sa loge aux représentations de tous les théâtres de la capitale, et aussi à deux magnifiques courses de taureaux, Ivon Lebris prit congé du duc de Salaberry, de la marquise de Palmarès, et, après avoir chaudement embrassé Olivier, en lui promettant de revenir, au moins une fois tous les ans, passer quelques jours avec lui à Madrid, il retourna à Cadix, où son navire l'attendait, confié aux soins de son second, maître Lebègue.

Aucun changement n'avait eu lieu en apparence dans l'intérieur du marquis de Palmarès et de sa femme; seulement, Olivier, sans en rien témoigner, s'apercevait chaque jour que la situation des deux époux s'aggravait de plus en plus; que leurs relations vis-à-vis l'un de l'autre s'envenimaient dans des conditions qui ne tarderaient pas à devenir intolérables.

Quelques mois après la visite faite par Ivon Lebris à son matelot, le duc de Salaberry-Pasta était parti pour l'Italie, ainsi qu'il le faisait chaque année, passer trois ou quatre mois dans un magnifique château qu'il possédait sur les rives du lac de Côme.

Avant de quitter l'Espagne, le duc de Salaberry avait prié son fils de venir le rejoindre et rester un mois avec lui, ce qu'Olivier avait promis.

Depuis le départ du duc de Salaberry pour l'Italie, sur les instances de sa sœur, Olivier s'était presque fixé à Balmarina, où il faisait des séjours de plus en plus prolongés.

De son côté, n'ayant plus à redouter les reproches de son beau-père, pour lequel il avait un profond respect, le marquis de Palmarès ne se contraignait plus avec sa femme : il avait à peu près jeté le masque ; il résidait presque continuellement à Madrid, et ne faisait plus que de très-rares et très-courtes apparitions à Balmarina, et cela quand il y était positivement obligé, soit par des raisons de convenance, soit pour causes d'affaires.

La marquise, par contre, faisait, accompagnée de son frère, de fréquents voyages à Madrid, courant, disait-elle, les magasins pour se distraire, ou visitant ses amies intimes ; de son côté, Olivier, qui n'avait pas oublié sa promesse à son père, profitait de ces excursions à Madrid pour terminer les préparatifs du voyage qu'il projetait en Italie. La marquise, après avoir fait nombre de courses dans la ville pendant plusieurs heures, se faisait conduire à l'hôtel de son père, où elle savait retrouver son frère, et tous deux retournaient ensemble à Balmarina.

Ce manége durait depuis un grand mois.

Olivier soupçonnait la marquise de se livrer à quelques recherches ou à quelques espionnages clandestins, pour le compte de son incurable jalousie ; mais il n'osait l'interroger, redoutant, en intervenant ainsi, sans y être autorisé, dans des questions essentiellement intimes, et mettant, comme on le dit vulgairement, le doigt entre l'arbre et l'écorce, de faire naître des complications fâcheuses, qu'il tenait surtout à éviter, d'abord à cause de sa profonde amitié pour sa sœur, et ensuite parce qu'il savait à quel degré de violence étaient arrivées les querelles entre les deux époux.

Cependant la marquise, que d'ordinaire Olivier voyait assez triste et mélancolique, était, depuis sa dernière excursion à Madrid, devenue presque subitement d'une humeur charmante ; toute préoccupation semblait l'avoir abandonnée ; elle souriait, causait et taquinait son frère sur sa sauvagerie, ce qu'elle ne faisait que lorsqu'elle était prise de ses rares regains de jeunesse, qui, depuis quelque temps, étaient devenus chez elle de plus en plus rares.

Quoiqu'il n'en laissât rien paraître, ce changement subit inquiétait beaucoup Olivier ; il était évident que sa sœur méditait un projet, dont le succès lui semblait assuré ; mais quel était ce projet, voilà ce qu'il essayait vainement de découvrir.

La bombe éclata plus tôt qu'il ne l'avait prévu, et avec une violence terrifiante.

Un matin, vers dix heures, un grand bruit d'équipages se fit entendre dans la longue avenue conduisant au château.

— Voici mon mari! dit la marquise en se parlant à elle-même avec une secrète inquiétude. Il arrive de bien bonne heure! Que se passe-t-il donc à la cour ? Aurait-on découvert?...

Mais elle s'arrêta, posa un doigt sur ses lèvres, comme pour retenir les paroles que, malgré elle, elle allait prononcer ; elle eut un sourire étrange, rendit le calme à sa physionomie, et, après avoir jeté un furtif regard sur une glace de Venise, afin de s'assurer que rien sur son visage ne trahissait sa pensée intérieure, elle sortit à la rencontre de son mari.

Olivier était absent ; il chassait.

Cinq minutes plus tard, le marquis de Palmarès mit pied à terre devant le double perron de marbre.

La marquise l'attendait.

Il arrivait pâle, sombre, pensif ; bien qu'il fît les plus grands efforts pour dissimuler ce qu'il éprouvait, il était facile de reconnaître au premier coup d'œil qu'il était en proie à de tristes préoccupations.

La marquise feignit de ne rien voir ; elle accueillit son mari avec un franc et joyeux sourire.

Il annonça, dès le premier moment, qu'il venait avec l'intention de faire un long séjour au château, et, comme preuve, il ordonna de préparer son appartement.

La marquise donna aussitôt les ordres nécessaires.

Les deux époux déjeunèrent en tête-à-tête.

Les enfants déjeunaient à part ; ils assistaient au dîner seulement : cela avait été réglé ainsi, dans l'intérêt de leurs études.

Le marquis mangea peu et d'un air préoccupé; il s'informa de son beau-frère.

— Nous ne savions pas avoir le bonheur de vous voir aujourd'hui, monsieur, répondit en souriant la marquise. Mon frère aime la chasse; il court les bois depuis deux jours, mais j'espère qu'il reviendra ce soir.

— Don Carlos est heureux! murmura le marquis; ses plaisirs ne lui coûtent ni...

Il interrompit brusquement sa phrase, sourit avec amertume, se leva, salua cérémonieusement sa femme, et se retira dans son appartement, où il s'enferma.

Dès que la marquise fut seule, elle ordonna que l'on se mit aussitôt à la recherche de son frère, et qu'on le priât de se rendre sans retard au château, où le marquis de Palmarès était arrivé à l'improviste.

Olivier revenait tout en chassant, quand il fut rencontré par un des valets envoyés à sa recherche; il pressa le pas, redoutant quelque événement sérieux.

La marquise l'attendait avec impatience.

Elle était dans une grande inquiétude, les manières de son mari l'effrayaient; jamais elle ne l'avait vu aussi sombre; elle craignait qu'il ne lui fût arrivé quelque désagréable aventure à la cour, peut-être même une disgrâce : la position d'un courtisan est tellement précaire, surtout lorsque c'est une reine qui gouverne, il a tout à redouter de ses caprices imprévus.

Olivier essaya de rassurer sa sœur, tout en se gardant bien de lui faire part des soupçons que lui avait suggérés l'humeur sombre de son beau-frère, mauvaise humeur qu'il attribuait tout simplement à quelque dépit amoureux, complétement en dehors de toute question politique ; il engagea sa sœur à feindre de ne pas remarquer cette préoccupation, de témoigner beaucoup d'égards à son mari, et surtout de prendre bien garde de ne pas l'exciter par quelque mot à double entente ou quelque répartie un peu trop vive.

Tel était, selon Olivier, le seul moyen d'amener peu à peu le marquis à adopter des façons plus conciliantes et plus convenables envers elle.

La marquise pleura beaucoup ; elle aimait toujours son mari, elle souffrait de le voir ainsi ; mais elle promit à son frère de suivre entièrement ses conseils.

La cloche du dîner sonna.

Le marquis descendit et s'assit à table, en face de sa femme, comme il en avait l'habitude ; il semblait moins sombre, mais il était pâle et préoccupé ; ce n'était qu'au prix des plus grands efforts qu'il réussissait, de temps en temps, à lancer quelques mots dans la conversation.

Olivier l'observait à la dérobée ; il essayait, par son enjouement factice, de ramener un peu de gaieté à ce repas, dont l'apparence devenait de plus en plus lugubre.

Le dîner était presque terminé, on servait le *postre* et les *dulces*, lorsqu'un galop furieux de cheval résonna fortement au dehors.

Le marquis redressa vivement la tête ; un éclair jaillit de son regard, qui se riva, pour ainsi dire, sur la porte.

Cette porte s'ouvrit après un instant ; un valet

entra, tenant à la main un plateau d'argent sur lequel une lettre était posée.

Il s'approcha de son maître et lui présenta respectueusement le plateau en prononçant ces deux mots :

— *Correo real* — courrier royal —.

Le marquis prit la lettre, l'ouvrit d'une main frémissante et la parcourut des yeux.

Soudain, une grande rougeur empourpra son visage; une vive satisfaction éclaira sa physionomie ; il replia la lettre, la fit disparaître dans une poche de son gilet, se leva, jeta sa serviette sur la table, et s'inclinant devant sa femme :

— Excusez-moi, madame, dit-il, je suis mandé à Madrid, où je dois me rendre immédiatement.

Et, sans attendre la réponse de la marquise, il quitta la salle à manger d'un pas rapide, en ordonnant qu'on préparât aussitôt ses équipages.

Doña Santa était atterrée.

Olivier posa un doigt sur ses lèvres pour lui recommander de se contenir devant ses enfants.

Elle comprit et baissa la tête.

Le gouverneur, sur un geste muet, se leva et sortit en emmenant les enfants, tout étonnés d'être ainsi congédiés.

Le frère et la sœur demeurèrent seuls.

Vingt minutes s'écoulèrent ainsi, sans qu'aucun mot fût échangé entre eux.

Tout à coup un grand bruit de claquements de fouet et de piétinements de chevaux se fit entendre au dehors.

Le marquis de Palmarès Frias y Soto quittait Balmarina, où le matin, à son arrivée, il avait annoncé son intention de faire un long séjour.

La marquise se leva, livide, raide et froide.

— A mon tour! murmura-t-elle avec une expression étrange dans le sourire, crispant les commissures de ses lèvres pâlies.

Et se tournant vers Olivier, qui l'examinait avec une appréhension secrète :

— Préparez-vous, mon frère, ajouta-t-elle; sans doute, avant une heure, nous serons, nous aussi, sur la route de Madrid.

Elle sortit d'un pas de statue, et referma derrière elle la porte avec bruit.

— Que médite-t-elle? murmura le jeune homme effrayé du ton dont ces paroles singulières avaient été prononcées. Pauvre chère sœur! N'importe! quoi qu'il arrive, je ne l'abandonnerai pas dans cet état de surexcitation nerveuse!

Il monta à son appartement et s'habilla pour le voyage, puis il redescendit.

Il aperçut la voiture de la marquise, attelée de ses quatre mules blanches, arrêtée devant le double perron.

Le mayoral était en selle.

Deux valets de pied se tenaient immobiles de chaque côté de la portière ouverte.

Une demi-heure s'écoula.

Enfin la marquise parut. L'expression de sa physionomie avait changé; elle était rayonnante.

— Partons, Olivier, dit-elle d'une voix brève.

Olivier l'aida à monter et s'assit en face d'elle.

Un valet de pied referma la portière.

Le mayoral fit claquer son fouet; la voiture partit à fond de train.

Balmarina est à sept ou huit lieues de Madrid; c'est un trajet de deux heures à peine.

Entre le frère et la sœur, il y eut un long silence.

— Pourquoi ne me parlez-vous pas, Olivier? demanda enfin la marquise, à qui, sans doute, ce silence pesait.

— Parce que, chère sœur, répondit-il, ce que je vous dirais, vous me refuseriez probablement de l'entendre.

— Peut-être! fit-elle en souriant; vous me reprocheriez, comme toujours, ma jalousie sans motifs, n'est-ce pas?

— C'est ce que je ferais, en effet, ma sœur. Vous vous rendez malheureuse à plaisir.

— Vous vous trompez, mon frère, s'écria-t-elle les dents serrées; cette fois, j'ai une certitude! Mon malheur est bien complet, allez! il ne me reste plus rien à apprendre!

— Santa, prenez garde! ces paroles sont bien graves?

— Je vous répète que j'ai une certitude, ou, si vous le préférez, une preuve, cette preuve vainement cherchée pendant si longtemps.

— Oh! cela n'est pas, cela ne saurait être!

— Cela est, mon frère; écoutez-moi. Vous avez été étonné dernièrement de mes fréquents voyages à Madrid; vous n'avez pas été dupe des prétextes que je vous donnais en riant; savez-vous pourquoi j'allais si souvent à Madrid? Je vais vous le dire : je faisais secrètement fabriquer des clefs par des ouvriers habiles.

— Fabriquer des clefs! s'écria-t-il avec surprise, presque avec épouvante; je ne vous comprends pas, je crains de vous comprendre, ma sœur.

— Oui, reprit-elle avec mélancolie; vous savez

avec quel acharnement je cherche les preuves de la lâche trahison de mon mari ?

— Santa ! ma sœur, que dites-vous ?

— La vérité, mon frère. J'avais lu, il y a quelque temps, dans un roman français, que lorsque les voleurs veulent dévaliser une maison et fouiller dans les meubles, ils prennent avec de la cire vierge l'empreinte des serrures, et, au moyen de ces empreintes, font fabriquer les clefs dont ils ont besoin ; le moyen me parut bon, je résolus de l'utiliser. Je me procurai de la cire vierge, je pris l'empreinte des serrures de tous les meubles de l'appartement de mon mari, même des plus mignons et des plus coquets ; je donnai ces empreintes à plusieurs serruriers de Madrid, en leur promettant un quadruple pour chaque clef : c'était cher, mais je tenais à les avoir. Les clefs m'ont été remises il y a trois semaines ; certains meubles ont des serrures intérieures à certains tiroirs, je les ai fait faire après.

— Eh bien ? dit Olivier à sa sœur.

— Ces clefs fonctionnent admirablement. Mais ce n'est pas tout : je soupçonnais certains meubles de renfermer des doubles fonds et des tiroirs secrets ; je fis venir un ouvrier habile, père de famille et très-pauvre ; vous chassiez pendant ce temps-là, mon frère. Je promis à cet ouvrier vingt-cinq quadruples pour chaque secret qu'il découvrirait dans les meubles, et qu'il m'apprendrait à ouvrir et à refermer. Mon mari est homme de précaution, mon frère ; jugez-en : ses meubles renferment dix-sept tiroirs secrets ou à double fond. Vous comprenez que l'ouvrier avait intérêt à tout découvrir ; je donnai à cet ouvrier quatre cent vingt-cinq quadruples pour ses découvertes, et vingt-cinq pour me garder le secret (c'est-à-dire, en or français, environ 38,250 francs); il partit riche, heureux et me bénissant; j'aurais volontiers payé mille quadruples ces précieuses découvertes.

Alors, j'ai fureté dans tous les papiers de mon mari; mais il est fin, et il se méfie de moi: tous les noms et toutes les dates sont soigneusement grattés, de façon à ce que, si ces papiers étaient découverts, il pût affirmer que ces lettres remontent avant l'époque de son mariage.

— Ainsi, vous le voyez, ma sœur, vous avez été punie par votre curiosité même.

— Vous croyez cela? fit-elle avec ce fin sourire qu'Ève emprunta à Satan dans le paradis terrestre après avoir présenté la pomme à Adam: vous vous trompez, mon frère. J'ai une lettre, une seule, mais elle est signée en toutes lettres et datée: c'est le mignon billet que mon mari a reçu ce soir même par correo real; pressé par le temps, il l'a jeté dans un tiroir secret, certain de le retrouver là, et de lui faire subir demain ou un autre jour la même opération qu'aux autres; mais je guettais, moi; j'attendais l'occasion; je me suis empressée, et, morte ou vivante, je vous le jure, mon mari ne me l'arrachera pas des mains.

— Ma sœur, que prétendez-vous faire?

— Je ne le sais pas encore moi-même, dit-elle pensive.

— Prenez garde! ceci est beaucoup plus grave que peut-être vous ne le supposez.

— Que m'importe! je souffre trop! je me vengerai! Comment? je l'ignore, mais ce sera terrible! Je veux que ce lâche sache bien que je connais son infâme trahison, que je ne suis plus sa dupe; je veux le souffleter avec cette lettre infâme, et demander à la reine une réparation éclatante!

— Mais, ma sœur, vous causerez un scandale épouvantable; vous vous perdrez en perdant votre mari.

— Qu'est-ce que cela me fait? ma vie n'est-elle pas perdue? Je veux me venger, quoi qu'il advienne!

— Au nom du ciel, ma sœur! calmez-vous, réfléchissez.

— Depuis seize ans je réfléchis, mon frère, répondit-elle amèrement.

— Et pourtant, dit-il d'une voix douce, dans votre colère insensée vous oubliez tout, même vos enfants! Que deviendraient-ils après l'éclat que vous méditez? Ils ne sont pas coupables, eux! Pourquoi les rendre responsables des fautes de leur père?

A ces paroles, la marquise bondit comme une lionne blessée, sur les coussins de la voiture.

— Mes enfants!... murmura-t-elle d'une voix brisée par la douleur, mes pauvres enfants! Ah! vous êtes cruel, mon frère, en me les rappelant ainsi. Mais, se remettant presque aussitôt: Et pourtant, vous avez raison, Olivier, reprit-elle, mes pauvres petits enfants sont innocents, je dois leur épargner cette honte; je commanderai à la juste colère qui gronde au fond de mon cœur; je serai calme, je vous le jure...

— Ne vaudrait-il pas mieux tourner bride et

retourner à Balmarina? reprit-il avec insistance.

La marquise feignit de ne pas avoir entendu ; elle ne répondit pas, et détourna la tête.

Cette fois, le silence se prolongea pendant le reste du trajet.

Lorsque la voiture eut franchi la porte de Alcala, doña Santa reprit de nouveau la parole.

— Mon frère, dit-elle, nous sommes à Madrid.

— Hélas! oui, ma sœur, répondit-il avec un soupir étouffé.

— Nous allons nous séparer.

— Nous séparer? Pourquoi? Ne vaut-il pas mieux que je reste près de vous?

— Non, reprit-elle en hochant la tête ; quoi qu'il arrive, je dois être seule.

— Mais donnez-moi au moins une raison, ma sœur.

— Parce que je veux parler à mon mari dès qu'il rentrera du palais; s'il rentre, ajouta-t-elle avec une méprisante ironie, c'est moi seule qu'il doit rencontrer sur le seuil de notre appartement commun ; l'explication qui aura lieu entre nous ne saurait avoir de témoin, ce témoin fût-il mon frère; de trop graves paroles seront échangées entre mon mari et moi pour être entendues par un tiers. Votre présence, loin de me protéger, me nuirait, en envenimant la situation et la faisant sortir du calme dans lequel elle doit être maintenue à tout prix.

— C'est vrai, murmura-t-il, contraint de reconnaître, malgré lui, la logique serrée de ce raisonnement ; mais, après cette explication, que ferez-vous, ma sœur?

— Je me rendrai chez vous, mon frère, comme

dans un refuge sacré. Attendez-moi donc, si ce n'est cette nuit, du moins, je l'espère, demain aussitôt le jour. Séparons-nous donc, mon frère, et à demain.

— Je vous obéis, je me retire; mais je vous en supplie, ma sœur, soyez prudente; ne vous laissez pas emporter par votre trop juste colère; songez à vos enfants, et souvenez-vous que la violence perdrait tout.

— Je suivrai votre conseil, mon frère; je penserai à mes enfants, je serai prudente. Embrassons-nous, Olivier; à demain et bon courage!

— Bon courage et à demain, ma sœur! dit-il en l'embrassant et la serrant dans ses bras.

Le marquis et la marquise de Palmarès habitaient à Madrid l'hôtel Salaberry, dont le duc avait mis une aile tout entière à leur disposition, afin d'avoir plus souvent près de lui sa fille, qu'il adorait.

La voiture s'arrêta devant l'hôtel; un valet de pied s'approcha de l'une des tourelles et frappa aux vitres, en ordonnant d'ouvrir la porte à l'équipage de la duchesse de Palmarès.

Olivier dit une dernière fois adieu à sa sœur, sauta à terre et s'éloigna d'un pas rapide, tandis que la voiture s'engouffrait avec un roulement sinistre sous la voûte de la porte de l'hôtel Salaberry.

— Pauvre Santa! murmura-t-il en soupirant.

Il était à peine dix heures du soir, la Puerta del Sol étincelait de lumières et regorgeait de monde.

Olivier entra au palais; il s'informa aux huissiers et au capitaine des gardes, du marquis de Palmarès.

Les réponses furent négatives ; depuis la veille le marquis n'avait pas paru à la cour.

Olivier était désolé. Que faire ? Comment rencontrer le marquis ? Où le trouver à cette heure de la nuit ?

Soudain une idée lui vint ; il entra dans un café, écrivit quelques mots à la hâte, les cacheta, et, s'élançant au dehors, il se rendit à l'hôtel Salaberry.

— Aussitôt que le marquis de Palmarès rentrera, dit-il au concierge, vous lui remettrez ce billet, en lui disant que je l'ai apporté moi-même ; qu'il vienne immédiatement, que je l'attends avec impatience ; surtout, ajouta-t-il, ne lui annoncez l'arrivée de Mme la marquise que lorsqu'il reviendra de chez moi. Voici dix quadruples ; vous en aurez le double si vous vous acquittez convenablement de ce message. M'avez-vous compris ?

— Parfaitement, monseigneur ; je vous obéirai de point en point.

— A la grâce de Dieu ! murmura Olivier, j'ai fait ce que j'ai pu.

Il rentra chez lui ; ses domestiques, accoutumés à le voir arriver à toute heure sans prévenir de son retour, ne témoignèrent aucune surprise.

Il ordonna à son valet de chambre de faire veiller le concierge, et de le prévenir aussitôt, si le marquis et la marquise de Palmarès se présentaient, ou s'il venait un message de l'hôtel Salaberry, à quelque heure que ce fût de la nuit, qu'une de ces personnes ou un message arrivassent.

Cette précaution prise, Olivier se fit servir à souper, peut-être pour gagner du temps et tromper son inquiétude. Il avait écrit au marquis : « Venez chez moi avant de rentrer chez vous : il s'agit d'une affaire qui intéresse votre honneur ; je vous attends, il n'y a pas une minute à perdre. » Le billet était pressant ; si le marquis rentrait, en le recevant il accourrait, cela était évident. Olivier attendit ; vers minuit, ne voyant rien venir, il renouvela ses ordres à son valet de chambre, et se jeta tout habillé sur son lit pour être prêt au premier appel.

Malgré sa ferme résolution de rester éveillé, la fatigue triompha de ses inquiétudes : il s'endormit profondément.

Il dormait ainsi depuis plusieurs heures, lorsqu'il sentit qu'on lui touchait légèrement le bras ; il ouvrit les yeux, et d'un bond il se trouva debout, l'esprit aussi net et aussi présent que s'il n'avait pas fermé les yeux.

— Eh bien ! qu'y a-t-il ? demanda-t-il à son valet de chambre respectueusement incliné devant lui.

— Monsieur le marquis m'excusera, répondit le valet de chambre, mais comme Sa Seigneurie m'a ordonné de l'éveiller...

— Est-ce que le marquis de Palmarès est arrivé ?

— Non, monseigneur.

— Quelle heure est-il donc ?

— Quatre heures du matin, monseigneur.

— Alors c'est sans doute un message que m'envoie Mme la marquise ?

— Je l'ignore, monseigneur ; mais il vient d'arriver un caballero qui insiste pour être introduit auprès de Votre Excellence pour une affaire très grave et qui, dit-il, ne peut se remettre.

— Faites entrer tout de suite ce caballero et laissez-nous seuls...

Le valet de chambre introduisit l'étranger et se retira.

Cet étranger était un homme de haute taille, aux traits énergiques et au regard perçant; il paraissait avoir au plus quarante-cinq ans ; les allures de sa personne et ses manières étaient celles d'un homme du meilleur monde.

— A qui ai-je l'honneur de parler? demanda Olivier, en lui indiquant un fauteuil.

— Je suis bien en présence du marquis don Carlos Pacheco Tellez de Soria? dit en s'inclinant l'inconnu, répondant à une question par une autre.

— Oui, caballero, répondit Olivier en souriant malgré lui à cette singulière question.

— Monseigneur, je me nomme don Sylvio de Carvajal, je suis alcade de Barrio et chef suprême de la police secrète de Madrid.

— Ah! fit Olivier en tressaillant et devenant livide.

— Vous m'avez deviné, monseigneur?

— Je le crains, caballero; mais veuillez vous expliquer, je vous prie.

— Vous êtes arrivé ce soir à Madrid, monseigneur?

— Oui, vers dix heures du soir; je venais de Balmarina, j'accompagnais ma sœur, la marquise de Palmarès Frias y Soto; je l'ai quittée à l'hôtel Salaberry, sur ses instances; je me suis rendu au palais pour chercher mon beau-frère, mais sans le rencontrer; j'ai alors écrit un billet à mon beau-frère, et je l'ai porté moi-même à l'hôtel Salaberry, où je l'ai remis au concierge, avec ordre de le remettre au marquis dès qu'il rentrerait, et je me suis retiré chez moi.

— Le marquis de Palmarès n'a pas reçu votre billet; suivant son habitude, il est rentré par une porte dérobée percée dans le mur du jardin.

— C'est un fâcheux contre-temps! s'écria Olivier en blêmissant encore; mais j'attends la marquise, et...

— Mme la marquise ne viendra pas, interrompit nettement don Sylvio Carvajal.

— Que voulez-vous dire, caballero?

— Monseigneur, un crime horrible a été commis cette nuit à l'hôtel Salaberry; un valet de l'hôtel, envoyé par le marquis lui-même, est accouru tout effaré me prévenir.

— Mon Dieu! s'écria Olivier hors de lui, ce que je redoutais serait-il arrivé!

Mais, se repentant aussitôt d'avoir laissé échapper ces paroles, il rougit et baissa la tête.

Don Sylvio Carvajal lui lança un regard perçant, tandis qu'un sourire énigmatique se jouait sur ses lèvres.

— Son Excellence le duc de Salaberry-Pasta n'est pas à Madrid, reprit-il froidement; en son absence, j'ai voulu, autant que possible, éviter le scandale; je me suis borné à faire secrètement cerner l'hôtel. J'ai besoin d'un témoin appartenant à la famille Salaberry, pour assister aux perquisitions auxquelles je serai peut-être contraint de me livrer; je suis venu vers vous, monseigneur, pensant que, mieux que personne, vous deviez être au fait de certaines particularités qu'il m'importe surtout de connaître, et supposant que vous ne refuserez pas de m'accompagner. Assisté par vous, monseigneur, je pénétrerai dans l'hôtel sans attirer l'attention ; il nous sera ainsi plus facile, sinon d'étouffer complétement, du moins d'empêcher que cette malheureuse affaire ait un trop grand retentissement.

— Vous dites vrai, caballero ; toute la grandesse d'Espagne, alliée à notre famille, est intéressée à ce que le silence se fasse sur cette horrible catastrophe. Je vous remercie sincèrement de la démarche que vous avez faite près de moi, et je me mets à vos ordres, caballero.

Don Sylvio Carvajal s'inclina respectueusement.

Les deux hommes sortirent.

CHAPITRE XV.

COMMENT LE MARQUIS DE PALMARÈS FIT UN MARCHÉ AVEC DON SYLVIO DE CARVAJAL, ET CE QUI EN ADVINT.

La nuit était claire, étoilée, brillante; la lune semblait nager dans l'éther; ses rayons, d'un blanc bleuâtre, imprimaient aux objets une apparence fantastique; la température était fraîche, presque froide.

Les rues, en apparence du moins, étaient complétement désertes; çà et là on voyait scintiller dans l'ombre la lanterne d'un *celador* ou *sereno*, blotti sous l'auvent d'une boutique ou dans l'enfoncement d'une porte cochère; un calme profond, un silence de plomb, qui avait quelque chose de sinistre, planait, comme un mystérieux linceul, sur la capitale endormie. Madrid se reposait des fatigues du jour.

Au moment où le marquis de Soria et le chef de la police de sûreté mettaient le pied dans la rue, la demie après quatre heures sonna lugubrement à la Puerta del Sol, et vibra longtemps dans l'espace; les deux hommes tressaillirent malgré eux à ce glas funèbre; ils s'enveloppèrent jusqu'aux yeux dans les plis pressés de leurs manteaux; ils marchèrent lentement côte à côte, tenant le milieu de la chaussée et causant avec animation à voix basse, tout en jetant autour d'eux des regards inquisiteurs.

Don Sylvio Carvajal désirait obtenir du marquis de Soria le plan détaillé de l'hôtel Salaberry, et plus particulièrement celui de l'aile de l'hôtel habitée par le marquis et la marquise de Palmarès Frias y Soto, plan qu'Olivier, sans se faire prier, lui expliquait minutieusement : tout autant du moins que le lui permettait sa mémoire, car il n'était entré que très-rarement dans cette partie de l'hôtel, et seulement lorsque sa sœur s'y trouvait par hasard. Puis don Sylvio Carvajal, toujours avec la plus exquise politesse et sans paraître y attacher la moindre importance, fit tomber la conversation sur les événements de la nuit : le voyage précipité de la marquise, sa façon de vivre avec son mari, et jusqu'à quel point la bonne harmonie régnait entre le mari et la femme dans leurs relations intérieures.

Olivier comprenait parfaitement le but de toutes ces questions. Malgré la haine et le mépris que devait lui inspirer le marquis de Palmarès, il éprouvait, cependant, une répugnance instinctive à fournir des preuves contre lui; il se borna à donner à don Sylvio Carvajal — à ce qu'il supposait, du moins, car il n'avait pas en ce moment la plénitude complète de ses facultés et la lucidité ordinaire de son esprit — quelques détails superficiels, et, par conséquent, peu compromettants, sur les relations des deux époux entre eux, passant légèrement sur certains faits assez graves dont il avait été témoin. Pourtant, malgré toutes ces réticences, il paraît qu'Olivier avait affaire à un de ces hommes qui comprennent à demi-mot ou que, sans s'en douter lui-même, il lui en avait dit assez pour l'éclairer. Toujours est-il qu'au moment où ils s'arrêtèrent devant l'hôtel Salaberry, don Sylvio Carvajal lui dit avec un fin sourire :

— Je comprends maintenant tout, monseigneur.

— Comment, tout ? se récria Olivier avec surprise.

— Oui, monseigneur, reprit tranquillement don Sylvio Carvajal, je comprends l'exclamation qui, dans le premier moment de surprise, vous est échappée ; mais rapportez-vous-en à moi, je vous dirai, avant dix minutes, si vous vous êtes trompé ou non.

Olivier fut atterré ; il était persuadé de n'avoir rien révélé.

Il se fit reconnaître par le concierge ; la porte lui fut aussitôt ouverte.

Les deux hommes franchirent le seuil et pénétrèrent dans l'hôtel.

Ils s'engagèrent alors dans la longue allée de tilleuls conduisant à la façade de l'hôtel.

Au moment où ils émergeaient de cette allée et atteignaient le double perron, un homme parut sur le seuil de la porte, dont les deux battants étaient ouverts.

La lune éclairait en plein son visage pâli et ses traits convulsés, auxquels cette clarté blafarde donnait une expression sinistre.

— Voici le marquis de Palmarès Frias y Soto, dit Olivier à voix basse à don Sylvio Carvajal.

— Ah! s'écria le marquis d'une voix rauque, c'est vous, mon frère; pourquoi, hélas! n'êtes-vous pas resté près de la marquise? Des bandits sachant l'hôtel désert, sans doute, s'y sont introduits je ne sais comment. Quel horrible malheur! En rentrant, il y a une heure, j'ai trouvé la fenêtre du cabinet de toilette de la marquise brisée, et elle, ma pauvre et chère Santa, morte et affreusement mutilée. Oh! il me faudra une vengeance éclatante d'un aussi horrible forfait! ajouta-t-il en cachant sa tête dans ses mains, comme s'il eût succombé à son désespoir.

Tout cela fut dit d'un seul trait, tout d'une haleine, avec l'accent monotone d'une leçon apprise.

— Justice sera faite, monseigneur, répondit don Sylvio Carvajal.

— Ah! c'est vous enfin, señor Alcade de Barrio! s'écria le marquis en relevant brusquement la tête et fixant un regard égaré sur le chef de la police de sûreté; je suis heureux de vous voir ici. Je vous attends depuis longtemps; Dieu soit loué! ce crime épouvantable sera donc vengé!

— Je vous le promets, monseigneur, répondit don Sylvio Carvajal d'un accent glacé.

Le marquis de Palmarès tressaillit; mais, se raidissant par un effort suprême:

— Quel affreux malheur, mon cher don Carlos! Comme vous devez souffrir, vous aussi! s'écria-t-il d'une voix larmoyante en se frappant le front d'un air navré.

— Comme vous, mon frère, répondit Olivier qui avait peine à retenir ses larmes, j'espère que justice sera faite de l'assassin, dussé-je, pour obtenir cette justice, aller jusqu'à la reine régente elle-même !

Le marquis chancela visiblement à cette rude attaque ; il jeta un regard effaré autour de lui ; mais se remettant tout à coup :

— Suivez-moi, dit-il d'une voix sourde, nous perdons notre temps ici ; venez, je vais vous conduire sur le théâtre du crime.

Et il s'avança en avant tête baissée.

— Eh bien ? demanda Olivier à don Sylvio Carvajal.

— C'est le marquis qui a tué sa femme ! lui répondit le chef de la sûreté à voix basse.

— Sur mon honneur, je le crois ! s'écria Olivier avec une douloureuse conviction.

— Chut ! dit don Sylvio Carvajal, pas un mot, pas un geste qui pourraient lui donner l'éveil.

Tous les domestiques de l'hôtel, attirés par la curiosité, mais surtout par le vif intérêt qu'ils portaient à leur maîtresse, qu'ils aimaient sincèrement, avaient suivi de loin les deux hommes et s'étaient peu à peu rapprochés.

Don Sylvio Carvajal fit un signe à l'un d'eux et lui dit quelques mots à l'oreille ; le valet s'éloigna aussitôt en courant le long de l'avenue.

Un candélabre à huit branches était allumé et posé sur une table, dans la première antichambre ; le marquis le prit et guida les deux hommes à travers plusieurs pièces, où tout paraissait être dans l'ordre le plus parfait ; enfin, il s'arrêta avec une visible hésitation devant une porte dont la portière de velours était relevée, et qui n'était que poussée ; cette portière, de couleur bleue, était encadrée de larges bandes d'argent ; sur une de ces bandes apparaissait marquée l'empreinte de cinq doigts sanglants.

Don Sylvio Carvajal désigna cette tache sinistre d'un regard à Olivier, en posant un doigt sur ses lèvres pour lui recommander le silence.

Le marquis ne voyait rien ; le flambeau tremblait dans sa main ; cependant il poussa la porte.

— C'est là ! dit-il d'une voix sourde.

Les deux hommes laissèrent échapper un cri d'horreur au spectacle hideux qui s'offrit tout à coup à leurs regards épouvantés.

Le marquis, après avoir fait quelques pas en chancelant, avait posé le candélabre sur la cheminée et s'était affaissé anéanti dans un fauteuil.

Cette pièce était une chambre à coucher ; tout y était pêle-mêle, confondu au hasard. Les tentures étaient déchirées par places ; les rideaux pendaient à demi arrachés ; les meubles étaient renversés et brisés ; les tiroirs, bouleversés, gisaient sur le sol, laissant à demi échapper ce qu'ils contenaient ; le ciel de lit ne tenait plus que par miracle ; les glaces étaient étoilées, les porcelaines renversées çà et là, au milieu de bijoux, de diamants de toutes sortes, jusqu'à des pièces d'or éparpillées sur le parquet et partout ; sur les murs, sur les rideaux, des traces sanglantes de doigts et de mains crispés.

On aurait dit que des bêtes fauves, enfermées dans cette pièce, s'étaient livrées un combat acharné sans merci.

Et au milieu de ce pêle-mêle, de ce tohu-bohu effroyable, la marquise, les vêtements lacérés, en désordre, à demi nue, gisait agenouillée sur le sol, le haut du corps renversé sur une chaise longue, les yeux ouverts, écarquillés par l'épouvante, et les traits horriblement convulsés ; un pistolet de poche à monture d'argent ciselé, taché de sang, était sur le plancher, près d'elle. A travers ses vêtements en loques, on apercevait son corps couvert de blessures semblant faites par des fauves, et bleui par des coups frappés comme avec un assommoir ; mais aucune de ces blessures n'était mortelle, ni même grave ; la marquise avait été étranglée : son cou tordu et tuméfié, les doigts de l'assassin marqués en taches livides, ne laissaient aucun doute à cet égard.

Particularité étrange, le pauvre cadavre conservait encore ses bijoux : diamants aux oreilles, bagues aux doigts, une lourde rivière au cou ; à quoi pensaient donc ces bandits dont le marquis avait parlé et qu'il avait dénoncés ? Comment, après avoir commis un crime aussi épouvantable, avec de si horribles circonstances, s'étaient-ils retirés les mains vides ? Tout avait été brisé et bouleversé, mais rien n'avait été volé. Ce fait était incompréhensible !

— Regardez ! s'écria tout à coup Olivier en désignant au chef de la police la main droite de la marquise.

— Oh! oh! fit don Sylvio Carvajal en hochant la tête à plusieurs reprises.

Il s'agenouilla près de la pauvre morte, desserra les doigts de sa main droite et enleva un papier froissé, taché de sang, qu'elle tenait caché dans sa main crispée.

Le marquis avait fait un mouvement brusque, comme pour s'élancer ; son regard avait jeté un fulgurant éclair, mais il était aussitôt retombé inerte, à demi évanoui, sur le fauteuil.

Don Sylvio Carvajal déplia le papier et le parcourut des yeux avec une expression ressemblant à de l'épouvante.

— Lisez, monseigneur, dit-il à Olivier en lui tendant la lettre.

— Oh! je comprends tout maintenant! s'écria celui-ci avec désespoir, après avoir lu.

Le chef de la police avait ouvert le cabinet de toilette, par lequel le marquis prétendait que les bandits s'étaient introduits dans l'appartement; les deux hommes y entrèrent : la fenêtre était brisée, en effet, mais elle l'avait été du dedans et non du dehors; de plus, ils aperçurent une serviette tachée de sang, jetée sous un meuble; une cuvette, dans laquelle restaient encore quelques gouttes d'une eau sanglante, avait été versée à la hâte par la fenêtre, au bas de laquelle il y avait une large place humide. Les deux hommes échangèrent quelques paroles rapides à voix basse et revinrent dans la chambre à coucher.

Le marquis n'avait pas fait un mouvement.

Don Sylvio Carvajal s'approcha de lui, et, d'une voix triste mais ferme :

— Monseigneur, lui dit-il, personne autre que vous n'a pénétré cette nuit dans la chambre à coucher de Mme la marquise de Palmarès; son assassin, c'est vous!

— Moi! s'écria-t-il avec épouvante, en jetant autour de lui des regards égarés.

— Vous! Regardez-vous dans cette glace : vous avez encore sur le visage des taches de sang que vous n'avez pas songé à faire disparaître!

Et, lui posant la main sur l'épaule :

— En conséquence, ajouta-t-il, au nom de S. M. C. la Reine régente, et en vertu des pouvoirs qui me sont donnés, moi, don Sylvio Carvajal, Alcade de Barrio, chef de la police de sûreté de cette ville capitale de Madrid, je vous arrête. Vous, don Fernan Enrique Bustamente, rico-hombre d'Albaceyte, marquis de Palmarès Frias y Soto, grand d'Espagne de première classe, vous êtes mon prisonnier. Par considération pour le noble nom que vous portez, je vous éviterai l'humiliation d'une arrestation publique, si vous me donnez votre parole de me suivre sans essayer de vous échapper.

— Ainsi vous..., je..., bégaya-t-il, sans savoir ce qu'il disait, tant le coup qui le frappait l'avait atterré.

— Monseigneur, j'attends votre réponse, interrompit don Sylvio Carvajal avec un accent glacé.

— Soit ; vous avez ma parole, je vous suivrai ; je suis innocent, dit-il d'une voix presque inarticulée.

Olivier avait donné l'ordre d'atteler une voiture ; cette voiture était avancée au pied du perron.

Tous les domestiques, groupés dans l'allée, regardaient avec consternation.

Ils adoraient leur maîtresse ; ce crime odieux leur faisait horreur.

— Ce billet ne doit être vu de personne ; rendez-le-moi, monseigneur, dit à voix basse don Sylvio Carvajal à Olivier.

— Je ne le puis en ce moment ; laissez-le-moi quelques jours, je vous jure sur l'honneur que je ne le montrerai à personne qui puisse en abuser contre l'assassin, et que je l'anéantirai devant vous.

— Que voulez-vous en faire ?
— Un usage que vous approuverez.
— Je retiens votre parole, monseigneur.
— Je vous l'ai donnée, bientôt je la dégagerai.

Don Sylvio Carvajal salua courtoisement Olivier, aida le marquis à monter dans la voiture, s'assit en face de lui et donna l'ordre du départ.

Par l'ordre d'Olivier, le corps de la marquise fut relevé, lavé et changé de vêtements par ses caméristes, puis on le transporta dans un autre appartement; on l'étendit sur un lit de parade, et quatre prêtres vinrent s'installer au chevet de la chère morte, qu'ils veillèrent en récitant l'office des morts.

Devant tous les domestiques réunis, Olivier ferma à clef la chambre du meurtre, défendant qu'on y pénétrât, confia la clef au concierge de l'hôtel et entra chez lui, brisé par la douleur et les émotions de cette épouvantable nuit.

Depuis longtemps le marquis de Palmarès avait vu les portes de la prison se refermer sur lui.

Olivier, accoutumé au rude métier de marin et à celui de coureur des bois, les deux métiers les plus dangereux qui soient au monde, était une âme énergique, un cœur de lion; il avait vu les tempêtes les plus terribles, les combats les plus acharnés; il avait marché dans le sang jusqu'aux genoux et bravé cent fois la mort en face, luttant contre les éléments, les fauves et les hommes, plus féroces et plus redoutables que les tigres et les panthères; mais ce crime, lâchement cruel, cet assassinat à coups d'ongles, à la façon des hyènes et des chacals, révoltait sa nature généreuse et lui inspirait un dégoût mêlé d'effroi. Il avait la fièvre; tous ses muscles tressaillaient, ses artères battaient à se rompre; une odeur fade de sang montait à ses narines. Il se demandait comment un homme d'un esprit distingué et cultivé, appartenant aux rangs les plus élevés de la société, avait pu froidement, de parti pris, méditer un crime aussi atroce; il y avait là une énigme dont le mot lui échappait : était-ce une monomanie furieuse, une luxure sanguinaire, une fièvre féroce, qui avaient surexcité cet homme, d'un caractère relativement doux, à commettre une action aussi horrible, avec d'aussi effroyables raffinements de cruauté ?

Et alors, résumant dans son esprit la connaissance qu'il possédait du caractère de chacun des deux acteurs de ce drame sinistre, il se mit machinalement à reconstituer la scène telle qu'elle avait dû avoir lieu, en analysant froidement les sentiments respectifs des deux époux, au moment du crime.

Le marquis n'était pas un homme méchant, tant s'en faut, mais chez lui les instincts brutaux et matériels dominaient dans d'énormes proportions; la violence de son caractère était très-grande; sa colère, souvent terrible, atteignait parfois les limites extrêmes où la folie commence.

Au contraire, la marquise, esprit essentiellement distingué, fin et délicat, bonne, affectueuse, mais mordante, acerbe et très-emportée, bien qu'elle aimât profondément son mari, se jugeait très-supérieure à lui; elle méprisait trop, peut-être sans en avoir conscience elle-même, ce qu'il y avait de trop matériel et presque de bestial dans l'organisation grossière de cet homme, dont cependant elle était jalouse.

Le marquis, de son côté, tout en trompant sa femme sans scrupule, avait pour elle un respect sincère et profond; de plus, placé par sa faute dans une position non-seulement excessivement délicate, mais encore très-dangereuse, si le nom de la femme pour laquelle il trompait doña Santa était un jour révélé à celle-ci, il tremblait devant sa jalousie, tout en n'osant pas rompre une liaison où sa vanité était pour une plus grande part que son cœur; il n'envisageait qu'avec une véritable terreur les conséquences soit d'une rupture, soit d'une indiscrétion, émanant non pas directement de lui, mais de sa femme, dont il connaissait la violence de caractère, et qui, le cas échéant, ne ménagerait aucunes convenances, si hautes qu'elles fussent.

De là les précautions sans nombre qu'il prenait et le mystère dont il entourait une liaison dont, il en avait le pressentiment, la rupture devait avoir pour lui les suites les plus funestes.

Cela posé, voici quelles furent les déductions qu'en tira Olivier, et comment il reconstitua la scène qui avait dû se passer entre les deux époux.

En rentrant à l'hôtel Salaberry, le marquis, ignorant l'arrivée de sa femme, ne savait pas se trouver tout à coup face à face avec elle; il avait tout à la fois été surpris, effrayé et irrité en la voyant ainsi, à l'improviste, se dresser devant lui.

Alors il y avait eu une querelle violente entre les deux époux.

La marquise avait éclaté en menaces en lui montrant la lettre qu'elle avait surprise et s'en faisant une arme contre son mari ; la frayeur de celui-ci s'était changée en épouvante : il avait compris les conséquences terribles d'une révélation ; la colère l'avait aveuglé, il s'était laissé emporter par la violence de son caractère, il s'était élancé sur sa femme pour lui arracher la lettre fatale ; la marquise avait résisté, elle s'était défendue, en redoublant de menaces, de sarcasmes et d'insultes.

Alors la lutte avait commencé ; elle n'avait pas tardé à prendre des proportions déplorables. La marquise avait eu peur ; elle avait voulu appeler à l'aide, et s'était élancée vers les cordons de sonnette, que son mari, plus agile, avait tranchés avant qu'elle pût les atteindre. Malgré son épouvante, sa terreur, la marquise s'obstinait toujours à ne pas vouloir donner la lettre ; son mari rugissait, il frappait sa femme à coups redoublés pour la contraindre à la lui céder ; sans intention peut-être, il avait mal calculé ses coups : la marquise tomba et défaillit ; il la crut mortellement blessée, il se vit perdu. La pensée du meurtre entra dans son esprit ; alors il se rua sur sa femme, la frappant du pommeau d'un pistolet qui, par hasard, se trouva sous sa main. La marquise, rappelée à la vie par la violence même des coups qu'elle recevait, s'était relevée et avait voulu fuir ; alors avait commencé autour de cette chambre une poursuite effroyable, indescriptible. La marquise, sanglante, échevelée, tombant, se relevant, s'appuyant aux murs ou aux meubles, s'accrochant aux rideaux, effarée, affolée par la terreur, n'ayant plus cons-

cience de cette scène hideuse, criait : Grâce ! et
machinalement elle retenait toujours dans sa main
crispée la lettre que lui redemandait son mari en
redoublant ses coups ; enfin, à bout de forces, elle
s'était affaissée sur elle-même et était tombée,
défaillante, près d'une chaise longue ; le marquis,
arrivé au paroxysme de la folie furieuse, s'était
précipité sur elle avec la rage d'un fauve, avait
noué ses mains autour de son cou et l'avait étranglée !

Mais à peine le crime avait-il été commis que
la réaction s'était faite dans l'esprit du marquis ;
toute l'horreur de l'épouvantable forfait qu'il avait
commis lui était apparue. Machinalement, instinctivement, poussé par le désir de la conservation, qui jamais n'abandonne l'homme, il avait
maladroitement essayé de donner le change et de
détourner les soupçons ; il avait rendu le désordre
plus grand, avait brisé une fenêtre et inventé une
ridicule histoire de voleurs, dont la fausseté devait,
dès le premier instant, éclater aux yeux de tous ;
puis il s'était lavé les mains, avait rétabli l'harmonie de sa toilette et, devant ses gens, avait
joué une hideuse scène de désespoir dont ceux-ci
n'avaient pas été dupes : ils étaient accoutumés
aux scènes violentes qui, chaque jour, avaient lieu
entre les deux époux ; ils avaient tout entendu,
croyant à une querelle comme celles auxquelles
ils assistaient si souvent dans cet intérieur tourmenté, ils n'avaient pas osé intervenir ; mais
lorsque le marquis, continuant sa lugubre comédie, avait donné l'ordre d'aller au plus vite prévenir l'Alcade de Barrio, deux ou trois valets, terrifiés et désespérés, s'étaient empressés d'obéir.

Devant son beau-frère et le chef de la police, le marquis ne s'était pas senti la force de jouer jusqu'au bout le rôle qu'il avait prétendu prendre : tous les ressorts de son esprit étaient brisés. D'ailleurs, il n'était pas un malfaiteur dans la vulgaire acception du mot ; il avait cédé à la frayeur, il avait été saisi d'un accès de folie furieuse : de là son crime, crime injustifiable, mais dont lui-même n'avait pas conscience en le commettant.

En somme, ce crime odieux avait été commis sous l'impulsion de l'un des sentiments les plus vils de l'humanité, celui de la peur !

Ce fut ainsi qu'Olivier reconstitua, une à une, dans son esprit, après mûres réflexions, les péripéties effroyables de cette hideuse tragédie ; ses inductions étaient essentiellement logiques, elles étaient justes, la scène avait dû se passer ainsi.

Cependant, malgré toutes les précautions prises pour étouffer cette affaire, la nouvelle s'en était répandue avec une rapidité électrique, et avait éclaté comme un coup de foudre sur la ville à son réveil, commentée, brodée et augmentée avec toute l'exagération particulière aux races méridionales.

La population tout entière de Madrid était plongée dans la stupeur et l'épouvante. La cale de Alcala se trouva en un instant envahie par une foule innombrable qui accourait voir le théâtre du meurtre. Victor Hugo, le grand maître, le génie puissant, a dit quelque part : Rien n'est curieux à examiner comme un mur derrière lequel il s'est passé quelque chose. Il a eu cent fois raison, le profond philosophe ; il connait bien toutes les faces de la bêtise humaine. Vers midi, cette foule devint si compacte, non-seulement dans la calle de Alcala, mais encore sur la Puerta del Sol, où elle débordait, que la police fut contrainte de la dissiper.

Olivier avait demandé une audience particulière à la reine régente ; cette audience lui avait été accordée pour le lendemain sept heures du matin ; Olivier ne sortit pas de chez lui, où pendant toute la journée affluèrent les cartes de toute la grandesse.

Vers le soir, don Sylvio Carvajal se présenta.

— Eh bien? lui demanda Olivier.

— Le prisonnier est tombé dans une apathie complète ; il garde un silence farouche, monseigneur, répondit le chef de la police.

— Il n'a vu personne?

— Non, monseigneur ; il est au secret le plus absolu.

— Mieux vaut qu'il en soit ainsi.

— Et vous, monseigneur, me permettez-vous de vous demander ce que vous comptez faire?

— J'ai demain audience de Sa Majesté la Reine régente, à sept heures du matin. Soyez ici à midi, nous causerons.

— Je serai exact, monseigneur. Votre Excellence n'a pas oublié la parole qu'elle m'a donnée?

— Nul ne verra ce billet, aucun nom ne sera prononcé : je m'y suis engagé envers vous.

— Merci, monseigneur. A demain midi.

— C'est convenu.

Don Sylvio Carvajal salua et se retira.

Le lendemain, à sept heures précises, Olivier se présenta au palais. Il fut immédiatement introduit en présence de la reine régente.

L'audience se prolongea pendant plus d'une heure. Nul ne sut ce qui se passa pendant cette longue entrevue; nul, probablement, ne le saura jamais.

Quelques mots furent seuls entendus lorsque Olivier se retira.

— Marquis, dit la Reine, je ne veux pas qu'un rico-hombre, un grand d'Espagne, membre de la Toison-d'Or, monte sur l'échafaud pour crime de droit commun ; pourtant j'ai promis et juré que justice serait faite du coupable.

— Madame, répondit Olivier, les Salaberry sont hauts justiciers en Galice et Castille-Vieille.

— Je le sais, mon cousin ; je sais aussi qu'ils savent garder leur honneur. J'ai ta parole ?

— Je la tiendrai, madame.

— Tu refuses de me remettre cette lettre ?

— Votre Majesté connait les motifs de mon refus, madame ; il y a, Votre Majesté le sait, des noms que nulle souillure ne doit atteindre.

— Soit. Je n'insisterai pas. Tu es un Salaberry, mon cousin : cela me suffit.

— Votre Majesté me comble, madame.

— Marquis, souviens-toi surtout de ta promesse.

— L'assassin se fera justice lui-même ; je m'y engage envers Votre Majesté.

— Bien, mon cousin, je te verrai toujours avec plaisir au palais.

C'était un congé ; Olivier s'inclina respectueusement devant la Reine régente, qui lui donna sa main à baiser. Il rentra chez lui ; don Sylvio Carvajal l'attendait.

— Une haute cour de justice, lui dit Olivier, va être convoquée par ordre de la Reine régente ; cette cour se composera des membres les plus élevés de la noblesse. La veille du jour où elle se réunira, soyez ici à dix heures du soir, nous nous rendrons ensemble à la prison où est détenu le marquis de Palmarès Frias y Soto.

— Je serai exact, monseigneur, répondit don Sylvio Carvajal, et il se retira.

Une haute cour fut, en effet, convoquée pour juger l'assassin ; cette mesure produisit le meilleur effet, en prouvant que la régente était résolue à laisser la justice avoir son cours. On apprit que le directeur général de la police s'était plusieurs fois présenté dans la prison du marquis pour l'interroger, mais que celui-ci avait refusé de répondre, et s'était obstinément renfermé dans un mutisme absolu.

La veille du jour fixé pour la première séance de la haute cour, à dix heures du soir, don Sylvio Carvajal se présenta chez Olivier.

Après quelques brèves paroles échangées, Olivier ordonna de faire avancer une voiture attelée à l'avance ; cette voiture était sans armoiries, le cocher était sans livrée. Les deux hommes montèrent, la voiture partit et s'arrêta devant la prison.

Olivier et don Sylvio Carvajal descendirent ; tous deux étaient masqués et enveloppés jusqu'aux yeux dans leurs manteaux. Olivier fit appeler le directeur ; il lui présenta tout ouvert un papier signé *yo la Reina* et portant le sceau royal. Le directeur s'inclina respectueusement, fit retirer ses employés, guida lui-même les deux hommes à travers les dédales des corridors, et il les introduisit dans la cellule du prisonnier.

— Quand vous voudrez sortir, dit-il à voix

, basse, vous frapperez doucement deux coups sur la porte, je serai là.

— Vous, mais personne autre, répondit Olivier sur le même ton.

— Soyez tranquille : j'ai autant et peut-être plus que vous intérêt à garder le secret.

— C'est juste ; allez.

Ils entrèrent ; la porte se referma derrière eux.

La cellule dans laquelle était renfermé le marquis était une chambre fort petite, dont les murs étaient blanchis à la chaux ; l'ameublement se composait d'une couchette en bois blanc, avec paillasse, matelas, etc., une table et une chaise ; un crucifix était pendu au mur.

Le marquis, étendu sur le lit, dormait profondément.

Don Sylvio Carvajal posa sur la table une lanterne que le directeur lui avait remise, puis il se retira près de la porte.

Olivier déposa son masque, s'approcha du lit, regarda pendant quelques instants avec intérêt dormir le prisonnier, puis il se pencha sur lui et le toucha légèrement sur l'épaule.

Le marquis tressaillit, ouvrit les yeux et s'assit, les jambes pendantes, sur son lit.

— Ah ! c'est vous, don Carlos, fit-il avec indifférence ; je suis heureux de vous voir, je vous attendais.

— Vous m'attendiez ?

— Oui ; j'étais même étonné de ne pas vous avoir vu encore.

— Pourquoi cela ?

— Parce que je suis le meurtrier de votre sœur ; que vous avez entre les mains de quoi vous venger de moi ; que vous avez enlevé à votre sœur morte ce papier que je n'avais pu, moi, arracher des mains de ma femme vivante. Belle vengeance, fit-il avec une ironie amère, que de déshonorer une femme dont la réputation jusqu'à ce jour a été immaculée !

— Vous vous trompez, mon frère : je ne viens pas ici pour me venger de vous.

— Que me voulez-vous donc, alors? dit-il en fixant son regard soupçonneux sur celui calme et triste d'Olivier.

— Je viens pour essayer de vous rendre un service.

— Un service, à moi? vous?

— Moi-même, répondit froidement Olivier. Vous savez que la haute cour est réunie pour vous juger?

— Je le sais, répondit-il d'une voix sourde.

— Vous savez que demain vous comparaitrez devant elle ?

— On m'en a averti aujourd'hui.

— Vous savez que le gouvernement est résolu à laisser la justice avoir son cours ?

— Je le sais, et cela est infâme ! fit-il en grinçant des dents.

— Connaissez-vous la peine qui sera prononcée contre vous ?

— La mort, sans doute, fit-il avec un sourire funèbre.

— Oui, mais quel genre de mort?

— Je suis gentilhomme et grand d'Espagne, répondit-il en se redressant fièrement ; y a-t-il donc deux genres de mort ?

— Oui, fit Olivier d'un accent glacé.

— Je ne vous comprends pas.

— Vous serez dégradé de noblesse et livré au bourreau comme un vulgaire assassin ; vous mourrez par le *garrote vil*.

— C'est impossible ! s'écria-t-il avec un frisson nerveux ; ce serait déshonorer toute la noblesse espagnole en ma personne.

— Vous ne serez plus gentilhomme.

Le marquis se leva et fit deux ou trois fois le tour de sa cellule à pas précipités, en gesticulant avec fureur.

— Le garrote vil ! à moi, un Palmarès ! répétait-il avec une rage concentrée ; quelle honte !

Tout à coup il s'arrêta devant Olivier, et, le regardant fixement :

— Est-ce donc pour me torturer en me disant toutes ces choses, reprit-il avec amertume, que vous vous êtes introduit dans ma prison ?

— Je suis venu pour vous rendre service, si je puis.

— Quel service ? parlez.

— Marquis, toute la grandesse a demandé votre grâce à la régente ; moi-même, au nom de mon père, je l'ai suppliée : la régente a été inflexible, elle exige que justice soit faite. Aujourd'hui, le grand juge m'a fait tenir un billet par une main inconnue. Dans ce billet il m'était ordonné de me rendre ce soir, à dix heures, près de vous, accompagné de l'homme que vous voyez là, debout, près de la porte ; cet homme, ajoutait le billet du grand juge, se faisant fort de vous soustraire au sort ignominieux qui vous attend. Je n'en sais pas davantage ; j'ai obéi aux instructions du grand juge, le reste vous regarde seul.

— C'est bien, merci, mon frère ; et, faisant un

signe à don Sylvio Carvajal, toujours masqué, debout près de la porte, approchez, lui dit-il.

Don Sylvio Carvajal fit quelques pas.

— Que me voulez-vous? demanda le marquis.

— Vous proposer un marché.

— Un marché? Soit. Lequel? Parlez.

— Je puis vous éviter la honte d'un jugement.

— Vous?

— Moi-même.

— Comment? en m'aidant à m'évader?

— Vous seriez jugé par contumace.

— C'est juste. De quelle façon alors?

— Que donneriez-vous pour que la dame que vous savez ne fût pas déshonorée et que je vous rendisse la lettre qui vous a coûté un crime si horrible, et que vous n'avez pas obtenue?

— Qui êtes-vous? s'écria le marquis avec agitation.

— Cela vous importe peu, monseigneur; répondez-moi, le temps passe.

— Cette lettre, vous l'avez? fit-il d'une voix sourde.

— La voici, dit don Sylvio en la retirant d'un portefeuille et la montrant.

Il y eut un court silence.

Le marquis, les sourcils froncés à se joindre, les traits affreusement convulsés, la tête penchée sur la poitrine, semblait soutenir un violent combat avec lui-même. Soudain il releva la tête.

— Je donnerai ma vie! s'écria-t-il d'une voix ferme et le regard étincelant; peu m'importe le déshonneur. J'ai commis un crime épouvantable, je suis prêt à subir le châtiment terrible que j'ai mérité ; mais *elle ! elle !* quoi qu'il arrive, elle doit rester sauve de toute souillure !

— Eh bien, reprit don Sylvio Carvajal d'une voix brève, je vous demande votre vie en échange de cette lettre.

— Dites-vous vrai ?

— Je vous remettrai cette lettre aussitôt que vous aurez accompli les conditions de notre marché.

— Mais, mourir ? Comment ? je n'ai rien ici, pas une arme ? Sans cela vivrais-je encore ?

— Êtes-vous bien résolu ?

— Sur mon nom, que je ne veux pas voir déshonoré, je vous le jure ! s'écria-t-il avec force.

— C'est bien, j'accepte.

Olivier s'était retiré à l'écart ; il semblait absorbé par de tristes pensées et avoir même oublié le lieu où il se trouvait, d'autant plus que les deux hommes parlaient bas et que leurs paroles n'arrivaient à son oreille que comme un murmure confus, complétement inintelligible.

Don Sylvio Carvajal avait pris dans une poche de son gilet un microscopique flacon de cristal, à fermoir d'or.

— Buvez ceci, dit-il au marquis en le lui présentant.

— Sera-ce long ? demanda le prisonnier en fixant un regard étrange sur le flacon.

— Non, dix minutes au plus ; un coup de foudre, enfin...

— Bien. La lettre ?

— Buvez, dit froidement don Sylvio Carvajal.

— Ah ! fit-il avec ressentiment, vous vous méfiez de moi ?

— Nullement, j'ai votre parole ; je remplis les ordres que j'ai reçus, voilà tout.

Le marquis, sans répondre, porta d'un geste brusque le flacon à ses lèvres et le vida d'un trait.

Il chancela, son regard se troubla, une pâleur livide envahit son visage.

— C'est fait ! dit-il d'une voix hachée ; reprenez ce flacon, il ne faut pas qu'on le trouve ici.

Il tomba assis sur le bord de son lit ; des gouttelettes de sueur perlaient à ses tempes.

— Hâtez-vous ! s'écria-t-il, la lettre ?

— La voici ! dit don Sylvio Carvajal en la lui remettant.

— Enfin ! s'écria-t-il avec une expression de joie délirante, elle est sauvée !

Au cri poussé par le marquis, Olivier était accouru.

— Qu'avez-vous ? lui demanda-t-il avec épouvante.

— J'ai que je meurs, répondit-il ; ne le saviez-vous pas, mon frère ?

Tout en parlant, d'une main tremblante il avait ouvert la lanterne posée sur la table, et avait présenté le papier à la flamme de la chandelle ; il ne le lâcha que lorsqu'il fut entièrement consumé.

Un soupir, ressemblant à un sanglot, souleva péniblement sa poitrine.

— C'en est fait ! le sacrifice est consommé ! murmura-t-il avec un indicible attendrissement. Après un instant, il ajouta : Adieu et merci, mon frère, soyez béni ; merci à vous aussi, dit-il à don Sylvio Carvajal, je vous dois de ne pas mourir désespéré !

Olivier et le chef de la police, si coupable que

fût le marquis, se sentaient émus de pitié devant cette agonie si fièrement subie.

— Je sens venir la mort, reprit le marquis d'une voix de plus en plus faible; adieu, retirez-vous.

— Adieu, mon frère, dit Olivier avec émotion ; je vous pardonne le meurtre de ma pauvre sœur ; puisse Dieu vous prendre en pitié !

Le marquis ne répondit que par un sourire funèbre, la mort flottait déjà sur ses lèvres ; il fit un dernier geste d'adieu, et il se renversa sur son lit, où il demeura immobile, le regard perdu dans l'espace.

Olivier remit son masque, don Sylvio Carvajal frappa à la porte ; elle s'ouvrit aussitôt ; les deux hommes se hâtèrent de sortir.

— Souvenez-vous ! dit Olivier au directeur.

— Celui-ci s'inclina respectueusement.

— Ai-je tenu ma promesse ? dit Olivier au chef de la police, quand ils se retrouvèrent dans la voiture.

— Noblement, monseigneur.

— Cependant, si j'avais soupçonné les ordres que vous avait donnés le grand juge, j'aurais refusé de vous accompagner, reprit-il avec ressentiment.

— Peut-être auriez-vous eu tort, monseigneur. Ce secret terrible reste maintenant entre nous deux ; je ne le révélerai pas, moi ! ajouta-t-il avec un regard d'une expression singulière.

— Ni moi ! répondit Olivier en laissant tomber avec un soupir douloureux sa tête sur sa poitrine.

CHAPITRE XVI.

QUELLE FUT LA MORT DU DUC DE SALABERRY-PASTA.

Le lendemain, dès le lever du soleil, une rumeur étrange commença à circuler dans les nombreux groupes d'oisifs rassemblés à la Puerta del Sol ; cette rumeur, d'abord faible, hésitante, incertaine, grossit peu à peu, s'étendit de proche en proche ; en moins d'une heure, elle prit un essor effrayant, et se répandit dans tous les quartiers de Madrid avec la rapidité d'un courant électrique.

On disait — qui ? nul ne le savait, mais cela importait peu — on disait que, vers cinq heures du matin, le geôlier de la prison étant entré dans la cellule du marquis de Palmarès Frias y Soto, afin de le prévenir, comme c'est la coutume, de se tenir prêt à comparaître devant la haute cour de justice, réunie pour le juger, ce geôlier s'était approché du lit sur lequel le prisonnier était couché et semblait dormir. Après l'avoir plusieurs fois appelé à haute voix, voyant que le prisonnier ne répondait pas, il s'était penché sur lui et l'avait fortement secoué par le bras ; alors il avait reconnu que le marquis était mort...

Le corps était glacé ; cette mort devait remonter

à plusieurs heures, c'est-à-dire aux premières de la nuit.

On ajoutait — il y a des gens qui se prétendent toujours mieux informés que les autres — on ajoutait que la veille, entre huit et neuf heures du soir, on précisait presque l'heure, un carrosse de louage s'était arrêté devant la porte de la prison ; deux hommes masqués étaient descendus de ce carrosse, avaient présenté un ordre signé de la reine régente au directeur de la prison, qui les avait conduits lui-même à la cellule du prisonnier, où les deux hommes masqués étaient entrés. Une heure plus tard, les inconnus s'étaient retirés, ne laissant plus derrière eux qu'un cadavre dans la cellule : le marquis avait été empoisonné de force par ces deux hommes. On avait entendu ses cris et ses supplications ; mais le directeur, resté en surveillance dans le corridor, n'avait laissé approcher personne de la cellule.

Il y avait une autre version, plus étrange encore.

Celle-là fut accueillie avec une grande faveur par la foule, si impressionnable et si facile à irriter.

Elle prétendait qu'en sortant de la cellule, où ils n'étaient restés que pendant quelques minutes seulement, les inconnus n'étaient plus deux, mais trois ; qu'ils étaient remontés avec empressement dans leur carrosse, lequel était aussitôt parti au galop dans la direction de la calle San-Bernardino, où attendait, depuis longtemps déjà, un second carrosse attelé de huit mules, avec deux mayorales en selle. Le premier carrosse s'était arrêté ; les inconnus avaient mis pied à terre ; l'un d'eux, homme de grande taille, mais dont le visage disparaissait sous les plis de son manteau, était

monté dans la seconde voiture, qui, la portière à
peine refermée, était partie à fond de train. Les
deux autres inconnus étaient alors remontés dans
leur carrosse et s'étaient fait conduire à la calle
de Toledo, où ils avaient mis pied à terre, et
s'étaient séparés en tirant chacun d'un côté différent.

La conclusion de cette mystérieuse aventure
était naturellement que le marquis de Palmarès
Frias y Soto non-seulement n'était pas mort,
mais, au contraire, que le gouvernement lui-même
l'avait aidé à fuir, ne voulant pas qu'un grand
d'Espagne, portant un des plus vieux noms de la
monarchie espagnole, fût mis en jugement pour
crime d'assassinat et exécuté par le *garrote vil*
comme un obscur malfaiteur.

Les mieux informés ajoutaient que le cadavre
d'un *aguador*—porteur d'eau—, mort à l'hôpital et
ayant une certaine ressemblance physique avec le
marquis, avait été mis à sa place dans la cellule
de la prison, restée vide après l'évasion du coupable.

Cette dernière version fit fureur; tout le monde
s'y rallia. Bientôt toute la population de Madrid
fut convaincue que le marquis de Palmarès était
en fuite; et cela d'autant plus que, les commérages
marchant toujours, à chaque instant de nouveaux
détails étaient donnés sur la fuite de ce grand coupable : détails apocryphes, mais acceptés par chacun comme actes de foi : on avait reconnu le marquis ici ; il était descendu là ; il avait parlé à telle
ou telle personne, on citait des noms; et d'autres
renseignements encore, tout aussi faux que les
premiers. Mais, comme il était impossible de con-

trôler tous ces dires, qui se croisaient et s'enchevêtraient les uns dans les autres, ils étaient immédiatement déclarés authentiques.

Le peuple de Madrid ressemble beaucoup, en cela, au peuple de Paris ; comme celui-ci, il est né frondeur, sceptique et railleur au plus haut degré, toujours disposé à prendre parti contre le gouvernement. Celui-ci eut beau se montrer furieux du suicide du marquis, donner les ordres les plus sévères, commander les recherches les plus minutieuses, promettre les sommes les plus alléchantes à ceux qui découvriraient l'individu ou les individus qui avaient fait passer du poison au prisonnier, rien n'y fit.

L'attente générale était trompée ; l'assassin, mort ou en fuite, échappait au châtiment qu'il avait si justement mérité. Le gouvernement était responsable : donc il était complice.

Ces bruits annonçant la fuite du marquis de Palmarès prirent une telle importance, on affirma si hautement que le cadavre resté dans la cellule était supposé, que le gouvernement s'en émut et ordonna de faire publiquement l'autopsie du cadavre.

Cette autopsie fut pratiquée par le premier médecin de la reine régente, assisté par six de ses confrères, en présence d'une députation de la haute cour de justice, du marquis de Soria, frère de la marquise de Palmarès, et de tous les autres parents ou alliés des familles de Salaberry et de Palmarès présents à Madrid.

L'opération terminée, procès-verbal fut immédiatement dressé devant toutes les personnes assistant à l'autopsie, et signé par elles.

Ce procès-verbal, envoyé à l'impression, fut publié avec les signatures dans tous les journaux.

Mais ce moyen suprême échoua comme les autres ; il fut accueilli par l'incrédulité complète de la population.

Les Madrilènes avaient inventé une légende, de tous points fantastique, sur la fuite du marquis et les moyens employés par le gouvernement pour en assurer le succès ; la légende leur plaisait, parce qu'elle flattait leurs instincts frondeurs : ils ne voulaient pas en démordre.

Cette croyance s'enracina si profondément dans les masses crédules, que, quarante ans et même cinquante ans plus tard, des gens affirmaient l'existence du marquis de Palmarès, et soutenaient avec la plus entière bonne foi l'avoir rencontré soit à Londres, soit à Paris, soit même à Rome, en Amérique et à Saint-Pétersbourg.

Le lendemain même de l'assassinat de la marquise, Olivier avait écrit une lettre pressante au duc de Salaberry, l'engageant à revenir au plus vite, et lui laissant entrevoir un horrible malheur, sans cependant lui rien dire de positif.

Cette lettre avait été portée à Côme par un courrier auquel Olivier avait recommandé la plus grande diligence.

En effet, dix jours à peine après la mort mystérieuse du marquis de Palmarès, le duc de Salaberry arriva à Madrid.

Olivier, prévenu à l'avance de l'arrivée de son père, était allé au-devant de lui jusqu'à Alcala-de-Henarès, à quelques lieues de Madrid.

Le duc pâlit en voyant son fils ; cependant il l'embrassa et le fit asseoir près de lui, dans sa voiture

Les commencements de la conversation entre le père et le fils furent pleins de réticences d'une part et d'hésitations de l'autre ; chacun d'eux semblait craindre, et craignait, en effet, d'entamer les questions sérieuses.

A cette époque, assez éloignée de nous déjà, il n'était pas encore question d'appliquer la vapeur ; il n'y avait pas de chemins de fer, encore moins de télégraphe électrique ; les communications étaient très-difficiles ; les journaux, très-peu nombreux, n'étaient pas répandus comme ils le sont aujourd'hui ; il fallait un temps considérable pour apprendre les nouvelles les plus importantes.

Il était évident pour Olivier que son père, vivant retiré dans le royaume lombard-vénitien, sur les bords du lac de Côme, ne savait rien encore de ce qui s'était passé à Madrid ; la nouvelle de l'assassinat de sa fille par son mari ne lui était pas parvenue : de là ses réticences, car il ne savait comment s'expliquer sans porter un coup mortel à ce vieillard qu'il aimait et respectait plus que tout au monde, et dont il connaissait l'amour profond pour sa fille.

Le duc sentait d'instant en instant croître son inquiétude ; les réponses embarrassées de son fils ne le satisfaisaient pas ; un sinistre pressentiment lui serrait le cœur. Enfin il se décida à entamer nettement la conversation.

— J'espère que la marquise est bien portante ? dit-il.

Olivier baissa la tête sans répondre.

— Eh quoi ! serait-elle indisposée ? reprit-il avec insistance.

Nouveau silence.

— Malade, peut-être? Vous ne me répondez pas, mon fils : que signifie ce silence obstiné? Doña Santa serait-elle sérieusement malade? Ce n'est pas possible, son mari me l'aurait écrit!

— Son mari? dit Olivier avec ressentiment.

— Eh quoi! serait-ce le marquis?

Olivier hocha la tête.

— Mon père, dit-il, le marquis n'est pas malade ; il ne l'a jamais été, et pourtant, ajouta-t-il presque à voix basse, il est mort.

— Mort! le marquis? s'écria-t-il avec une surprise douloureuse. Mais comment? De quelle façon? Tué en duel, peut-être?

— Non, mon père : le marquis est mort empoisonné.

— Empoisonné! s'écria-t-il avec stupeur. Un crime?

— Non, mon père : un suicide, pour échapper au châtiment d'un crime plus horrible.

— Olivier, mon fils, au nom du ciel, parlez! expliquez-vous ; ces réticences calculées me font mourir! s'écria le duc en proie à la plus grande agitation.

— Mon père, le marquis de Palmarès s'est empoisonné dans son cachot, pour ne pas comparaître devant la haute cour réunie pour le juger, et ne pas mourir par le *garrote vil* comme un vulgaire assassin!

— Ma fille! ma fille! s'écria le duc avec désespoir, le misérable a tué ma fille!

Ses yeux s'égarèrent, il battit l'air de ses bras, son corps se raidit en arrière, il perdit connaissance.

Olivier fit aussitôt arrêter.

Une seconde voiture suivait, dans laquelle se trouvait le médecin de la famille, qu'Olivier avait invité à le suivre.

Le médecin accourut.

— Vite ! hâtons-nous ! s'écria-t-il après avoir examiné le vieillard, nous n'avons pas un instant à perdre pour essayer de le sauver !

Le duc fut aussitôt enlevé de la voiture et couché sur des coussins, sur le rebord de la route.

Olivier, assis sur le bord d'un fossé, soutenait son père ; sur l'ordre du médecin, le valet de chambre du duc lui avait ôté son habit et son gilet et retroussé la manche droite de la chemise jusqu'au dessus du coude.

Le médecin choisit une lancette dans sa trousse et piqua le bras, étroitement serré à l'humérus par une bande.

Le sang ne vint pas tout de suite ; ce fut après quelques instants seulement qu'une goutte de sang apparut aux lèvres de la piqûre, puis il en vint une seconde, une troisième ; le sang commença à couler lentement, puis enfin il jaillit noir, épais, écumant.

— Il est sauvé ! s'écria le médecin, dont jusque-là le visage avait exprimé la plus vive inquiétude.

— Mon Dieu ! demanda Olivier avec épouvante, n'était-ce donc pas un évanouissement ?

— C'était une attaque d'apoplexie ! répondit le médecin en fronçant les sourcils.

— Oh ! fit Olivier ; pauvre père !

Le médecin laissait couler le sang.

Quelques minutes s'écoulèrent ; enfin les paupières du malade battirent, il ouvrit faiblement les yeux et promena autour de lui un regard vague et incertain.

— J'ai rêvé! dit-il d'une voix basse et entrecoupée ; quel horrible rêve ! oh !

Puis il sembla recouvrer la mémoire un instant suspendue ; l'intelligence revenait.

— Pourquoi suis-je ainsi sur le bord de ce fossé ? demanda-t-il.

— Vous avez perdu connaissance tout à coup, monseigneur, répondit le médecin occupé à bander la saignée ; nous vous avons transporté ici afin de vous soigner plus facilement, mais à présent c'est fini : tout danger est écarté.

— J'ai donc couru un danger ?

— A votre âge, un évanouissement est toujours sérieux, monseigneur.

— C'est vrai, murmura-t-il. Mais tout à coup il se souvint : Ma fille ! ma pauvre enfant ! s'écria-t-il avec désespoir.

Et il fondit en larmes.

— Il pleure, il n'y a plus rien à craindre, murmura le médecin à l'oreille d'Olivier.

— Mon père, dit Olivier, ne voulez-vous pas remonter en voiture ?

— Oui, mon fils, partons, partons au plus vite, répondit-il en essayant de se lever.

Olivier l'enleva dans ses bras et le porta dans la voiture, qui repartit à fond de train.

Une demi-heure s'écoula. Le duc pleurait ; Olivier se sentait suffoquer par les efforts qu'il faisait pour paraître calme.

Enfin, le duc releva la tête.

— Olivier, dit-il à son fils, puisque la douleur ne m'a pas tué sur le coup, je la dompterai. Je suis plus calme ; racontez-moi ce qui s'est passé, dites-

moi la vérité tout entière, si horrible qu'elle soit ;
je tiens à tout savoir.

— Mon père, je vous en supplie, répondit Olivier, attendez encore.

— Non, mon fils, mieux vaut en finir tout de suite : peut-être, plus tard, n'aurais-je pas la force nécessaire pour vous bien entendre. Je vous en prie, Olivier, parlez !

— Que votre volonté soit faite, comme toujours, mon père.

Et alors il raconta au duc, sans rien omettre, tout ce qui s'était passé. Le vieillard pleurait, mais il écoutait avec une attention soutenue ; il n'interrompit pas une seule fois son fils, si pénible que fût pour lui ce récit.

— Bien, mon fils, dit-il lorsque Olivier se tut : vous vous êtes conduit en véritable Pacheco, je vous remercie ; l'honneur de notre maison est sauf, et cependant justice a été faite de ce misérable, il a expié son forfait. Mais ma fille ! malheureuse enfant ! pourquoi suis-je arrivé si tard ? j'aurais voulu la voir encore une fois, une seule ! avant qu'elle eût été scellée pour toujours dans la tombe, hélas !

— Mon père, répondit Olivier avec tendresse, j'ai prévenu ce désir de votre cœur : j'ai voulu attendre votre retour avant que d'ordonner les obsèques de ma sœur ; vous êtes le chef de notre famille, vous seul devez présider cette triste cérémonie. Ma sœur a été embaumée et placée sur un lit de parade ; quatre prêtres de la cathédrale, se relayant de deux heures en deux heures, prient jour et nuit à son chevet.

— Merci, mon fils : cette fois encore vous aurez

bien agi ; ma douleur est moins amère de vous sentir près de moi pour me soutenir, et me remplacer lorsque je ne serai plus.

Il y eut un assez long silence.

Olivier s'était incliné sans répondre.

— Où sont mes petits-enfants ? demanda le duc après quelques instants.

— Ils sont à Balmarina, mon père, bien tristes et bien malheureux ; j'ai obtenu de la duchesse de Mondejar, notre cousine, qu'elle vînt s'installer pendant quelque temps à Balmarina et veillât sur les pauvres petits orphelins, jusqu'à ce que vous ayez décidé quelles mesures devraient être prises.

— Je vois que vous avez tout prévu, mon fils ; c'est un grand bonheur pour moi, au milieu de tous ces désastres, d'avoir été aussi dignement et aussi noblement remplacé par vous.

— Je n'ai fait qu'accomplir mon devoir, mon père ; devoir bien pénible, mais que l'honneur de notre maison m'imposait impérieusement.

Quelques minutes plus tard la voiture franchit la porte d'Alcala.

Le premier soin du duc, en rentrant dans son hôtel, fut de se rendre, appuyé sur le bras de son fils, dans la pièce changée en chapelle ardente, où le corps de doña Santa de Salaberry-Pasta était exposé sur un lit de parade.

La jeune femme semblait dormir ; elle était fraîche, calme, reposée. Un dernier sourire semblait errer encore sur ses lèvres carminées ; sa pâleur seule indiquait que la vie avait pour toujours abandonné cette délicieuse enveloppe.

Le duc, en apercevant sa fille, sentit un sanglot monter à sa gorge ; il se pencha sur elle, lui mit un long baiser au front, avec cette ardeur douloureuse de l'amour paternel, puis il s'affaissa sur lui-même, tomba sur les genoux, et, joignant les mains avec effort, il adressa au ciel une fervente prière, sans songer à essuyer les larmes brûlantes qui coulaient le long de ses joues pâlies par le désespoir.

Olivier s'était agenouillé près de son père, autant pour le soutenir, s'il le voyait défaillir, que pour prier avec lui.

Le médecin, immobile à quelques pas en arrière, se tenait prêt à accourir au premier signal.

Le duc pria longtemps, puis il se releva avec effort et déposa un baiser tout parfumé d'amour paternel sur le front, d'une pâleur d'ivoire, de la pauvre morte.

— Au revoir ! à bientôt ! Santa, ma fille chérie ! murmura-t-il d'une voix tremblante.

Et appuyé sur le bras de son fils, il se retira, le pas chancelant, le dos voûté, la tête basse.

En quelques heures le duc de Salaberry avait vieilli de vingt ans.

Les obsèques de doña Santa devaient avoir lieu le lendemain.

Le duc sonna son valet de chambre pour se faire habiller ; il voulait conduire le deuil en personne.

Il essaya de se soulever dans son lit; ce fut en vain : tout mouvement lui était impossible.

Le médecin accourut, appelé à grands cris par Olivier.

Il examina le malade pendant près d'un quart d'heure avec une attention soucieuse.

— Il n'y a rien à faire, murmura-t-il enfin avec tristesse, M. le duc a tout le côté droit paralysé.

— Oh ! s'écria le duc avec une immense douleur, c'est le dernier coup ! Mon Dieu ! vous êtes juste et bon ! que votre volonté soit faite !

Mais, après un instant, il reprit :

— Habillez-moi ; puisque je ne puis marcher, je suivrai le corps de ma fille dans une litière : je veux l'accompagner jusqu'à sa dernière demeure !

Les amis et les parents du duc essayèrent de s'opposer à ce projet, dans l'intérêt même du noble vieillard.

Olivier échangea un regard avec le médecin.

— Obéissez à mon père et seigneur, dit-il aux valets éplorés : ses ordres sont des lois pour nous.

Le duc remercia son fils par un regard tout chargé de tendresse.

Ainsi que l'avait désiré le noble vieillard, perclus, accablé par un poignant désespoir, il conduisit, à demi étendu sur une litière, le convoi de sa fille bien-aimée, si lâchement assassinée ; son fils marchait à sa droite.

Tout Madrid semblait s'être donné rendez-vous pour assister aux obsèques de doña Santa de Salaberry.

Une foule immense et douloureusement émue formait la haie sur le passage du cortége, priant pour la fille et pleurant sur le père si cruellement frappé.

Le duc de Salaberry ne se releva plus.

Son fils, assis à son chevet, lui faisait fidèle compagnie, pleurant avec lui, et lui recommandant non le courage, mais la résignation.

Le duc demeurait de longues heures sans prononcer une parole, les regards perdus dans l'espace, sans souffrance physique apparente.

Il demeura ainsi pendant deux ans et demi, sans qu'aucun changement s'opérât dans sa situation.

Son esprit n'avait rien perdu de sa lucidité, mais son caractère avait pris une teinte sombre que jamais auparavant il n'avait eue.

Puis on s'aperçut que la paralysie gagnait chaque jour depuis quelque temps et faisait des progrès effrayants. Le visage du malade s'effilait, prenait des teintes d'ivoire jauni; ses yeux, pleins de rayonnements étranges et fixés dans le vague, semblaient entrevoir déjà le monde mystérieux où, bientôt peut-être, il allait entrer; il n'appartenait plus à la terre que par le cœur.

Parfois il frissonnait de tous ses membres, une expression d'horrible épouvante convulsait son visage; il murmurait d'une voix sourde, presque inarticulée, ce seul mot, toujours le même, qu'il répétait parfois pendant deux ou trois minutes sans discontinuer : « Pardon ! pardon ! » sans vouloir répondre à aucune des questions que lui adressait à ce sujet son fils, auquel cependant il témoignait une vive tendresse.

Un soir, le vent sifflait et faisait rage dans les longs corridors de l'hôtel, la pluie fouettait les vitres; par intervalles, un éclair verdâtre zigzaguait le ciel noir, et la foudre roulait avec fracas dans l'espace. Depuis le coucher du soleil, un orage épouvantable échappé des mornes de la sierra de Guadarama avait éclaté avec fureur sur la ville.

Le duc, qui, depuis plusieurs heures, paraissait dormir, ouvrit les yeux et poussa un profond soupir.

— Souffrez-vous, mon père ? lui demanda son fils, en se penchant vers lui avec inquiétude.

— La souffrance physique n'est rien, mon fils, répondit le duc d'une voix défaillante ; c'est la douleur morale qui me tue.

— Mon père, chassez ces pensées ; votre confesseur est là, dans l'oratoire ; vous aviez désiré qu'on l'appelât, ne voulez-vous pas le voir ?

— Si, si, mon fils, dit le vieillard d'une voix profonde, qu'il vienne ! qu'il vienne tout de suite, tandis qu'il en est temps encore ! Je me confesserai ; je demanderai l'absolution de mes fautes, hélas ! et de mes crimes !

— Vos crimes, mon père ! s'écria Olivier avec une douloureuse émotion.

— Olivier, reprit le vieillard, bien des crimes échappent à la justice humaine, qui ne les considère trop souvent que comme des fautes légères ; mais Dieu voit, sait et se souvient. Sa justice est lente ; mais, quand elle frappe, ses coups sont terribles. Allez, mon fils, faites éveiller mes petits-enfants, qu'ils soient prêts à entrer ici dès que le prêtre sortira.

— Vous croyez-vous donc si mal, mon père ? Ne serait-il pas préférable d'attendre à demain ?

— Demain n'est à personne, mon fils ; faites, je vous prie, ce que je vous demande. L'heure est venue pour moi de faire loyalement mon examen de conscience, avant de comparaître devant mon créateur. Allez, Olivier, soyez prêt à rentrer avec vos neveux lorsque sortira mon confesseur.

— J'obéis, mon père, murmura tristement le jeune homme.

Il baisa pieusement le vieillard au front, et, ouvrant une porte latérale :

— Entrez, mon révérend, dit-il à un moine dominicain déjà âgé et cassé par les rigueurs d'une vie austère, qui, agenouillé sur un prie-Dieu, priait avec ferveur ; entrez, mon père désire vous entretenir.

Le vénérable moine se releva, fit un salut respectueux et pénétra dans la chambre à coucher du duc de Salaberry, dont il referma derrière lui la porte.

Au dehors, l'orage redoublait, les éclairs se succédaient sans interruption ; le vent faisait entendre dans les corridors des sifflements lugubres, ressemblant à des plaintes humaines ; le tonnerre grondait et éclatait avec un fracas épouvantable.

Les enfants, éveillés pendant leur premier sommeil, ne comprenaient rien à ce qui se passait ; ils se serraient craintivement autour de leur oncle et de leur gouverneur, qui essayaient en vain de les rassurer.

Deux heures s'écoulèrent ainsi, heures sinistres d'une longueur interminable, pendant lesquelles on n'entendit d'autre bruit que celui de l'ouragan, dont la force allait toujours croissant et se changeait en une véritable tourmente.

Enfin, la chambre à coucher du duc s'ouvrit lentement : le dominicain reparut, plus triste, plus sombre, plus courbé qu'il ne l'était deux heures auparavant.

Il indiqua d'un geste au marquis la chambre à coucher du duc, rentra dans l'oratoire et alla, sans prononcer une parole, s'agenouiller de nouveau devant le prie-Dieu.

Olivier prit par la main les deux plus jeunes enfants, poussa les deux aînés devant lui, et pénétra dans la chambre à coucher, suivi du gouverneur conduisant les deux derniers.

Cette vaste pièce n'était éclairée que par une seule lampe, recouverte d'un abat-jour et dont la mèche était baissée pour ne pas blesser les yeux du malade ; sauf le lit, placé en pleine lumière, toutes les autres parties de la chambre restaient presque obscures, ce qui lui donnait un aspect véritablement sépulcral.

Les enfants, encore mal éveillés, frissonnèrent et pâlirent en pénétrant dans cette chambre, où, pour la première fois, ils étaient introduits depuis la maladie de leur grand-père. Sur un geste muet de leur oncle, ils s'agenouillèrent auprès du lit et joignirent les mains avec ferveur, pâles, tremblants et les yeux pleins de larmes.

Olivier se plaça debout au chevet du duc.

— Qui est là ? demanda le vieillard d'une voix faible.

— C'est moi, mon père ; je viens ainsi que vous me l'avez ordonné.

— Mes petits-enfants sont-ils là ?

— Oui, monseigneur ; ils pleurent, agenouillés près de votre lit.

— Relevez la mèche de cette lampe, mon fils ; enlevez l'abat-jour : je veux, une fois encore, voir ces pauvres orphelins.

Olivier obéit ; une lumière éclatante illumina soudain cette partie de la chambre. Aidé par son fils, le vieillard s'assit sur son lit.

— Chers enfants, dit-il avec attendrissement, en les contemplant avec une expression indicible d'amour paternel, j'ai beaucoup aimé votre mère ; je ferai pour vous tout ce qui me sera possible ; mais j'ai un fils, c'est à lui que ma fortune appartient. Votre oncle vous aime, je lui confie le sort des orphelins de sa sœur. Je suis sûr de son cœur : vous n'aurez jamais de meilleur ami.

— J'accepte avec joie ce précieux dépôt, interrompit Olivier avec effusion ; les enfants de ma sœur trouveront en moi un père ; recevez-en ma promesse, monseigneur.

— Je vous connais, mon fils ; aussi je vous laisse libre d'agir au mieux des intérêts des orphelins. Approchez, mes enfants, regardez-moi : comprenez en me voyant combien l'homme est peu de chose quand il va comparaître devant son créateur ; que ce spectacle ne sorte jamais de votre mémoire. Souvenez-vous, lorsque vous serez hommes, que jamais, quoi qu'il advienne, un gentilhomme ne doit transiger avec son honneur. Nous sommes tous égaux devant la mort ; les fautes commises dans l'emportement de la passion pèsent lourdement dans la balance de la justice divine. Méditez ces paroles et souvenez-vous que, partout et toujours, il faut se sacrifier au devoir.

Il y eut un court silence, puis le vieillard reprit d'une voix attendrie :

— Enfants de ma fille, soyez bénis ! Puisse le ciel ne pas faire peser sur vous la malédiction prononcée au tribunal divin contre vos grands parents, et ne pas vous punir de leurs fautes ! Maintenant, adieu, pauvres et chers enfants ; nous ne nous reverrons plus sur cette terre.

Les enfants éclatèrent en sanglots, et, après

avoir embrassé leur grand-père, il furent emmenés, fondant en larmes, par leur gouverneur.

La porte se referma sur eux. Le duc de Salaberry et son fils demeurèrent seuls.

Il y eut un long et funèbre silence.

Ce fut le duc qui le rompit.

— Mon fils, dit-il d'une voix faible comme un souffle et qu'une vive émotion intérieure faisait trembler, approchez-vous de moi ; plus près, plus près encore : mes forces m'abandonnent, je sens que la mort étend sa main sur moi.

— Mon père !...

— Ne m'interrompez pas, mon fils, mes instants sont comptés, je vais mourir. Après m'être confessé à Dieu, je dois vous demander, à cette heure suprême, pardon, à vous dont j'ai rendu la vie si misérable.

— Mon père ! s'écria Olivier, dont le cœur se brisait.

— Mon fils, continua le vieillard sans entendre l'exclamation d'Olivier, j'ai été bien coupable envers vous ; j'ai été lâche et criminel ; je vous ai abandonné, sans même me préoccuper de ce que vous deviendriez, pour cacher une faute que toute ma vie je me suis reprochée. L'orgueil me perdit : j'avais soif d'honneurs, de renommée ; je voulais briller au premier rang, écraser mes rivaux de mon luxe, de mes richesses. J'aimais votre mère jusqu'à l'adoration, je lui avais élevé un autel dans mon cœur. Son amour était faux ; elle m'avait, par vanité, attaché à son char, parce que j'étais beau, brillant et recherché par les autres femmes. Sa trahison fut ma première douleur. Alors je songeai à vous, je m'intéressai à votre sort ; il était trop tard, le mal était fait et irréparable : né d'un double adultère, vous étiez condamné à ne jamais rien être ; j'essayai de m'étourdir, d'oublier dans les enivrements de l'ambition. J'avais trois fils ; ces fils étaient ma joie, mon bonheur : tous trois tombèrent frappés l'un après l'autre par la mort sur le champ de bataille ; leur mère, un ange, succomba à la douleur d'avoir perdu ses fils. Je demeurai seul avec la fille qui me restait ; je compris alors que Dieu appesantissait son bras sur moi et qu'il me châtiait. Je mariai ma fille, et, pour conjurer la colère divine, je résolus de réparer le mal que j'avais fait. Je vous fis chercher pour vous rappeler près de moi, et, en vous adoptant, vous rendre tout ce que vous aviez perdu par mon crime ; mais, malgré moi, peut-être sans en avoir conscience, j'agissais, cette fois encore, par orgueil, poussé à mon insu par ce féroce égoïsme qui a perdu ma vie. Faute d'enfants mâles, mon nom allait s'éteindre, ce nom que mes ancêtres et moi avons fait si glorieux ! Ce nom, je vous le transmettrais : telle était ma pensée intime. Je vous retrouvai ; il était trop tard, vous n'étiez plus, vous ne pouviez plus être mon fils ! Élevé dans un autre milieu, vous n'aviez ni les instincts, ni le caractère de votre race ! Vous étiez inhabile à comprendre mes théories, vous ne les vouliez même pas admettre. Jeté et abandonné au milieu du peuple, vous étiez devenu peuple ; il ne restait plus en vous rien du gentilhomme. J'essayai vainement de me tromper moi-même, d'étendre un voile devant mes yeux : force me fut de comprendre l'inanité des projets que j'avais formés ; je dus renoncer à voir en vous un successeur, un héritier de mon nom et de mes titres ! Homme de devoir, vous vous êtes dévoué à moi ; vous vous êtes efforcé de m'aimer, afin de répondre à ma tendresse, et vous y êtes parvenu ; mais, moi mort, vous vous hâterez de vous débarrasser d'un fardeau trop lourd pour vos épaules, et vous retournerez à votre première existence, je le sens, je le vois. Les approches de la mort rendent clairvoyant, l'avenir dévoile ses mystères à ceux dont les yeux vont se fermer pour toujours. Dieu, qui lit dans les cœurs, savait mieux que moi mes égoïstes calculs ; il me frappa du coup le plus terrible, et sous lequel je devais être terrassé, pantelant et vaincu. La mort horrible de ma fille m'a achevé ; je ne verrai pas l'aurore prochaine, avant deux heures je serai mort. Mon fils, vous avez entendu ma confession sincère ; mon fils, à cette heure, je vous crie : Pitié du fond du cœur ; je vous supplie de me pardonner le mal que je vous ai fait : entendrez-vous ma prière, mon fils ?

— Mon père ! s'écria Olivier en éclatant en sanglots, soyez béni à tout jamais ! Mon père, puisque vous exigez de moi cette parole, mourez en paix, je vous pardonne et je vous aime ! oh ! du plus profond de mon âme ! Hélas ! pourquoi ne vous ai-je pas connu plus tôt !...

Il se précipita sur le corps du vieillard, qu'il inonda de ses larmes et auquel il prodigua les plus touchantes caresses.

— Je suis heureux, bien heureux, mon fils, dit le vieillard après un instant ; grâce à vous la mort me sera douce ! Je le sens, Dieu aussi m'a pardonné !

Il demeura pendant assez longtemps plongé dans une espèce d'extase mystique.

Olivier, agenouillé devant le lit, cachait sa tête dans les couvertures pour étouffer ses sanglots.

— Mon fils, reprit le vieillard, moi mort, ceux qui ont vu avec dépit votre adoption essaieront de vous nuire. Parmi eux se trouvent quelques-uns de nos parents les plus proches ; ils convoitent mes richesses ; tous les moyens leur seront bons pour vous dépouiller; ils sont puissants, il faut vous garder contre eux. Dans ce meuble en bois de rose placé au-dessous de mon portrait, il y a un testament écrit tout entier de ma main et signé ; le double de ce testament, fait par le notaire de notre famille et les témoins exigés par la loi, est déposé dans l'étude de M^e don Juan de Dios Elizondo. Jusqu'à présent cet homme m'a paru posséder une rare honnêteté ; mais la chair est faible, il est bon de prendre ses précautions. Le testament que je vous remets et celui qui se trouve entre les mains du notaire sont identiques, seulement le vôtre est olographe et signé de deux jours plus tard que l'autre ; prenez ce testament, conservez-le précieusement, mais ne bougez pas, attendez que vos ennemis démasquent leurs batteries : alors vous vous servirez de vos armes. Je vous rends votre liberté, ajouta le vieillard d'une voix de plus en plus faible ; moi mort, vous agirez comme votre conscience vous l'ordonnera.

— Je serai digne de vous, mon père ; dans le ciel vous me sourirez, répondit-il d'une voix hachée par la douleur.

Plusieurs heures s'écoulèrent ; le vieillard parlait par intervalles, toujours pour mettre son fils en garde contre les menées probables de ses ennemis.

La porte s'ouvrit doucement, le dominicain entra et vint s'agenouiller près d'Olivier.

L'orage était calmé, l'aube commençait à blanchir les vitres des fenêtres : il était cinq heures du matin.

Le moribond fit tout à coup un mouvement.

La paralysie qui immobilisait depuis si longtemps son corps avait disparu subitement ; il se dressa sur son séant, étendit le bras droit, appuya la main sur la tête de son fils, muet de surprise et croyant presque à un miracle ; son visage transfiguré prit une expression radieuse de bonheur ; ses yeux brillèrent d'un éclat presque surnaturel, et il s'écria d'une voix vibrante :

— Mon fils ! mon fils ! soyez béni ! Seigneur recevez-moi ! je viens à vous !

Il retomba en arrière sur ses oreillers et demeura immobile.

Son âme était remontée vers son créateur.

— C'est la mort d'un juste ! dit le dominicain en se signant.

Olivier mit un baiser sur le front de son père, lui ferma pieusement les yeux, et, brisé par tant d'émotions poignantes, il tomba sans connaissance sur le plancher.

. . . .

CHAPITRE XVII.

COMMENT OLIVIER SUIVIT LES RECOMMANDATIONS DE SON PÈRE ET PROFITA DE SA SUCCESSION.

La mort du duc de Salaberry-Pasta fut considérée, en Espagne, comme un deuil national.

En effet, ce grand homme d'État avait joué un rôle considérable dans les événements qui agitèrent les dernières années du dix-huitième siècle et les premières du dix-neuvième.

Son nom s'était trouvé mêlé avec éclat à tous les faits importants de cette époque troublée.

Soit comme soldat, soit comme diplomate, le duc de Salaberry-Pasta, toujours sur la brèche, avait constamment combattu au premier rang des propagateurs des idées nouvelles proclamées par le génie sublime de la Révolution française, à la face épouvantée du vieux monde, et qui, mal comprises encore, rayonnaient cependant déjà de lumière, et chaque jour conquéraient de nouveaux et enthousiastes adeptes à la cause, sainte entre toutes, de la liberté !

Devant cette mort, toutes les haines se turent ; on oublia pour un temps le mot, resté sinistrement célèbre, prononcé par le duc à la tribune des Cortès, et qui causa sa chute du pouvoir, pour ne plus se souvenir que du vaillant soldat, du profond politique, du patriote sincère, et de ses dernières années, si douloureusement assombries par l'effroyable assassinat de sa fille.

Le gouvernement voulut que les obsèques de ce grand citoyen, si regretté de tous, fussent faites aux frais de l'État. Elles eurent lieu avec un luxe véritablement royal. Le deuil, conduit par le marquis de Soria, devenu duc de Salaberry-Pasta par la mort de son père, fut suivi non-seulement par toute la grandesse et toute la noblesse espagnole, mais encore par une foule immense de citoyens appartenant à toutes les classes de la population ; témoignage suprême de sympathie donné à l'homme dont le patriotisme éclairé, la droiture et la bonté laissaient un si touchant souvenir dans tous les cœurs.

La famille Pacheco y Tellez, originaire du royaume de Galice, possédait, à quelques lieues de Santiago de Compostela, un vieux château nommé Peña-Serrada, nid de vautour perché au sommet d'une montagne escarpée, construit sur les ruines d'une station romaine, et dont la fondation remontait, dit-on, à l'an 470 de notre ère. C'était de cette formidable forteresse qu'étaient sortis cette longue et héroïque suite de Ricos-hombres qui, pendant tant de siècles, avaient si vaillamment contribué à la grandeur de la monarchie espagnole ; c'était sous les voûtes cyclopéennes des sombres souterrains de Peña-Serrada que, tour à tour, les Pacheco venaient reposer, ensevelis dans leur armure.

Le nouveau duc de Salaberry se prépara donc à transporter le corps embaumé de son père et celui de sa sœur doña Santa dans leur dernière demeure, au château de Peña-Serrada.

Le jour même de la mort de son père, Olivier avait expédié un courrier à Cadix avec une lettre pour M. Hector Mallet, gendre de M. Maraval.

La veille du jour fixé pour le départ de Madrid, le courrier revint de Cadix, porteur de la réponse du banquier. Un sourire pâle se joua pendant une seconde sur les lèvres d'Olivier en lisant cette reponse, et il se retira dans son appartement sans prononcer un mot.

Le lendemain, au lever du soleil, il partit pour le château de Peña-Serrada, où l'inhumation du vieux duc et de sa fille infortunée devait définitivement avoir lieu.

Lorsque les cérémonies funèbres furent terminées, que les parents et les amis de la famille Pacheco eurent pris congé et se furent retirés définitivement les uns après les autres, le nouveau duc se trouva seul, avec quelques domestiques, dans la vieille demeure féodale.

Les anciennes souffrances d'Olivier, ravivées par la poignante douleur de la mort de son père, l'avaient plongé dans une sombre mélancolie ; son isolement au milieu de ce sinistre désert, loin de lui peser, était pour lui une consolation.

Errant comme une âme en peine à travers ces tristes et sombres appartements au mobilier gothique, au milieu de cette poussière froide et lugubre de tant de générations éteintes, il se laissait aller avec une joie douloureuse à se rappeler toutes ses années écoulées, toutes ses douleurs subies, toutes ses souffrances endurées ; et il se demandait s'il ne serait pas meilleur pour lui, dont le cœur était mort et tous les espoirs déçus, de dormir de l'éternel sommeil aux côtés de son père, sous les voûtes cyclopéennes de Peña-Serrada, que de s'obstiner à végéter au milieu des vivants, dont il ne comprenait plus les joies et par lesquels il avait été toujours trahi et abreuvé d'outrages; chaque jour sa tristesse se faisait plus grande, ses pensées plus désolées, et il se disait avec découragement :

— Où vais-je ? A quoi bon m'obstiner à vivre ? A quoi tendraient mes efforts ? je ne puis plus avoir de but !

Ainsi se passaient les jours pour Olivier dans cette antique forteresse, chaque heure devenant plus triste et plus lourde, sans qu'il eût le courage de réagir contre cette désespérance toujours croissante.

Trois mois s'écoulèrent ainsi.

Un soir, debout sur une des plates-formes des tours du château, il laissait au loin se perdre son regard dans les brumes des premières ombres de la nuit, lorsque son oreille fut frappée tout à coup d'un grand bruit de grelots mêlé aux cris des arrieros excitant leurs mules.

— Quelques voyageurs traversent la montagne, murmura-t-il.

Puis il ajouta après un instant, avec un léger haussement d'épaules :

— Que m'importe ?

Il se retira sombre et pensif plus que de coutume dans ses appartements.

Mais là une grande joie l'attendait.

A peine eut-il laissé retomber derrière lui la lourde portière masquant la porte de son cabinet de travail, qu'il poussa un cri de surprise.

M. Maraval et Ivon Lebris lui tendaient les bras.
La reconnaissance fut des plus touchantes.

Olivier rayonnait ; il n'était plus seul, il retrouvait ses deux amis fidèles, ceux dont le dévouement ne lui avait jamais manqué.

Après de longues embrassades et de chaudes poignées de mains, lorsque le calme fut un peu rentré dans les esprits, on entama enfin le chapitre des explications.

Par suite d'un de ces hasards comme la Providence se plaît si souvent à en préparer, quoi qu'en disent les esprits forts, dix jours après le retour à Madrid du courrier expédié par Olivier, M. Maraval était arrivé à Cadix, dans l'intention de passer deux mois chez son gendre. Ainsi qu'il le faisait à chaque voyage, l'ancien banquier avait pris passage sur le *Lafayette*, toujours placé sous le commandement d'Ivon Lebris.

M. Hector Mallet avait aussitôt fait lire à son beau-père la lettre qu'il avait reçue d'Olivier ; il y eut alors une longue et sérieuse discussion entre les trois hommes à propos des mesures à prendre ; MM. Maraval et Mallet étaient d'avis de partir immédiatement pour Madrid. Ivon Lebris pensait le contraire ; les termes ambigus dans lesquels la lettre était conçue le portaient à supposer que son matelot, pour des motifs que lui seul pouvait apprécier, n'osant pas dévoiler sa pensée tout entière, le courrier risquant, pour une cause ou pour une autre, d'être intercepté, avait formé quelque projet qu'il se réservait de faire secrètement connaître à ses amis ; il croyait donc qu'il fallait aller, non à Madrid, où leur présence éveillerait certainement la curiosité et peut-être les soupçons de quelque ennemi caché, mais se rendre directement et le plus promptement possible à la Coruña, pour de là gagner le château de Peña-Serrada, où ils trouveraient certainement Olivier, seul avec quelques domestiques, et dans lequel ils pénétreraient sans attirer l'attention.

Cet avis fort sage avait prévalu. Le brick était tout prêt à appareiller. MM. Maraval et Lebris étaient, le jour même, remontés à bord ; ils avaient mis le cap sur la Coruña ; deux jours après leur arrivée, ils avaient quitté ce port, revêtus de costumes de paysans gallegos, et ils s'étaient gaiement mis en route à pied et le bâton à la main pour le château de Peña-Serrada, où ils venaient d'arriver sains et saufs, et surtout sans être reconnus par personne, si ce n'est par le valet de chambre d'Olivier, qui les avait aussitôt conduits à son appartement.

Olivier félicita ses amis de l'avoir si bien compris, et à son tour il leur raconta ce qui s'était passé depuis deux ans dans sa famille ; de plus il leur fit confidence de la détermination qu'il avait prise ; ce fut en vain que M. Maraval essaya de combattre cette détermination, que le lecteur connaîtra bientôt.

— Mon ami, lui dit Olivier avec un accent de tristesse indicible, vous saurez bientôt pourquoi cette détermination est irrévocable, si étrange qu'elle vous paraisse en ce moment. Et changeant subitement de ton : C'est singulier, ajouta-t-il, il m'avait semblé entendre des clochettes de mules.

— Tu ne t'es pas trompé, matelot, dit en riant Ivon Lebris : nous avons en effet rencontré des voyageurs ; mais, après avoir passé devant le château, ils sont allés chercher un gîte pour la nuit, au Pueblo de Santiago, à deux lieues d'ici, sur l'autre versant de la montagne.

En ce moment le valet de chambre d'Olivier entra ; il tenait à la main un plateau d'argent sur lequel étaient posées deux lettres.

— Vous ferez préparer un appartement près du mien pour ces deux caballeros, dit Olivier. Comment sont arrivées ces lettres ?

— Un arriero les a apportées, monseigneur.

— Ah ! très-bien ; donnez l'ordre de servir le souper. Allez !

Le duc décacheta les lettres et les parcourut rapidement des yeux, avec un sourire d'une expression singulière ; puis il les jeta d'un air indifférent sur la table.

— Demain, mes amis, dit-il, vous saurez pourquoi j'ai pris la détermination qui en ce moment, et avec raison, vous surprend si fort, et que vous, mon cher Maraval, vous avez si vivement combattue. Ivon, tu écriras ce soir après souper, à ton second Lebègue, de tout préparer. Messieurs, nous quitterons demain Peña-Serrada au coucher du soleil. Maintenant, allons nous mettre à table.

Le souper fut très-gai. Olivier semblait avoir oublié toute préoccupation ; la joie de revoir ses amis, après une si longue absence, avait complétement changé son humeur ; il riait et poussait ses amis à rire et à boire ; il écouta, le sourire sur les lèvres, le récit amphigourique fait avec beaucoup d'entrain par Ivon Lebris, du voyage de seize lieues que lui et M. Maraval avaient accompli pédestrement en trois jours pour venir de la Coruña à Peña-Serrada, et des péripéties à la Gil Blas dont ledit voyage avait été émaillé.

On se sépara de bonne heure pour la nuit, non pas cependant sans qu'Ivon Lebris eût écrit à son second maître Lebègue pour lui ordonner de préparer la grande cabine, et de tout parer pour l'appareillage ; la lettre fut remise à un courrier qui partit aussitôt à franc étrier pour la Coruña.

Le lendemain, vers deux heures de l'après-midi, Olivier et ses amis, retirés dans un charmant fumoir attenant au cabinet de travail, dont il n'était séparé que par une lourde tapisserie de Beauvais, causaient entre eux, en français, de choses assez indifférentes, tout en fumant d'excellents régalias, lorsque le valet de chambre entra et, tenant la portière soulevée :

— Monseigneur, dit-il, Mme la duchesse arrive à cheval, escortée par deux domestiques ; elle n'est plus qu'à deux cents pas du château.

— Vous introduirez, aussitôt son arrivée, Mme la duchesse dans mon cabinet de travail.

— La vigie a signalé aussi le seigneur don Juan de Dios Elizondo, monsieur le duc ?

— Ah ! fit à demi-voix Olivier, ils viennent de compagnie ! Et il reprit à voix haute : Vous prierez le señor don Juan de Dios Elizondo d'attendre quelques instants dans le salon aux deux balcons ; vous ne l'introduirez que lorsque je sonnerai.

Le valet de chambre salua et sortit.

— Alerte ! dit Olivier à ses amis ; demeurez ici, et prêtez l'oreille à ce qui se dira bientôt dans mon cabinet : la scène sera très-intéressante ; il vous sera facile d'entendre, cette portière seule nous séparera. Surtout ne dénoncez votre présence sous aucun prétexte, et, quoi qu'il arrive, ne venez que si je vous appelle.

Et, sans attendre leur réponse, il souleva la portière et passa dans le cabinet de travail.

Il s'assit, écrivit quelques mots sur un papier qu'il plia, le plaça dans une enveloppe sans le cacheter, et, après avoir écrit une courte suscription, il posa cette lettre près de lui, l'écriture tournée du côté de la table ; cela fait, il ouvrit un livre qu'il parut lire avec le plus grand intérêt.

Quelques minutes s'écoulèrent ; enfin une portière fut soulevée, et le valet de chambre annonça :

— Sa Grâce doña Maria de Ferteuil-Sestos, duchesse de Mondejar.

La duchesse entra ; elle était jeune encore, et fort belle ; en ce moment, malgré l'assurance qu'elle affectait et le sourire stéréotypé sur ses lèvres, il était facile de s'apercevoir qu'elle était en proie à une vive émotion.

Le valet de chambre lui avança un fauteuil et se retira.

Olivier s'était levé vivement, à l'entrée de la duchesse, et s'était, de l'air le plus gracieux, avancé à sa rencontre.

— Eh quoi ! ma cousine, s'écria-t-il, c'est bien réellement vous ? Malgré votre mot d'hier, j'avoue que je doutais encore.

— Pourquoi donc cela, mon cousin ? répondit-elle gaiement en jouant avec son éventail.

— Parce que je cherche vainement dans mon esprit quel motif assez sérieux a pu vous contraindre à quitter ainsi la cour pour entreprendre un aussi long voyage, surtout dans la saison où nous sommes.

21*

— Bon! Qui sait, mon cousin? peut-être n'est-ce qu'un caprice de femme ennuyée!

— Hum! vous me permettrez d'en douter, ma cousine; mais votre mari, ce cher duc, que pense-t-il, lui, de votre fuite?

— Je l'ignore, mon cousin, car il y a plus d'un mois que je ne l'ai vu : le ministre des affaires étrangères l'a chargé d'une mission auprès de notre ambassadeur à Paris.

— Ah! fit Olivier avec une intonation singulière, il est en France? Y restera-t-il longtemps?

— Je l'ignore, mon cousin; cela dépendra, je crois, de certaines circonstances.

— Ah! fit-il encore, et vous êtes venue ainsi...

— Accomplir un vœu fait à Santiago de Compostela, mon cousin, interrompit-elle vivement.

— Lequel des deux, ma cousine, reprit-il avec une légère pointe d'ironie: le Majeur ou le Mineur? Si le vœu avait été fait par votre mari, je ne serais pas embarrassé : je le crois dévot à Santiago le Mineur.

La duchesse rougit légèrement.

— Et sur quoi repose cette croyance, je vous prie? dit-elle avec une certaine hésitation.

— Mon Dieu, ma cousine, je ne sais trop comment vous expliquer cela, c'est fort difficile.

— Ah! fit-elle.

— Oui, ma cousine, ce cher duc est un grand esprit, une vaste intelligence, un diplomate profond pour lequel les questions les plus ardues de la politique ne sont que jeux d'enfants. Vous le savez, en politique les voies détournées, les menées souterraines sont surtout employées; de sorte...

— Que Santiago le Mineur étant honoré dans l'église souterraine de Compostelle, tandis que le Majeur l'est dans celle dont les clochers s'élèvent dans les airs, vous concluez que, par amour pour la ligne courbe, le duc doit être dévot à...

— C'est cela même, ma cousine; ainsi vous avez fait un vœu à Santiago le Majeur?

— Oui, mon cousin, et je me suis dérangée tout exprès de ma route pour vous faire une visite.

— Voilà qui me charme, ma cousine, et dont je vous suis très-reconnaissant; cependant il me semble que, dans le mot que vous m'avez fait l'honneur de m'écrire, vous me parlez d'une affaire importante.

— Croyez-vous?...

— Je n'en suis pas sûr, mais il est facile...

— Non, ce n'est pas la peine, mon cousin : je me souviens maintenant d'avoir, en effet, écrit cela; je ne sais pourquoi, car véritablement je n'ai rien de particulier à vous dire...

Il y eut un assez long silence; la duchesse semblait être de plus en plus mal à son aise.

— Tenez, ma cousine, dit enfin Olivier avec un bon sourire : jouons cartes sur table, voulez-vous?

— Certes, je ne demande pas mieux! s'écria-t-elle d'une voix fébrile, car je ne sais véritablement comment...

— Entamer la mission difficile dont vous a chargée votre mari; je vous éviterai cet ennui, ma cousine, interrompit-il toujours souriant.

— Eh quoi! mon cousin, vous savez?

— Je sais tout, ma cousine; vous allez en juger, écoutez-moi bien. Votre mari tremble en ce moment, non pas de ce que sa fortune est plus qu'à demi engloutie dans les tripots où la passion du jeu l'entraine chaque jour, et qu'il entrevoit déjà la misère étendre vers lui ses doigts crochus. S'il a sollicité du ministre une mission en France, ce n'est pas pour essayer de rétablir cette fortune perdue: non; c'est parce qu'il a commis une action honteuse, un crime odieux, qu'il n'est pas certain que l'impunité lui soit acquise, et qu'il a peur.

— Mon cousin!...

— Pardonnez-moi, ma cousine; je vous aime et je vous admire, parce que vous êtes aussi bonne et aussi loyale que vous êtes belle, et qu'en somme ce n'est pas votre faute si la fatalité vous a enchaînée à un misérable.

— Mon cousin! s'écria-t-elle avec douleur en cachant son visage dans ses mains.

— Il faut que vous sachiez bien quel homme infâme on vous a donné pour mari, ma cousine; cet homme auquel mon père avait remis en fidéicommis une somme de 600,000 piastres fortes pour m'être remise à moi, savez-vous ce qu'il a fait? il a soustrait la lettre contenant le reçu de cette somme, il l'a brûlée ici même, dans cette pièce où nous sommes; et lorsque mon père lui a réclamé son dépôt, il a nié l'avoir reçu.

— Oh! ceci est infâme, en effet, si cela est; mais je ne puis le croire, il m'a juré sur son honneur...

— Son honneur! s'écria Olivier avec une mordante ironie.

Et ouvrant une cassette en fer, posée près de lui sur la table, il en tira un papier, et le présentant tout ouvert à la duchesse:

— Vous connaissez l'écriture de votre mari : lisez, ma cousine.

— Le reçu ! s'écria-t-elle éperdue en fondant en larmes, oh !...

Et elle tomba à demi évanouie sur le fauteuil.

— Perdue !... déshonorée !... répétait-elle avec égarement. Infamie ! infamie ! Un Ferteuil-Sestos ? oh ! mon Dieu ! mon Dieu !

— Rassurez-vous, ma cousine ; revenez à vous, je vous en supplie, lui dit le jeune homme d'une voix douce : vous ne serez, je vous le jure, ni perdue ni déshonorée !

— Mais ce reçu, comment se trouve-t-il entre vos mains ? Oh ! il faut qu'il paie ! je le veux ! S'il le faut, j'avouerai tout à la reine !

— Écoutez-moi, ma cousine : Quand mon père remit les 600,000 piastres à votre mari, il lui fit faire un reçu qu'il se chargea lui-même de mettre à la poste ; le marquis de Palmarès attendait mon père dans son carrosse. Le marquis, je ne sais pour quel motif, avait une très-mauvaise opinion de votre mari ; il se fit confier la lettre par mon père, puis il se rendit au ministère, fit ouvrir la lettre, sans endommager le cachet, par un employé expert, retira le reçu, qu'il remplaça par une feuille de papier blanc, puis, la lettre recachetée, il la jeta à la poste ; le soir même, il remit le reçu à mon père.

Le lendemain, votre mari se présenta à l'hôtel Salaberry, sous je ne sais plus quel prétexte. On le fit attendre dans le cabinet de mon père. Derrière une tapisserie, le duc de Salaberry et le marquis de Palmarès regardaient : ils virent votre mari s'approcher de la table sur laquelle une trentaine de lettres, le courrier du matin, étaient placées; votre mari écarta les lettres, chercha la sienne, s'en empara, et, craignant d'être surpris, il la jeta au feu sans la lire; plus tard, je vous l'ai dit, convaincu d'avoir anéanti le reçu, il nia le dépôt. Malheureusement mon père ne put retrouver ce reçu dans ses papiers, il fut contraint de se taire; mais, avant de mourir, il me recommanda de le chercher, ce que je fis, et, vous voyez, je l'ai retrouvé. Mais cet homme a commis un autre crime, encore plus odieux, s'il est possible, que le premier; de ce second crime vous aurez dans un instant les preuves.

— Mon cousin!... dit-elle avec prière.

— Patientez encore quelques instants, ma cousine; je vous le jure une fois encore, ce reçu que j'ai retrouvé vous fera libre et heureuse.

— Que voulez-vous dire?

— Silence, séchez vos larmes et écoutez attentivement.

Il sonna.

— Mon cousin, je vous en supplie...

— Silence et bon espoir, ma cousine.

La portière fut levée et le valet de chambre annonça :

— El señor don Juan de Dios Elizondo, escribano real.

Le notaire parut, son inévitable serviette sous le bras, après avoir respectueusement salué.

— Soyez le bienvenu, señor don Juan, lui dit Olivier d'un air affable. Avez-vous apporté toutes les pièces que je vous ai demandées?

— Oui, monseigneur, répondit-il en regardant de côté la duchesse, dont le voile était baissé.

— Vous avez fait tout ce que je vous ai ordonné ?

— Certes, monseigneur, répondit-il encore en jetant un nouveau regard sur la duchesse.

Olivier intercepta ce regard au passage.

— Ne vous occupez pas de madame, dit-il un peu sèchement : vous ne la connaissez pas, et elle ne s'occupe nullement de ce que nous faisons.

Tout en parlant, Olivier avait retiré de la cassette en fer les papiers qu'elle contenait.

— Avez-vous examiné les testaments ?

— Oui..., monseigneur, répondit-il en pâlissant.

— Très-bien ! voyons ces papiers ; voici mon acte de naissance, mon acte d'adoption, etc., etc.

Et au fur et à mesure qu'il annonçait les papiers, il les faisait tomber pêle-mêle dans la cassette en fer.

— Revenons aux testaments, reprit-il.

— Je suis à vos ordres, monseigneur.

— A propos ! s'écria tout à coup Olivier, il paraît que vous avez fait une excellente affaire dernièrement, une affaire de 100,000 piastres fortes ?

— Moi, monseigneur ! s'écria le notaire tout déferré.

— Dame, on me l'a assuré ; cent mille piastres que vous a données le duc de Ferteuil-Sestos y Mondejar, pour un service que vous lui avez rendu, dit-on ?

— Monseigneur !

— Quel peut donc être ce service ?

— Mais, monseigneur...

— C'est juste, cela ne me regarde pas. Revenons aux testaments ; mon père me nomme son légataire universel.

— Mais, monseigneur, je crois, il me semble...

Olivier le regarda : le notaire était vert ; il tremblait.

— Tiens! tiens! tiens! fit Olivier avec un sourire railleur; vous n'avez donc pas lu les testaments?

— Pardon, monseigneur ; c'est précisément... parce que... j'ai... lu que...

— Que quoi? fit le jeune homme en le regardant fixement.

— Vous... vous... êtes... déshérité, monseigneur...

— Ah! bah! dit Olivier en riant, vous croyez?

— Hélas! monseigneur, j'en suis sûr!

— Voyons un peu?

Et s'emparant vivement de la serviette du notaire, qui, d'un geste machinal, essaya de s'y opposer, il prit les deux testaments qu'il examina curieusement pendant quelques minutes, en lançant par intervalles au notaire un regard qui le faisait frissonner.

— Eh! eh! fit-il enfin, je comprends maintenant pourquoi le duc vous a donné cent mille piastres fortes, ce n'est pas trop payé ; señor don Juan de Dios Elizondo, vous êtes un fripon et un faussaire!

— Monseigneur!

— Un faussaire! je le répète, parce que vous avez arraché trois feuillets dans chaque testament; que vous avez gratté et changé les numéros d'ordre; de plus, vous avez changé, c'est-à-dire falsifié certains legs.

— Monseigneur, je ne souffrirai pas!...

— A genoux, coquin, et implore ta grâce, si tu ne veux pas être immédiatement arrêté.

— Arrêté, moi? un notaire royal! Prenez garde à vos paroles, monseigneur.

Olivier sourit avec dédain.

— Misérable! dit-il avec un profond mépris, tu es aussi sot que voleur; écris ta démission.

— Moi? jamais! De quel droit?

— Tu es donc complétement imbécile! Tiens, gredin, voici le véritable testament, et il est olographe; les autres, pauvre niais, ne sont que des copies.

Et, retirant le testament d'un tiroir, il le lui montra.

— Ah! s'écria le notaire avec épouvante; et, s'aplatissant sur le tapis : Grâce, monseigneur! grâce! pour ma femme et mes enfants.

— Ah! tu as peur à présent, misérable. Réponds, qui t'a poussé à ce crime?

— Le duc de Ferteuil-Sestos y Mondejar, monseigneur.

— Par qui les feuillets ont-ils été arrachés?

— Par le duc, monseigneur. Pitié!

— Toi, qu'as-tu fait?

— J'ai falsifié les numéros d'ordre et les legs.

— Combien as-tu reçu pour cette infamie?

— Cent cinquante mille piastres. Pardon, monseigneur!

— Reconnais-tu que tu es en mon pouvoir?

— Hélas!

— Tu vas en être plus certain encore.

Et il cria :

— Entrez, caballeros!

La portière du fumoir se souleva; le banquier et le marin parurent.

— Nous avons tout entendu et nous attesterons au besoin, dit M. Maraval.

La duchesse étouffa un cri de douleur.

Le notaire se roulait sur le tapis avec des cris convulsifs.

— C'est bien, dit Olivier, lève-toi et écris...

— Ma démission! s'écria-t-il.

— Non, ta confession; je veux des garanties. Un certain Pedro Morkar t'a fait des offres; je te donne quinze jours pour lui vendre ton étude et te faire oublier. Écris et signe.

— Et vous me pardonnerez, monseigneur?

— Oui, à cette condition. Hâte-toi!

Le notaire était pris; il baissa la tête, écrivit la confession demandée et la signa. Olivier lisait par-dessus son épaule.

— C'est bien, dit-il; si tu tiens loyalement les conditions que je t'ai imposées, jamais je ne parlerai.

Il serra le papier et le reçu du duc dans son portefeuille, qu'il renferma dans un tiroir.

— Maintenant que nous voilà d'accord, dit-il avec un sourire railleur, revenons à nos affaires. Tous ces actes sont-ils en règle?

— Parfaitement, monseigneur, répondit le notaire encore tremblant, humble et courbé.

Olivier jeta tous les papiers, testaments et autres, dans la cassette en fer.

— Voici un testament fait par mon père en faveur de ses petits-enfants, dit-il en lui présentant un nouveau testament.

Le notaire examina le testament.

— Monseigneur, dit-il, ce testament est annulé par le vôtre.

— Hum! Au cas où le mien n'existerait pas, celui-là aurait-il son effet?

— Certes, monseigneur, il aurait force de loi.

— Ainsi il serait inattaquable?

— Oui, monseigneur, puisque, à votre défaut, les enfants de votre sœur sont les plus proches héritiers de votre père.

— Vous en êtes certain?

— Il n'y a pas le moindre doute à avoir, monseigneur; mais, je vous le répète, ce testament est annulé par celui fait en votre faveur.

— C'est vrai; voyons-le encore.

— Le voici, monseigneur.

Tout en causant ainsi, Olivier roulait nonchalamment une cigarette entre ses doigts; il jeta le testament dans la cassette avec tous les autres papiers, puis il tordit un morceau de papier blanc, l'alluma au feu de la cheminée et l'approcha de sa cigarette, puis il le laissa tomber tout enflammé dans la cassette, dont les papiers prirent feu aussitôt.

Ivon Lebris, le banquier, le notaire lui-même s'élancèrent; Olivier les retint.

— Laissez brûler, dit-il froidement.

— Mon Dieu! monseigneur, c'est la ruine!

— Non, répondit-il avec un sourire énigmatique, c'est la liberté! c'est le devoir!

La duchesse s'était glissée silencieusement dans le fumoir, personne n'avait remarqué sa disparition.

Cependant la flamme, avivée par Olivier, avait accompli son œuvre; de tous ces papiers précieux il ne restait plus que quelques pincées de cendres au fond de la cassette.

Olivier renversa ces cendres dans la cheminée, et, s'approchant du notaire :

— Que ce qui vient de se passer entre nous vous serve de leçon, lui dit-il. Vous avez le testament fait en faveur de mes neveux. Conduisez-vous en honnête homme...

— Je vous le jure, monseigneur.

— J'y compte; souvenez-vous; je vous pardonne, allez.

Le notaire salua et se prépara à sortir.

— Un instant! s'écria la duchesse en reparaissant un papier à la main et le présentant au notaire, signez, lui dit-elle.

Le notaire lut.

— Certes, dit-il, et de grand cœur.

Et il signa, puis il sortit, se félicitant sans doute d'en être quitte à si bon marché et résolu à faire son devoir.

— A vous, caballeros, dit la duchesse en s'adressant au banquier et à Ivon Lebris.

— Qu'est-ce cela? demanda Olivier.

— Le procès-verbal de ce qui s'est passé ici, mon cousin, répondit la duchesse; peut-être un jour sera-t-il bon que vous puissiez prouver à vos neveux ce que vous avez fait pour eux aujourd'hui.

— Bah! fit-il avec mélancolie, qu'importe! Croyez-vous que j'ignore qu'ils seront ingrats un jour?

— C'est égal! dit M. Maraval, conservez ce papier signé de nous quatre.

— Soit!

Il le prit et le plia.

— A mon tour, maintenant, ma cousine, je conserve le reçu de votre mari; mais je vous donne cette lettre en retour... Seulement, ne le laissez pas vous la voler...

La duchesse, après avoir lu, se jeta dans les bras d'Olivier.

— Oh! vous avez bien dit que je serais heureuse et libre! Merci! merci! mon cousin, s'écria-t-elle avec effusion.

— Surtout, qu'il sache bien qu'à la première plainte de vous j'enverrai le reçu à la reine régente.

. . . .

Au coucher du soleil, les trois amis, montés sur d'excellents chevaux, quittaient le château de Peña-Serrada et se lançaient à fond de train sur la route de la Coruña.

Quelques jours plus tard, le brick jetait l'ancre devant Bayonne.

— M'accompagnez-vous? demanda M. Maraval à Olivier.

— Non, dit-il en hochant la tête.

— Quelles sont vos intentions?

— M'embarquer pour Lima. J'ai écrit plusieurs lettres à don Diego Quiros sans avoir reçu de réponse, cela m'inquiète; il doit m'accuser d'ingratitude.

— Hélas! mon ami, votre voyage serait inutile: une réponse est venue, je l'ai interceptée pour ne pas vous affliger.

— Encore un malheur! murmura-t-il en pâlissant.

Un affreux, mon ami. Rassemblez tout votre courage. Pendant une de ces révolutions subites où s'épuisent les nouvelles Républiques hispano-américaines, don Diego Quiros a été tué, on ne sait comment; votre fils, sauvé par un des peones de don Diego, a été conduit par cet homme chez un de ses parents habitant une province éloignée dont on ignore le nom, de même que celui du pauvre et dévoué peon.

— Oh! s'écria Olivier avec désespoir, qu'ai-je donc fait à Dieu pour qu'il m'accable ainsi?

C'était son premier cri de révolte; mais, se remettant presque aussitôt :

— Eh bien! soit, dit-il, je lutterai jusqu'au bout. J'ai à présent une mission sainte à accomplir, je chercherai mon fils! Si j'échoue, on se bat en Amérique, j'y trouverai bien une tombe!

— Pourquoi ne pas retourner en Espagne?

— Qu'y ferais-je de plus que ce que j'y ai fait?

— C'est vrai, répondit le banquier; vous vous êtes comporté en homme de cœur et d'honneur, mon ami. Combien d'autres, à votre place, n'auraient eu ni ce courage ni cette loyauté!

— Tant pis pour eux! J'ai fait mon devoir; ces titres et cette fortune me pesaient : puissent-ils faire le bonheur de ceux auxquels je les ai rendus! Jamais je ne retournerai en Espagne. C'est au Pérou que je veux me rendre.

— Je t'y conduirai, moi, matelot! s'écria Ivon Lebris en se jetant dans ses bras.

En effet, quinze jours plus tard, Olivier, résistant aux prières de M. Maraval, s'arracha de ses bras et s'embarqua sur le *Lafayette*, qui, le soir même, mit à la voile pour le Callao.

A-t-il réussi, a-t-il échoué dans la suprême recherche qu'il entreprenait?

C'est ce que, peut-être, nous dirons un jour au lecteur.

FIN.

TABLE.

	Pages.
Chapitre Ier. — Comment on peut faire son nid sur l'Océan et savourer son bonheur...............	1
Chapitre II. — Dans lequel il est prouvé qu'en ce monde tout n'est qu'heur et malheur...........	22
Chapitre III. — Comment se termina le voyage d'agrément fait en Europe par Olivier et doña Dolorès....................................	50
Chapitre IV. — Dans lequel le lecteur assiste à une effroyable catastrophe.......................	69
Chapitre V. — Dans lequel paraît heureusement une vieille Indienne nommée Mayava..........	93
Chapitre VI. — Où messieurs Maraval et Ivon Lebris se dessinent............................	114
Chapitre VII. — Dans lequel le lecteur est transporté en plein territoire indien................	138
Chapitre VIII. — De quelle façon excentrique Olivier et Belhumeur se rencontrèrent............	159
Chapitre IX. — Comment le Nuage-Bleu vint en aide à M. Maraval............................	132
Chapitre X. — Où Olivier s'obstine à manquer d'enthousiasme, malgré toutes les observations de M. Maraval..................................	208
Chapitre XI. — De la grande surprise d'Olivier en reconnaissant son père......................	229
Chapitre XII. — Notre héros ne s'endort pas, mais il sommeille dans les délices de Balmarina.....	251

CHAPITRE XIII. — Du voyage d'Olivier et de sa sœur à Cadix, et des confidences de la marquise à son frère.. 270

CHAPITRE XIV. — Où la foudre éclate avec un horrible fracas...................................... 291

CHAPITRE XV. — Comment le marquis de Palmarès fit un marché avec don Sylvio de Carvajal, et ce qui en advint... 313

CHAPITRE XVI. — Quelle fut la mort du duc de Salaberry-Pasta.................................... 338

CHAPITRE XVII. — Comment Olivier suivit les recommandations de son père et profita de sa succession.. 361

Poitiers. — Typographie A. Dupré.

www.ingramcontent.com/pod-product-compliance
Lightning Source LLC
Chambersburg PA
CBHW060603170426
43201CB00009B/878